CITIZENIZATION OF AGRICULTURE IMMIGRANT

Theoretical Speculativeness and Practice Cognition

吕炜 等 著

农业转移人口市民化 理论思辨与实践认知

东北财经大学出版社
Dongbei University of Finance & Economics Press

大连

图书在版编目（CIP）数据

农业转移人口市民化：理论思辨与实践认知/吕炜等著.—大连：东北财经大学出版社，
2016.12
ISBN 978-7-5654-2607-0

Ⅰ．农… Ⅱ．吕… Ⅲ．农业人口-城市化-研究-中国 Ⅳ．①C924.24 ②F299.21

中国版本图书馆CIP数据核字（2016）第291244号

东北财经大学出版社出版发行

　　大连市黑石礁尖山街217号　邮政编码　116025
　　网　　址：http：//www.dufep.cn
　　读者信箱：dufep@dufe.edu.cn
大连图腾彩色印刷有限公司印刷

幅面尺寸：170mm×240mm　字数：271千字　印张：19.25
2016年12月第1版　　　　　　　2016年12月第1次印刷
责任编辑：李　季　王　莹　曲以欢　责任校对：魏　巍　郭海雷
　　　　　张旭凤　李　丹
封面设计：冀贵收　　　　　　　版式设计：钟福建
定价：59.00元

教学支持　售后服务　　联系电话：（0411）84710309
版权所有　侵权必究　　举报电话：（0411）84710523
如有印装质量问题，请联系营销部：（0411）84710711

本书得到

国家社科基金重大项目"推进农业转移人口市民化：路径选择、财力保障与地方政府激励研究"（14ZDA032）的资助。

"农业转移人口"是我国由计划经济向市场经济转轨过程中，由于户籍制度改革滞后所产生的一个以农民工为主体的特殊群体。农业转移人口市民化，即农村人口通过户籍、职业、身份认同等一系列转变逐步融入城市的过程。随着对人口流动管制的放松，当前我国农业人口转变为非农业人口已经基本没有直接阻碍，但农业转移人口转变为真正的城镇居民仍存在户籍制度限制。户籍制度的存在不仅加剧了城乡发展不平衡、城市间发展不平衡以及地区间发展不平衡，还使教育、医疗、社保等附着于户籍的公共服务和社会福利在城市户籍居民和非户籍居民之间形成一道无形的鸿沟。

城镇化是经济发展的必然趋势，但不完全的城镇化阻碍了城镇化作用的发挥。人口从生产率低的农村、农业向生产率高的城市和非农产业不断转移，是中国经济持续快速增长的重要动能之一。根据国家统计局抽样调查结果，2015 年全国农民工总量为 27 747 万人，与 2014 年相比增长 1.3%，其中外出务工的农民工多达 16 884 万人，大量农业转移人口为城市的建设和发展做出了巨大贡献。但是与城镇职工相比，他们尽管大多从事工作时间较长、技术含量低的工作，却在子女教育、社会保障、就业环境和生活状况等方面无法享受与城市户籍人口同等的待遇。中国居民收入调查数据库（CHIPS）2007 年调查数据的结果显示，农民工的每周工作时间比城镇职工大约多了 8 个小时，但其月工资收入却比城镇职工少了将近 35%。

农业转移人口市民化已成为现阶段中国经济社会发展亟待解决的首要问题，受到社会各界的广泛关注和重视。从历史的角度来看，农业转移人口问题是中国改革进程和社会发展中必不可少的问题，是与中国城市化、工业化道路相联系的问题，也是与"三农"问题紧密联系的问题，是改革开放后中国经济体制转轨和社会转型共同作用的结果。从城镇化角度来看，农业转移人口市民化是推进我国城镇化的重要命题。农业转移人口市民化是提高农民工融入城镇的能力、提高劳动生产率与职工经济竞争力的必然选择，有利于破解城乡二元结构，进一步释放社会生产力和内需潜力，促进农业与工业、乡村与城镇的和谐共进，是中国实现现代化的重要支撑。我国现阶段经济社会的发展水平为加快推进农业转移人口市民化实践创造了可能。农业转移人口市民化也将成为扩大和拉动内需的强劲动力。

尽管各级政府在促进农业转移人口市民化方面做出了巨大的努力，但相对于作为既得利益者的户籍居民而言，农业转移人口仍是社会弱势群体。农业转移人口要融入城市、转变为市民不仅面临着经济、社会、文化方面的重重障碍，还受到现有制度的制约。基于此，我们试图通过学术研究回答如下问题：如何看待中国当下的农业转移人口市民化问题？人口为什么会向城市转移？政府为什么要推进农业转移人口市民化？未来如何加快推进农业转移人口市民化？围绕以上问题，本书共分四个部分展开论述。

第一部分为第一、二章，主要围绕"如何看待中国当下的农业转移人口市民化、如何理解农业转移人口市民化"来展开论述。第一章，对农业转移人口市民化的内涵特征、演变进程、问题及约束等进行深入剖析。农业转移人口市民化是农民身份到市民角色的复杂转变，是兼具空间流动和时间跨度的动态渐进过程。推进农业转移人口市民化是历史演变使然，当前已进入关键关口，必须打破财政和体制约束，加快推进农业转移人口市民化。第二章，从更为宏大的视角，将农业转移人口市民化放在改革全局与转轨过程中进行理论思辨与重新认知。首先，从民生、经济与改革视角对农业转移人口市民化政策进行再审视。其次，在改革全局中定位市民化改革，从过程视角认知市民化的本质，基于渐进路径认知市民化成本。最后，基于中国式转轨逻辑，提出应基于制度特性、区域特点、公共服务类型等方面进行农业转移人口市民化的路径选择。

第二部分为第三、四、五章，主要回答了"人口为什么向城市转移、为什么需要市民化"的问题。第三章，从缩小收入差距和提高生产率两方面进行分析，认为城乡收入差距在某种程度上促进了农村劳动力向城镇转移，而农业生产率的提高进一步释放了农村劳动力，降低了农民进城务工的成本，加速了农业人口向城市转移。第四章，对户籍制度的福利影响进行分析，实证分析表明，户籍制度对户籍居民和无户籍居民产生了显著不同的福利效应。第五章，重点考察了迁移时间、户籍制度与农业转移人口的城市融入，实证研究结果表明，时间并不能消除户籍制度对农业转移人口融入城市的影响。

第三部分为第六、七、八章，从微观和宏观两个角度对"为什么要推进农业转移人口市民化及其影响"进行分析。第六章，采用处理效应模型，从微观角度定量分析劳动力流动与居民收入相互作用的微观机制，研究认为，劳动力转移增加了农村居民的收入，劳动力流动可以通过降低城乡之间劳动力边际收益之差来降低城乡收入差距。第七章，论证了市民化对经济发展产生的促进作用，不仅从理论上分析了市民化对经济发展的影响机理，并且使用CGE模型模拟仿真的方法对比到2020年时市民化程度的不同对经济发展造成的影响。第八章，通过建立模型，研究了市民化水平和城市化水平、人力资源水平、居民消费水平以及经济总量之间的关系，并且使用仿真模拟的方法对模型进行计算。

第四部分为第九、十、十一章，从农业转移人口市民化的公共成本及制度约束的视角对推进农业转移人口市民化的机制设计及路径选择等进行剖析，并提出可资参考的政策建议。第九章，通过比较不同规模城市增加人口时公共支出弹性的大小来考察城市规模对城市公共支出规模效应的影响，研究表明人口向大城市集聚更节约公共成本。第十章，对农业转移人口市民化问题进行多维动态分析，对市民化成本进行重新测算，并提出了多元化的市民化成本分担机制设计理念。第十一章，对推进农业转移人口市民化的政府激励机制及相关政策进行探讨。

本书是我及我的研究团队在以往关于农业转移人口市民化问题研究的

相关成果基础上编撰而成。团队成员包括：王伟同、赵佳佳、许宏伟、高飞、李新磊、范晓非、杨沫、刘晨晖、陈海宇、马文甲、谢佳慧、高帅雄、魏胜广等。

作　者

2016 年 10 月

目 录

第一章

农业转移人口市民化：背景、基础与约束

本章对农业转移人口市民化的内涵特征、演变进程、问题及约束等进行深入剖析。农业转移人口市民化是农民身份到市民角色的复杂转变，是兼具空间流动和时间跨度的动态渐进过程。推进农业转移人口市民化是历史演变所使然，当前已进入关键关口，必须打破财政和体制约束，加快推进农业转移人口市民化。

一、研究缘起：一场事关人口、经济、社会的多维结构变迁进程

农业转移人口市民化已成为现阶段中国经济社会发展亟须解决的首要问题，受到社会各界的广泛关注和重视。2012年11月，十八大报告第一次明确提出农业转移人口市民化的概念，强调要"加快户籍制度改革，有序推进农业转移人口市民化"。2013年11月，十八届三中全会通过的《中共中央关于全面深化改革若干重大问题的决定》（下文简称《决定》）进一步提出"推进农业转移人口市民化，逐步把符合条件的农业转移人口转为城镇居民"。《国家新型城镇化规划（2014—2020年）》更进一步明确指出到2020年要实现1亿左右农业转移人口和其他常住人口城镇落户。解决农业转移人口市民化问题，对于中国当前推进民生发展与结构调整异常重要和紧迫，未来一段时期如何切实推进农业转移人口市民化将成为政府工作的核心。

1. 推进农业转移人口市民化是历史演变所使然

从世界范围来看，任何一个国家的城镇化进程都体现出相似的特征，即农民以低成本进入城市，利用城市的集聚效应，分享城市提供的就业机会，在提高自身收入的同时与城市建设形成良性的互动。单从这一轨迹来看，我国也不例外，从 20 世纪八九十年代开始，大量的农村剩余劳动力进入城市，这既增加了农民工的收入，也为城市发展提供了充足的人力资本。但与其他国家不同的是，户籍制度的存在又使我国城镇化进程产生了一定的特殊性，使城镇化呈现出两阶段的特征。其中，第一阶段是指农村人口在居住区和职业上的转变，即实现非农化；第二阶段则是指已进入城市的农民逐步被城市消化和吸收，在身份上成为真正的城市居民，即实现市民化①。受户籍制度的阻滞，在实践中，城镇化的上述两个阶段并未保持一定的连续性，反而出现了割裂，这也使得目前进入城市的大量农业转移人口仍然无法真正融入城市。尽管在生活形式上与城市居民无异，甚至在统计上已被计入城镇人口②，但这部分人口在享受公共福利方面与城市居民存在着巨大差别。可以说，被统计为城镇人口的 2.34 亿农民工及其随迁家属，远未能在教育、就业、医疗、养老、保障性住房等基本公共服务方面享受与城市居民同等的待遇③。事实上，上述差距不仅使得城镇内部出现了新的二元结构矛盾④，更是诱发了失业农民工安置、农村留守儿童和留守老人等诸多社会问题，为经济社会和谐可持续发展埋下了隐患。在经济结构调整、产业转型的大背景下，大量的农业转移人口流入城镇并形成稳定的就业，举家迁移的特征越发明显。农村转移人口市民化，不仅是

①　本研究对农业转移人口市民化的关注焦点主要集中在政治和经济层面，因而所界定的"农业转移人口市民化"，主要是指使已进入城市的农民成为城市户籍人口或与户籍人口享有同等待遇，并不包含对农民工获得社会认知、归属感等心理层面的探讨。

②　按照常住人口计算，截至 2012 年，我国城镇化水平已经达到 52.57%，但若按户籍人口计算，这个数字只有 35.29%，两者之间有约 17% 的差额。

③　根据全国人大教科文卫专委会的测算，我国农村和城市福利待遇人均相差 33 万元，和一般大城市福利待遇相差 50 万元以上，和中小城市福利待遇相差 10 万元以上。

④　城市户籍居民与大量农民工共存于城市中，因收入、地位、待遇的不平等而形成的新的二元结构，我们称其为城市内部二元结构。

我国长期关注的重大理论和现实问题，而且是发展中国家目前正在发生的人口城市化规律。

（1）城镇化与农业转移人口市民化。城镇化是一个国家经济、社会发展必须经历的重要阶段，是农业化向现代化过渡的关键。美国城市经济学家诺瑟姆提出的S曲线城镇化理论为学界所广泛认同。这一理论认为城镇化主要可分为三个阶段：第一阶段是城镇化起步阶段，城镇化水平较低，农业占主导地位；第二阶段是城镇化加速阶段，城镇化推进很快，人口向城市迅速聚集；第三阶段是城镇化成熟阶段，城镇化水平较高，城市人口比重增长缓慢或停滞。根据国际经验，城镇化水平在30%～70%是城镇化加速阶段。20世纪80年代初，发达国家的城镇化水平大多已达到70%～80%，属于城镇化成熟阶段。而我国常住人口城镇化率只有52.6%，处于后城镇化时期，且还有相当长的城镇化过程没有完成。目前，我国已面临着加速阶段出现的交通拥挤、住房紧张、环境恶化等问题，同时由于我国国情的特殊性，农业转移人口与原城镇人口在公共服务待遇和社会待遇方面相差甚远，生活方式和社会认知也不尽相同，农业转移人口并没有真正地融入城市，这种情况的持续将严重影响我国城镇化的质量和水平，需要及时改进。

（2）二元结构理论与农业转移人口市民化。在发展中国家，以现代化工业为主的城市经济和以传统农业为主的农村经济并存的城乡二元结构普遍存在。农民工市民化进程，其实质就是实现城乡二元结构向一元化的现代经济结构转化。由于现行的城乡二元结构的阻滞，我国的农村剩余劳动力转移到城市，不能直接转化为市民，而是采取农民—农民工—市民的阶段性转化的形式，阻碍了城乡一体化的进程。如果大量的农民工长期停滞在农民工状态而未能市民化，不仅影响到"三农问题"的解决和城乡统筹发展的进行，更是关系到城镇化、工业化乃至整个现代化能否健康发展。

（3）公共服务均等化理论与农业转移人口市民化。基本公共服务概念的提出是在我国特殊的国情条件下，尤其是在城市化的快速发展过程中，由于不能同时满足所有公共服务的均衡提供，而对公共服务按照重要性、基础性的原则进行的范围限定。从十六届六中全会通过的《中共中央关于构建社会主义和谐社会若干重大问题的决定》的有关论述来看，基本公共服务应该包括公共卫生、教育文化、就业再就业服务、社会保障、生态环境、公共基础设施、社会治安等方面。对于基本公共服务的内涵应当把握以下几点：①基础性，就是要保障社会成员最基本的、最为迫切需要的公共服务；②可行性，就是要与当前的经济社会发展水平和政府财力相适应；③公共性，是市场经济条件下难以有效提供的、具有很强外部性的公共产品和服务；④普惠性，政府所提供的公共产品或服务要惠及每一位社会成员，共享社会发展成果。农民工市民化的过程，其实质就是社会福利和公共服务均等化的过程。从本质上看，我国基本公共服务提供的非均等性以及所导致的市民化问题，是公共财政职能缺位在经济社会发展中的一种表现，这种职能缺位的内在体制原因集中体现在依附于户籍制度的社会福利体制和公共服务制度的先天性制度缺陷。

2.推进农业转移人口市民化已进入关键关口

据2016年10月国家卫生和计划生育委员会发布的《中国流动人口发展报告（2016）》，2015年年末我国离开户籍地到非户籍所在地居住生活的流动人口总量达2.47亿人，占总人数的18%，每6人中就有1人。其中，新生代占比过半、超七成流动人口集中在东部，这批新生代农业转移人口大多数出生、成长在城镇，虽然保留着农村户籍，但是并不具备基本的农业生产技能，除特殊情况外不会再回到农村。新生代农业转移人口从思维习惯、生活方式、消费观念等方面逐步与城镇居民趋同，心理上也有一定的"城镇主人"情怀。作为农业转移人口的主流群体，新生代农业转移人口的受教育程度较高、思想观念更具创新性，其市民化的意愿和能力都很强烈。

（1）从历史的角度来看，农业转移人口问题是中国改革进程和社会发展中必不可少的问题，是与中国城市化、工业化道路相联系的问题，也是与"三农"问题紧密联系的问题，是改革开放后中国经济体制转轨和社会转型共同作用的结果。

（2）从城镇化角度来看，农业转移人口市民化是推进我国城镇化的重要命题。农业转移人口市民化是提高农民工融入城镇的能力、劳动生产率与职工经济竞争力的必然选择，有利于破解城乡二元结构，进一步释放社会生产力和内需潜力，促进农业与工业、乡村与城镇的和谐共进，是中国实现现代化的重要支撑。

（3）我国现阶段经济社会的发展水平为加快推进农业转移人口市民化实践创造了可能。改革开放30多年来，我国经济快速发展，财政能力不断增强，为城镇化转型、市民化推进奠定了物质基础。从理论方面来看，学者们对于公共服务均等化和市民化推进方面的研究越来越详细，一套可行有效的理论体系正逐步形成；从实践方面来看，各地在市民化方面的改革探索，为创新体制机制积累了经验，推进市民化的条件日趋成熟，推进市民化的进程日趋紧迫。

（4）农业转移人口市民化将成为扩大和拉动内需的强劲动力。工业化是创造供给，而城镇化则主要是创造需求，这是扩大内需、拉动增长的持久动力。据《2015年我国农民工监测调查报告》，2015年全国农民工总量达到27 747万人。其中，大多数人只实现了地域空间的转移和职业的转变，并没有获得同等的市民待遇，未能实现户籍身份的转换、就业状态的稳定以及生活方式与行为习惯的转型。农业转移人口市民化进程，将带来消费需求的大幅增加，同时还将产生庞大的基础设施、公共服务设施以及住房建设等投资需求。农民工市民化，有利于解决城乡和城市二元结构难题，唤醒农村沉睡资产，成为扩大和拉动内需的强劲动力。如果培育得当，农民工市民化将成为未来经济增长的重要引擎。

面临着未来经济发展以及推进城镇化的现实要求，如何顺利实现农业转移人口的市民化已成为缩小收入差距、保障社会公平、维持社会稳定所需要解决的重点问题。然而，市民化是一个历史过程，从操作层面看，要实现这一过程，还有许多关键点需要突破和化解。就政府而言，推动农业转移人口市民化的实质是什么，政府有无财力在2020年实现1亿人口的市民化待遇问题，在推进农业转移人口市民化过程中如何对地方政府的行为进行激励，针对不同城市、不同人群有无最优的市民化推进策略等基础性问题能否得到合理解决，这些都将直接决定政府能否如期完成市民化推进任务。

基于此，本书立足经济社会发展实践，从政府推进农业转移人口市民化的可操作性政策出发探讨推进农业转移人口市民化的财力保障问题，从财政保障视角出发深刻剖析推进农业转移人口市民化的财政应对策略，进而给出有序推进农业转移人口市民化的路径选择。

二、研究视域：农业转移人口市民化的内涵及特征

在一般意义上，市民化的概念界定可分为两种：一是以人口转移和职业转换为切入点来界定，认为农业转移人口市民化是指农民离开土地和农业生产，向城市转移并在城市非农产业就业，在身份、地位、价值观念、社会心理、工作方式、生活方式、行为方式和交际方式以及就业、住房、社会保障等方面向城市居民转换的经济社会过程；二是以素质和能力的发展为落脚点来界定，认为市民化是作为职业的"农民"和作为社会身份的"农民"在向"市民"转变的进程中发展出相应的能力，学习并获得市民的基本资格、适应城市并且具备城市市民基本素质的过程。当前，根据我国对于农业转移人口市民化的政策目标，一般认为，它主要是指从与政府相关联的技术层面上推进农民、城市农民工等获得与城市居民相同的合法身份和社会权利的过程，如居留权、受教育权、劳动与社会保障权等。

市民化在公共服务均等化和城乡一体化的基础上被提出，是对基本公共服务体系的进一步充实和完善，以实现城市常住人口均等地享受市民化待遇为目标。市民化表现为农业转移人口从农村到城市的动态迁移，结果是提高了城镇化率，宗旨是扩大基本公共服务的覆盖面。市民化的内涵丰富，只有深入挖掘和透彻分析，才能确保对市民化路径的审慎制定和稳步施行。

（1）市民化是农民身份到市民角色的复杂转变

目前，学术界一般以两种方式界定市民化：其一，以人口空间转移和工作产业转换的显性改变为落脚点。农业转移人口市民化是指农民离开农村和土地，脱离农业生产，转移到城市并从事加工制造业、服务业等非农产业，实现了地理空间上由农村到城市、所处产业上由农业生产到非农生产、地位身份上由农民到市民的彻底改变。其二，以个人素质和能力水平

的隐性变化为界定标准。市民化是指农民转变为市民后实现个人素质的提升、学习能力的增强、适应并融入城镇生活的社会化过程。这一过程将伴随着生活方式、行为观念、社交形式、心理状态的转变，并享受到与城镇居民无差别的公共服务待遇。

市民化的复杂性源于其显性指标和隐性内涵的双重作用。市民化是复杂的系统工程，农业转移人口从农村到城市、贴上市民的标签并不意味市民化的顺利完成，只是市民化的开始。进行统计工作时，只能用已转移的农业转移人口数量、城镇化率等显性的外化指标来考察市民化的推进程度，对新"市民"能否顺利适应并融入城镇生活、自然坦诚地正视自己的市民身份、享受均等无差别的公共服务等内化的隐性标准则无法进行精确的衡量，而这恰恰是市民化的重要方面。

市民化的复杂性是农业转移人口和城市双向选择的结果。虽然国家政策导向是重点推进小城镇的发展，但高效的劳动生产率、高水平的公共服务以及现代化的产业和技能水平吸引了大量的农业转移人口向大城市聚集，东部沿海城市成为农业转移人口的首选；而特大城市在针对农业转移人口落户的条件上则普遍采用了较为严苛的政策。农业转移人口对城市的选择和城市的落户标准共同决定了市民化的进程，但二者之间存在严重的不对等关系，这也是造成市民化复杂的重要原因。

（2）市民化是兼具空间流动和时间跨度的动态渐进过程

市民化反映了整个城乡发展的结构变迁和农村劳动力的地域空间流动状况。其涉及人口多、覆盖区域广、时间跨度长、发展难度大，要经历较长时间的社会经济转变来稳步协调发展，这一过程并非一蹴而就。

市民化伴随着人口的空间流动。在人口自由流动的前提下，大量的农业转移人口从农村转移到城镇，既有省内流动也有省际流动，其中省际流动是推动经济发展的重要因素，对东部地区 GDP 增长的贡献率达到了15%。从流动的空间分布来看，2000—2010 年这十年间的人口普查数据显示，东南沿海依旧是吸引外来人口最多的地区，流动到广东省和长江三角洲的人口分别占所有流动人口的 22.4%、20.6%。个体理性选择的结果表明，广东、浙江、江苏、上海依旧扮演着承接农业转移人口集聚区的重要角色，人口跨区流动显著，空间跨度明显。

市民化是跨期的动态过程。市民化的进程可从时间上划分为两个阶段：首先，农业转移人口在城市获得稳定的工作和居住场所（包含租赁住房），工资收入能满足其顺利融入城镇生活，即具备了市民化的能力，实现了职业和居住地的非农转变。其次，城镇根据自身发展需要接纳那些市民化意愿和能力都强的农业转移人口，该部分群体获得市民身份、享受与其他市民均等的公共服务待遇，实现市民化。兼顾农业转移人口的市民化能力和城镇的接纳水平，决定了从具备市民化能力到最终实现市民化会有时间差，这说明市民化是跨期的动态过程。

市民化是渐进的稳步转变。我国人口基数庞大、农民工人数众多，每年有大量的农业转移人口流入城市。未来20年，我国还将有数亿农业人口转移到非农产业和城镇就业，这就决定了我国不可能将这数亿农业转移人口同时实现市民化转换。农业转移人口内部的分化和差异决定了在市民化进程中要依据循序渐进、先易后难、先存量后增量的原则，分批次、分类型、分地区稳步有序推进农业转移人口市民化。

（3）市民化与均等化、一体化既有差别又有联系

市民化与均等化、一体化的目标侧重点略有差异。从公共服务的宗旨看，农业转移人口市民化的实质是使长期在城市居住的群体都能享受到均等无差别的市民化待遇，这里的均等既包括享受到的公共服务质量和总量基本无差别，也暗含着享受公共服务的机会是均等的。公共服务均等化、城乡一体化通过给予欠发达地区"新农合"、"新农保"和"两免一补"等优惠政策来缩小城乡间基本公共服务差距。市民化强调各个城市（既包含建制镇、中小城市，也包含特大城市）系统内的均衡，而均等化和一体化则侧重于区域间公共服务的均衡。

市民化、均等化和一体化是完善基本公共服务体系的三大原动力，三者之间是相辅相成、不可分割的统一体。公共服务均等化、城乡一体化的目标在十七大报告中就已经被提及，农业转移人口市民化是在此基础上对公共服务的进一步补充完善。推进农业转移人口市民化进程是基本公共服务均等化与城乡一体化的重要推动因素，而市民化改革的顺利实施也需要

基本公共服务均等化与城乡一体化作为基本前提和重要保障。

通常来说，对农业转移人口转变为城市居民的判断是以是否拥有相应城市的户籍为依据的。此时，户籍制度的存在，不仅具有必要的人口登记和管理功能，更是形成了城乡居民在公民权利和社会福利水平上的人为分割。其中，前者的存在是由于农业转移人口流动加大了属地人口管理的难度；而后者主要是由于城乡发展不平衡、城市间发展不平衡以及地区间发展不平衡等原因，造成很多地区的公共资源要凭户籍来获得，也就使学前教育、医疗保障、保障性住房等公共服务成为户籍的附加属性。并且，受各地区发展水平的影响，很多地区还出台了不同的落户规定和资格限制，更是人为地形成了城市居民和农民工所享受的公共服务和社会福利的鸿沟。

虽然从表面上看城乡内部二元结构是受户籍制度制约而产生的，但不难发现的是，户籍除了必要的人口管理功能外，最大的作用就是使公共服务和社会福利在不同的群体间进行配置。事实上，如果能够实现全社会的公共服务与福利均等化，那么，即使仍存在着户籍以便对人口流动进行登记和管理，也能够避免因城乡内部二元结构而产生的社会矛盾。这条逻辑线索同样表明，市民化受阻所引发的诸多社会问题和经济问题的根源并不是户籍制度本身，而是户籍背后所隐藏的公共服务供给不足、福利不均等的经济问题。进一步地，推进农业转移人口市民化也并不是户籍的转变本身，而是政府重新配置公共资源、促进基本公共服务和社会福利均等化的问题，这实质上是一个财政问题（见图1-1）。

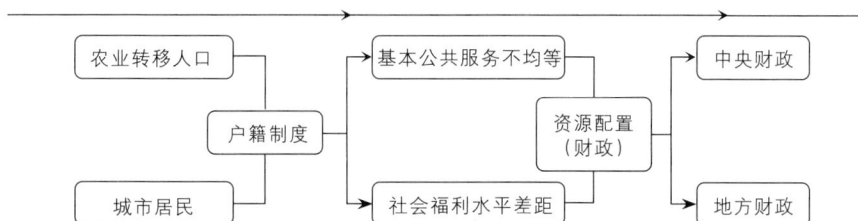

图1-1 城乡内部二元结构问题的逻辑线索

三、现实基础：农业转移人口市民化现状与问题

1.农业转移人口市民化总体现状分析

城镇化进程是我国经济发展、二元经济结构转型和城乡一体化的重要推动力。改革开放初期，我国农业转移人口具有"无限供给"特征，且受户籍制度等制度安排影响，我国城市地区的农业转移人口在政治、经济和社会方面难以获得与本地市民相同的待遇，城镇化与农业转移人口市民化并不同步，市民化程度滞后于城镇化。当前"用工难"愈演愈烈，同时劳动人口从2012年以来连续3年下降，通过市民化推进城镇化进程、释放经济增长潜力已经成为社会各界的共识。诚然，推进农业转移人口市民化的各项措施制定及其在实践中的优化有赖于对当前农业转移人口市民化程度进行客观的评估。另外，农业转移人口在城市中受到不公平待遇的原因在于城市劳动力市场的二元分割，因此以下将从农业转移人口就业状况方面来分析我国的市民化进程。

（1）收入不断增长，但仍低于城镇就业人员平均工资水平。收入水平是农业转移人口城市供给状况的反映，也是其承担市民化个人成本和融入城市生活的能力的重要体现。2008年世界金融危机以来，随着我国经济的不断发展，农业转移人口以及城镇就业人员的工资都出现了较快增长。其中，农业转移人口的月平均工资由1 340元增长到2014年的2 864元，年平均增长率高达13%。受"用工荒"影响，除2009年和2012年之外，农业转移人口工资增速高于城镇就业人员工资增速。这说明，城市中农业转移人口过度供给的状况已经改善，农业转移人口的工资进入平稳增长阶段。需要注意的是，虽然总体上农业转移人口的工资增速较高，但是由于农业转移人口的工资水平偏低，城镇就业人员工资与农业转移人口工资的绝对差距在不断上升。因此，从工资角度看，农业转移人口的工资水平低于城镇就业人员的平均工资，2014年农业转移人口的工资约为城镇就业人员工资的60%。由于工资可以用于度量城市生活能力，那么平均看来，农业转移人口工资水平偏低，难以支撑其在城市生活的日常开销，说明当

前农业转移人口的工资水平承担城市生活成本难度较大，市民化程度偏低。农业转移人口的收入偏低，而且在城市面临的工作和生活的不确定性也比较大，这些因素加剧了农业转移人口转变生活方式、融入城市生活的难度。

（2）工作时间偏长，超时工作较普遍。农业转移人口与城镇就业人员的工作条件相同，不仅是推进农业转移人口市民化的重要内容，同时也是社会公平的内在要求，以下将从工作时长角度分析农业转移人口与城镇就业人员在工作条件上的差异。从工作时长看，根据2010年人口普查数据，持有农业户口的城镇就业人员中周工作时长在48小时以上的比率约为47%，周工作时长超过40小时的比率约为63%；而持有非农业户口的城镇就业人员中工作时长在40小时左右的超过半数。如果按照一周工作5天、每天8小时的标准计算，农业户口的城镇就业人员多数处于加班加点的工作状态，享受完整周末假期的机会非常少。这从侧面反映了农业转移人口长期以来工作环境差、工作强度大的情况并未完全改善，农业转移人口在工作条件上与完全市民化还有一定的差距。

（3）农业转移人口参与社会保障水平较低。推进农业转移人口市民化的重要内容是逐步剥离与户籍制度的相关福利待遇，全面保障农业转移人口享受城市基本公共服务的权利。根据潘家华、魏后凯主编的《中国城市发展报告》，在社会保险项目中，受《工伤保险条例》影响，农业转移人口和城镇就业人员的参保率基本相同，分别为23.6%和25.6%。除此之外，城镇就业人员参与其他项目的比率明显高于农业转移人口。特别地，在医疗保险方面，城镇就业人员与农业转移人口的参保率差距最大，这一方面是由于新农合参保率较高，据报道，2013年新农合参保率超九成，另一方面是由于农业转移人口的流动性较大，医疗保险异地结算等问题的存在也在一定程度上降低了农业转移人口参与城镇医疗保险的积极性。

总之，从就业状况看，虽然近年来农业转移人口的工资出现上涨趋势，但是与城镇就业人员相比，农业转移人口的工资依然处于较低水平。除此之外，农业转移人口的工作环境差且参与社会保障水平较低。这说明在市民化最核心的就业层面，农业转移人口的市民化程度较低。

2.农业转移人口构成与市民化特征分析

自2004年出现"用工荒"以来，我国农业转移人口在特征、流向以及结构等方面发生着深刻的变化。另外，市民化是一项长期、系统的历史工程，需要遵循劳动力流动的客观规律。在二元经济结构转型背景下，农业转移人口流动趋势的变动必将影响市民化政策的制定和实施，因此有必要分析我国农业转移人口流动趋势及其对市民化的影响。

（1）农业转移人口多集中在大中城市，市民化的公共成本压力较大。农业转移人口市民化涉及个人、企业和政府三个方面的成本，其中政府负担的公共成本主要来源于为农业转移人口市民化提供各种福利待遇和均等化公共服务所产生的成本。2014年全国农民工监测调查报告显示，我国农业转移人口在直辖市、省会城市和地级市分布的比例分别为14.1%、22.7%和40.2%。其中约14.1%的跨省流动农业转移人口流向了直辖市。这说明，人口流入压力较大的地区，例如京津冀、长三角和珠三角，不仅面临着将大量本地农业转移人口市民化的成本压力，还同时面临着将不具有本省（市）户籍的农业转移人口就地落户的问题。

大中城市聚集了大量的社会资源，不仅具有更高的福利待遇，同时也意味着更多的机遇，因此吸引了大批农业转移人口。市民化进程中，政府不仅需要承担为农业转移人口提供基本公共服务的成本，每年还要承担大量的持续性成本（例如管理成本），除此之外，政府还需要兼顾资源、环境和产业结构等多重因素，因此大城市市民化政策的制定需要达到更高要求。

（2）青壮年比率逐年下降，农业转移人口平均年龄上升，城市生活融入困难。市民化的最终目的是使农业转移人口融入城市生活，接受城市文化。然而，2014年全国农民工监测调查报告显示，我国40岁以上农业转移人口的比例由2010年的34.1%上升到2014年的43.5%，平均年龄也由35.5岁上升到38.3岁。研究表明，第一代农民工的市民化意愿仅为

18.09%，而第二代农民工市民化意愿为 46.21%。[①]随着年龄的增加，农业转移人口对农村的归属感越来越强，同时其接受城市新鲜事物的能力和意愿逐渐下降，在观念和生活习惯上的市民化程度较低，因此青壮年农业转移人口比例下降会降低农业转移人口市民化意愿及主动参与市民化的积极性。

（3）教育程度总体水平仍偏低，难以满足大城市产业结构升级要求。人力资本是农业转移人口进行市民化的关键因素，因为人力资本是农业转移人口适应城市现代化生产、提高城市生活能力的主要因素。受九年义务教育制度影响，农业转移人口受教育程度不断提高，但是总体上农业转移人口受教育程度依然偏低。平均看来，城镇就业人员受教育程度比农业转移人口高，其中农业转移人口中接受初中教育的比例最高。另外，接受技能培训的农业转移人口比例较低，同时人力资本投资成本弱化了农业转移人口参加技能培训的意愿。较低的教育程度和参与职业技术培训意愿会降低农业转移人口的人力资本质量，进而造成农业转移人口难以满足城市经济结构升级的要求，降低农业转移人口市民化能力，阻碍市民化进程。

四、制度约束：财政视角下的双重约束

政府推进农业转移人口市民化的本质是政府对公共资源和服务的重新配置，因而，财政视角可以被用来分析和解决政府推进市民化过程中的诸多难题。具体地，从财政视角出发，实施市民化的主体——地方政府面临着财政能力层面以及体制层面的双重约束，形成了推进市民化进程受阻的深层原因。

1. 财政能力约束

在目前城乡二元户籍制度还没有被破除的情况下，一个地区或城市往

---

① 刘传江,程建林. 第二代农民工市民化:现状分析与进程测度[J]. 人口研究,2008(5).

往以非农业户籍作为享受市民待遇的依据。根据我国城镇化率的统计口径[①]，城镇人口既包括镇域行政区内的农业人口，又包括在城镇居住半年以上的农民工等外来人口，正是这两部分人无法享有所在地城镇的市民身份和待遇，并未实现市民化。据此，一个简便的计算市民化率的公式是：市民化率＝非农业人口÷常住人口×100%，即一个地区或城市中享受市民待遇的人口占全部常住人口的比重。

与提高市民化率相伴随的是巨额的公共服务和社会福利提供成本。统计数据表明，约2.34亿农民工及其随迁家属在城市居住却未能与城市居民实现同等的待遇。此外，根据中国社会科学院城市发展与环境研究所发布的蓝皮书《中国城市发展报告（2012）》，今后20年内，中国还将有2亿多农民需要陆续转移到城镇就业和居住。如果按照既定的市民化方针将上述4亿~5亿农业转移人口登记为城市户口并纳入城镇社会保障体系，使其与城市居民公平地享有住房、医疗、社保、子女入学等保障，显然，城市需要支付巨额的成本。据初步测算，仅解决社会保障和公共服务问题，农民实现市民化至少需要人均10万元。也就是说，在未来20年内，政府至少需要支付40万亿~50万亿元用于市民化方面的财政支出。

然而，尽管近年来政府财政收入在持续增长，但仍无法负担起市民化所需的财政成本。尤其是作为公共服务提供主体的地方政府，其财政收入与实现市民化存在着巨大的财政缺口，如果按照2012年地方财政约6万亿元的收入水平，那么，市民化的财政成本直接相当于7~10年的财政收

---

① 城镇化率与统计口径的变化有很大的关系。在严格实行户籍制度的计划经济时期，如1964年的第二次人口普查和1982年的第三次人口普查，都是把非农业户口统计为城市人口，把农业户口统计为农村人口。随着农村劳动力向城市流动规模越来越大，由于户籍制度调整的进程未能与人口流动保持同步，户籍身份就不再能够准确地反映城乡的实际居住状态。针对这种新情况,1990年进行的第四次人口普查采用了常住人口的概念，即那些离开家乡进城超过一年的流动人口，也被算作市常住人口。这次人口普查的结果随后被国家统计局用来作为基础，对1982年到1990年的所有数据进行了调整。到了2000年的第五次人口普查，离开家乡进入城市的时间只要达到半年，即使没有改变户籍，也被视作城市常住人口。国家统计局也据此对1990—2000年期间的城市化数据进行了调整。从此以后，城镇人口被定义为：在城镇居住6个月或以上的居民，而无论其户口登记地在哪里。其结果是城镇化率与非农化率产生了较大的差距,2007年城镇化率比非农化率高出了12个百分点。据2013年最新统计,2012年的城镇化率为52.27%,比非农化率高出了17个百分点。

入。事实上，实践情况也表明，地方户籍制度改革夭折的一个重要原因正是地方公共财政难以负担为更多的农民工及其家庭提供公共支出。并且，在现阶段地方债问题仍未解决的前提下，很多地方政府已预见到给予农民工平等的市民待遇可能引起的财政困难，因此，不少政策制定者和地方实践者均认为政府现有财力不足以实现市民化。

2. 体制约束

从现实情况看，除受财政能力因素制约外，地方推进市民化意愿不足也是市民化进程受阻的一个深层原因。毫无疑问，承担农民工市民化的主体应该是各级地方政府。但自公共选择理论将"经济人"假设引入政府行为研究（Downs，1957；Niskanen，1975）以来，地方政府追求自身利益最大化的前提逐渐成为经济政策分析的重要假设。一些地方政府在计算其成本收益后会做出如下选择：如果中央政府的政策使得地方政府执行该政策能够获得晋升，地方政府会积极执行中央政府的政策；而当执行中央政府的某些政策，地方政府自身利益会受到损失时，地方政府会利用中央政府监督成本高、信息不对称，采取消极的态度予以执行。相应地，结合各地地方政府在推进农民工市民化时的消极应付和犹豫观望态度可以看出，现有的体制安排已经导致部分地方政府市民化行为出现动机偏差。这主要体现在以下几个方面：

首先，当前的政绩考核体系使得有些地方政府更加偏好短期的经济行为，而农民工市民化的正面作用却只能在长期产生影响。目前，部分地方官员受到资历、年龄的限制，为满足晋升偏好，希望在尽可能短的时间内做出尽可能大的政绩。这必然会导致有些地方官员注重短期行为和显性项目，而市民化政策在长期带来的区域经济增长和社会公平的提升显然属于典型的隐性项目。

其次，在政绩考核体系的作用下，一些地方政府将精力放在相关考评指标的增长上，如GDP总量、财政收入、吸引外商直接投资额以及上缴税收额等，却对那些不属于考评范围内的指标漠不关心。从现行体制看，市民化水平还没有被纳入地方考核体系，或者说在体系内的权重较小，因而地方政府在以发展为核心的环境下，必然更加重视经济发展水平等指标的提升。受上述逻辑影响，不少地方政府对推进市民化的热情不高。尽管中央政府一再要求地方政府配合其推进市民化，地方政府仍然很少以积极的态度来推行，农民工的市民化问题仍然无法受到应有的重视。

再次，我国现行的财政体制，无论是收入和支出责任的划分，还是转移支付制度的设计，都是以假定人口不流动为前提、以辖区的户籍人口为基础的。在这种体制框架下，各地政府按户籍人口来提供公共服务。然而，推进农民工市民化的政策目标改变了这一前提。因此，无论是纵向的还是横向的财政关系都需要进行调整，尤其是处于流动状态的庞大人口的公共服务的提供给各地公共服务供给带来了难题，形成了公共服务供给上的真空。所以，城市政府不愿意放开户籍、推进市民化还受到财政体制因素的限制，主要是城市政府财权与公共服务支出责任不对称，缺乏稳定的能随人口增加而增长的财政资金筹集渠道。

最后，现行财政分权体制下，地方财政收入直接与经济发展挂钩，与地方 GDP 高度相关。为了追求财政收入的快速增长，地方政府具有较高的意愿推动地方 GDP 的提升。在这种导向下，一些地方政府把大量资金投向与经济发展密切相关的且能产生直接效应的交通、道路、通信、能源等生产性基础设施项目，并不愿将财政资金投向无法产生直接效应的与社会公平和市民化水平密切相关的社会保障方面。

正是由于地方政府面临着财政能力层面以及体制层面的双重约束，导致我国的户籍制度与政府主导的城镇化进程出现了诸多偏差，使我国城镇化表现为严重限制福利公平供给的经济效率导向，市民化政策也异化为一些地方政府实现经济高速增长的手段。因此，过去多年的城镇化基本上是要素的城镇化。在这样的城镇化过程中，人口在作为要素的时候可以自由流动，但与人相伴随的权利和福利却不能同步流动。总的来说，上述双重约束不仅造成了城乡内部二元结构矛盾的加大，也构成了未来政府进一步推进市民化的实质障碍。

第二章

农业转移人口市民化：理论思辨与重新认知

本章从更为宏大的视角，将农业转移人口市民化放在改革全局与转轨过程中进行理论思辨与重新认知。首先，从民生、经济与改革视角对农业转移人口市民化政策进行再审视。其次，在改革全局中定位市民化改革，从过程视角认知市民化的本质，基于渐进路径认知市民化成本。最后，基于中国式转轨逻辑，提出应基于制度特性、区域特点、公共服务类型等进行农业转移人口市民化路径选择。

一、政策逻辑：基于民生、经济与改革视角的审视

《国务院关于进一步推进户籍制度改革的意见》的出台，标志着中国户籍制度改革正式在国家层面全面铺开。其核心内容有两个方面：一是取消农业户口与非农业户口性质区分，统一登记为居民户口，体现户籍制度的人口登记管理功能；二是计划到2020年实现1亿左右农业转移人口和其他常住人口在城镇落户。第一个目标意在逐步消除附着在户籍制度上的公共服务及福利差异，为让所有居民都逐步享有均等化的公共服务创造制度基础；第二个目标明确指向了已经在城镇工作生活的农民工群体，让其能够在城市落户，并享有公平的公共服务保障，这在《国家新型城镇化规划（2014—2020年）》中已经提出，表明了户籍制度改革与城镇化发展战略的一致性。总体来看，《国务院关于进一步推进户籍制度改革的意见》的

核心思想是促进城乡间以及城市内部户籍人口与非户籍人口的基本公共服务，是国家完善社会管理制度、促进基本公共服务均等化的重要举措。从中国人口管理制度的变迁历史看，这一改革意见的出台具有划时代意义，也有着深刻的经济社会发展改革层面的历史背景，而解读这些历史背景对于更好理解户籍改革及市民化政策出台具有重要意义。

事实上，实现户籍改革意见中所提出的统一户籍管理及实现1亿左右农业转移人口市民化的目标，在政策执行层面存在相当大的难度，社会各界也或多或少存在着各种顾虑。此项改革难度之大体现在几项改革成本上。一是经济成本，这也是社会各界最为关心的一项改革成本。目前关于人口市民化公共成本的测算研究可谓汗牛充栋，由于研究样本的范围、抽样时间的不同，所测算出的结果也不尽相同，以中国社科院魏后凯等（2014）的研究为例，其认为按每年实现2 500万人口市民化，则政府财政需要新增财政支出6 500亿元。相较于2013年全国财政收入增长1.2万亿元的规模来看，为推进市民化政策需要国家耗费一半左右的新增财政收入，这表明我国财政有能力承担市民化所带来的财政成本，但考虑到市民化政策的连续性，这种新增支出具有累积性，对财政的压力也是显而易见的。二是制度成本，户籍制度改革是一项复杂而繁琐的系统改革，除去统一户籍管理所带来的转换成本外，最大的制度成本是如何通过合理的制度变革有效激励地方政府积极推动市民化改革。众所周知，地方财力不足以承担市民化政策所带来的财政压力，因此如何合理设计针对市民化政策的转移支付制度也是一项改革成本。除此之外，诸多涉及农业转移人口市民化的土地、社保等配套改革也亟待跟进。三是观念成本，长期以来的城乡分割使得不少原城镇居民对外来人口存在抵触情绪，尤其是在涉及基础教育、就地高考等稀缺资源的问题上，矛盾尤为激烈，国内已发生多起户籍人口与外来人口间的积累冲突，如何有效化解市民化政策实施过程中的观念冲突与社会矛盾，也让不少人对市民化政策存在顾虑。

尽管存在诸多困难，但中国政府依然坚定推进户籍改革与农业转移人口市民化政策，原因何在？政府坚定推进农业转移人口市民化的政策逻辑又是什么？农业转移人口的市民化问题是伴随着中国经济发展与改革进程而出现的，城乡分治与农业人口进城务工是助推我国30多年改革开放取得成功的重要因素之一，具有历史的必然性和合理性。对于这一问题，应当从历史的角度来加以审视。我们认为，户籍改革与市民化政策是当前中国民生、发展与改革领域矛盾的交会点，更是全面深化体制改革的突破口，市民化政策的出台有着深刻的历史背景和严密的政策逻辑。这一逻辑可以从民生、发展与改革三个视角进行分析与解读。

1.农业转移人口市民化的民生逻辑

中国户籍改革之难，难在户籍制度上附着了太多的社会保障。据统计，现有城乡户籍之间存在的公共服务项目差距达30多项。本质上看，无论是取消农业户口与非农业户口性质区分，统一户籍登记制度，还是实现农业转移人口和其他常住人口在城镇落户，其归根结底是一个公共服务的完善与建构问题。因此，从公共服务与民生发展的角度观察户籍改革与市民化政策出台的逻辑是必然的。

改革开放以来，中国在基本公共服务建设领域先后提出了三个战略方向，并分别被写入党的十八大报告及十八届三中全会《决定》，分别是基本公共服务的均等化、城乡一体化与农业转移人口市民化。其中新提出的实现农业转移人口市民化，是继基本公共服务均等化与城乡一体化要求之后，针对公共服务领域提出的全新要求。从内涵与政策指向看，公共服务领域的均等化、一体化与市民化背后的战略意图虽各不相同，但三者之间具有显著的内在逻辑。由政策导向不难发现，公共服务的均等化、一体化与市民化分别针对中国当前存在的地区二元、城乡二元与城市内部二元三种类型的二元结构。在党的十八大之前，国家先后提出了公共服务均等化与城乡一体化发展目标，两者分别针对中国地区二元与城乡二元的发展结构特征，旨在消除地区间与城乡间的公共服务差异。从公共服务均等化发展目标看，更多强调了不同发展水平地区间居民基本公共服务的公平，以完善财政转移支付体制为手段，逐步缩小中西部欠发达地区与东部发达地区之间的基本公共服务差距。从城乡一体化发展目标看，则明确关注了由于城乡二元的公共服务体系下城乡居民间的公共服务差异，意图通过专门针对农村地区的"新农合""新农保"等一系列公共服务政策，解决城乡间公共服务差异过大的问题。而十八大以来新提出的农业转移人口市民化政策则着眼于城市内部户籍人口与非户籍人口之间的公共服务差异，旨在通过剥离依附于户籍制度的城市内部二元公共服务体制，让长期居住生活在城市的所有常住人口都能够逐渐享受到公平的市民化待遇。总体来看，均等化、一体化、市民化三个战略目标的提出均有着深刻的现实背景，是一整套破除公共服务二元体制的不同战略步骤，三者是一个统一的有机整体，共同构成了中国公共服务体系建设方略。

从当前中国民生发展的趋势看，如何满足日益增长的城镇常住非户籍人口的公共服务需求，已成为民生改善的最重要领域。从现有制度设计看，针对欠发达地区以及农村地区的各种优惠、补贴等倾斜政策已相继出台，尽管效果可能还不尽如人意，但已在相当程度上缓解了地区间和城乡间存在的公共服务差异以及由此带来的社会矛盾。但随着中国城镇化进程的推进，城市内部外来常住人口规模的日益增加，日益庞大的流动人口由于没有所在地的户籍，在医疗、养老、子女教育、保障性住房等方面均未能享受到与城镇居民相同的公共服务保障，这导致城市内部二元体制所带来的社会矛盾也日益增多。因为用工制度不健全，目前有相当数量的农民工没有参加城镇医疗和养老保险。与此同时，由于离开农村户籍所在地，这部分流动人口也无法很好地享受到针对农村地区推行的新农合、新农保、义务教育两免一补等各种基本公共服务。因此，农业转移人口逐渐成为现行公共服务体系下社会保障的最薄弱环节，成为既无法被纳入城镇基本公共服务体系也不方便享受到国家针对农村居民提供的各种基本公共服务的特殊群体。因此，推进农业转移人口市民化，逐步在常住地解决非户籍人口的社会保障问题，是当前中国改善民生、提高社会整体福利水平的有效举措。

事实上，市民化目标的提出不仅仅是通过制度设计将农业转移人口纳入社会保障体系，还有着更深层次的战略考量，即通过推行农业转移人口市民化战略来促进基本公共服务的地区均等化与城乡一体化。众所周知，中国地区间与城乡间的巨大公共服务差异，根源在于地区间和城乡间发展的巨大差异，在公共服务由地方负担的财政体制安排下，必然导致公共服务无法实现均等化和一体化。因此，要实现基本公共服务均等化与一体化，则必须致力于推进经济的平衡发展，但这种平衡发展并非地区与城乡总量上的平衡，而应是人均意义的平衡（陆铭，2011）。如果人口可自由流动、迁徙，则人们会自发地由欠发达地区与农村地区向发达地区流动，日益增长的农业转移人口也说明了这一点。从欠发达地区与农村地区看，由于人口减少，人均占有的各种生态资源、土地资源将会上升，这些地区的人均收入会增长；从发达地区看，迁移到城市的外来人口则通过产业转换、知识外溢以及规模经济等因素实现自身收入的增长。这表明，在人口自由流动的情况下，人均收入差异会自然而然地得到平抑，进而从根本上解决地区间和城乡间的公共服务供给差异。但由于户籍制度的存在，中国劳动力流动始终存在着隐性的幕墙，人口难以从流出地真正迁移到流入地定居生活，这也在相当程度上阻碍了人均收入差异的收敛趋势。因此，户籍改革与推进农业转移人口市民化，是通过推进人口自由迁移来实现中国均衡发展的重要举措，也是破解中国民生发展二元结构难题的关键与核心。

2.农业转移人口市民化的经济逻辑

在农业转移人口市民化的民生逻辑背后，还有一条更为重要的经济逻辑。市民化改革的目标不仅仅局限于实现所有国民的基本公共服务均等化，更有着维系中国经济长期稳定增长、应对后人口红利时代经济下行压力的重要内涵。要深刻理解市民化改革的经济逻辑，需要对中国人口结构正在经历的深层次变革进行系统审视。

当下中国人口结构正在三个层次上发生深刻变革。一是人口年龄结构的老龄化。据联合国研究报告测算，从2010年开始，中国人口抚养比呈现快速上升的态势，而劳动人口比重持续下降，标志着中国的人口红利已经开始步入漫长的衰减期，后人口红利时代中国经济增长面临下行压力。二是人口城乡结构的城镇化。近年来中国城镇化率以年均1~2个百分点的速度快速推进，2014年城镇化率已达到54.77%，一多半中国人已长期在城市居住生活，根本上改变了中国传统以农业人口为主的城乡结构。在加速城镇化过程中，其所释放出的消费、投资以及城市集聚和规模效应，更是成为中国经济增长的重要引擎。三是人口户籍结构的市民化。2014年我国离开户籍地到非户籍所在地居住生活的流动人口总量达2.98亿人，如此庞大的流动人口群体在消费、就业、公共服务等方面有着更多的需求，冲击着现有城乡二元经济结构，也给现有城镇化发展模式带来巨大挑战。而农业转移人口市民化政策正是基于这一事实所做出的重大决策，也预示着中国人口的户籍结构将向市民化方向加速转变。

从中国人口结构老龄化、城镇化、市民化三个层次的变革中，我们不难发现其中的经济逻辑。从中国经济发展的实践看，人口要素在过去30多年经济高速增长中亦扮演着重要角色。有研究表明，中国改革开放早期的20年间经济增长的1/4是由人口红利所贡献（Cai and Wang，2005）。而近年来"用工荒"现象的不断出现以及劳动工资水平的持续上涨，则标志着中国的人口红利正在逐步消逝。虽然学术界关于刘易斯拐点是否到来仍存在争论，但中国劳动力不再呈现完全弹性的无限供给已逐渐成为不争的事实，这必将对中国未来发展产生持续性影响。在老龄化背景下，中国经济增长将会由于人口红利资源衰减带来每年1.5~2个百分点的增长阻力（王伟同，2012）。这表明，人口老龄化的加剧已对中国传统经济增长模式造成实质性冲击，并对中国经济社会发展的诸多方面产生显著影响，人口正在成为中国发展的硬约束。

面对人口老龄化的约束，中国快速的城镇化进程成为中国经济增长的新引擎。从现实中我们也可以发现中国人口老龄化与城镇化进程在时间上的衔接与统一。2000年左右，我国60岁以上的老年人口首次突破10%，中国人口出现老龄化趋势。与之相伴的是中国东南沿海地区开始出现用工荒与招工难现象，中国劳动力工资也开始出现不断上涨趋势。同样在2000年左右，中国开始启动以房地产市场改革、城市基础设施建设等为代表的快速城镇化进程，进而抵消了中国老龄化带来的经济增长下行压力。但随着城镇化进程的加深，这种以土地开发为特征而相对忽视人的城镇化的快速城镇化发展模式也开始出现诸多问题。一是流动人口急剧膨胀，加之没有建立起针对流动人口的有效的社会保障体系，导致流动人口难以融入所在城市，户籍人口与非户籍人口间的社会矛盾不断加大，社会不稳定因素增多。二是流动人口由于没有归属感和社会保障，其消费意愿受到较大约束。已有研究表明，如果控制住居民的其他特征，非户籍人口比本地居民的消费水平大约低30%（陈斌开、陆铭、钟宁桦，2010），说明户籍带来的非市民化待遇极大地抑制了农民工群体的消费意愿。三是超前的土地开发建设导致空城、鬼城出现，同时一些地方政府也不同程度地背负了巨额政府债务，使得地方财政风险不断加大等。不难发现，忽视人的城镇化发展模式已经成为中国当前经济社会诸多热点问题以及经济发展转型升级遇阻的重要根源。

面对此种情况，实现农业转移人口的市民化已成为从根本上解决中国经济发展、深化体制改革乃至破解诸多热点问题的突破口与着力点。因此，市民化改革也成为修正城镇化发展道路、实现中国经济平稳健康增长的重要手段。事实上，市民化改革也确实有着重大的现实收益。其一，市民化将提高整个城市的消费水平。调查显示，农民工群体是近年来收入增长最快的一个群体，农民工收入增长高于城镇居民人均可支配收入和农村居民人均现金收入增速近10个百分点，其收入预计2015年占GDP的比重将达11.3%（巴曙松，2012）。市民化政策将有效释放2.3亿流动人口的巨大消费潜力，而消费需求的提高又会进一步带动相关产业的投资，这无疑会为城市税收带来巨大贡献。其二，市民化有利于消除城市隔阂，降低社会治安成本。当前，城市内部户籍人口与非户籍人口之间的社会矛盾已经逐渐成为中国社会的主要矛盾，加大了社会治理成本和维稳支出成本，市民化政策有助于消除和弥合社会矛盾，从而降低城市相关支出，这也是一种现实的收益，应当被充分考虑。此外，市民化对城市人力资本积累、推动产业结构升级、繁荣城市活力等方面的作用也十分巨大。

关于人口结构变化的经济逻辑，可简单总结为"老龄化—城镇化—市民化"，即随着长期推动中国经济快速增长的人口红利正在消逝，中国需要推进城镇化作为中国经济未来长期增长的重要引擎，但传统城镇化增长模式往往被简单地理解为土地的城镇化或者等同于投资建设，而忽视了人的城镇化，因此需要以市民化为导向对传统城镇化模式进行纠偏，以实现经济的长期健康发展以及经济增长与民生发展的有机统一。

3.农业转移人口市民化的改革逻辑

归根结底，农业转移人口市民化政策是一项针对农业转移人口管理方式的改革举措，必然有其改革的政策逻辑。因此，探求市民化的改革逻辑，应当从中国改革开放以来针对农业人口进城管理政策的演变来考察。中国的农业人口向城市的转移进程开始于1978年的改革开放，并随着改革开放进程的深入不断加速并深化。本质上讲，市民化进程与中国经济体制改革间存在着紧密的契合关系，农业人口的市民化转移进程深受中国宏观经济体制变革的影响和制约。与渐进式的改革类似，农民进城的政策变革也具有显著的渐进式特征。从政策演变历程看，我们可以将其大致分为五个阶段，这五个阶段基本秉承了"限制—允许—分治—融合"的政策变革思路。

（1）限制农民进城阶段（1978—1984年）。1978年中国开始了改革开放进程，面临的主要问题是发展经济并解决吃饭问题。因此，以家庭联产承包责任制为代表的农村改革成为突破口，农业经济开始释放出较大活力。此时农民开始被赋予适度的经济权利，在农村存在劳动力严重过剩的情况下，部分农民开始进入城镇务工、经商和从事服务业工作。正是经济制度的变革触发了农民进城的历史进程。但由于计划经济限制人口流动政策的延续，以及防止出现大规模人口盲目流动的问题，农民进城依然采取了票证及"农转非"指标的双重限制措施。应当说，这一时期人口流动问题并非政府关注的核心问题，只是整体经济改革背景下的自然结果，政策层面尚未对农民进城问题做出足够的反应，限制农民进城的政策也是计划经济体制的自然延续。但值得注意的是，正是这一时期农民活力的激发，引致了农民进城问题的普遍出现，为后一时期的政策转变提供了现实基础。

（2）允许农民进城阶段（1984—1992年）。1984年随着农村分工分业的发展，越来越多的农民开始脱离耕地经营，开始从事林木渔业以及小工业和服务业。农村家庭联产承包责任制改革带来的激励红利开始衰减，如何进一步适应新时期农民农业发展需要，成为政府必须关注的重要问题。

同时，学术界也对此给出了积极响应，当时的研究认为"1978—1984年传统计划国民经济增长格局的终结，也是根本改变原有城乡经济关系的开始，在新成长阶段，很难仅仅以小集镇（农民离土不离乡）战略来解决城市化问题。我国的结构变革绝不可能在目前城乡分隔的基础上完成，不可能完全回避对城市化的决策"（中国农村发展问题研究组，1985）。基于这种现实背景和学术舆论，政策层面开始放松对农民进城的限制，在《关于一九八四年农村工作的通知》中，首次明确提出了选择若干试点，允许务工、经商、办服务业的农民自理口粮到集镇落户。由此，中国农民合法进城的大门正式打开，也拉开了中国城镇化进程的帷幕。随后，针对流动人口的暂住证、寄住证制度陆续推出，政府开始对进城农民实施管理。农民在政策的允许下开始离开土地、进入城镇，这也直接推动了中国乡镇企业和城市第二、三产业的发展。

（3）城乡户籍分治阶段（1992—2002）。1992年邓小平发表南方谈话，坚定了走中国特色社会主义的道路，建设市场经济、发展国民经济成为各方共识。建设市场经济需要发展城市经济，而发展城市经济需要充足的劳动力。进一步释放农村劳动力，也成为政策改革层面的现实需求。在1997年出台的《关于进一步做好组织农民工有序流动工作的意见》中，明确了针对农民工流动的各项管理举措，但更多的是鼓励农民就地就近转移。自1994年开始，上海等城市为发展城市经济需要，开始实施为符合购房、投资等条件的外来人口办理"蓝印户口"，作为一种临时性户口可部分享有在医疗、教育、就业等方面的本地户籍人口待遇，成为农转非渠道外的农民进城落户的补充性政策。这一时期，国民经济发展开始需要农民工进城转移到城市第二、三产业中，人口红利也开始成为推动中国低成本制造业发展的重要力量。但此时针对农民工的进城政策，更多的是管理功能而基本不涉及公共服务，农民基本享受不到城市公共服务，落户成为城市居民的可能性也很小，因此是一种严格的户籍分治阶段。这也造成了中国日益庞大的流动人口群体。

（4）城乡户籍分治—融合阶段（2003—2012年）。进入21世纪，中国经济在制造业领域取得巨大成就，工业发展迅猛，逐渐成为世界工厂。随着支撑制造业发展的劳动力需求快速增长，企业用工规模开始逐步超过农业剩余劳动力的转移规模，用工荒、招工难现象频繁出现，农民工工资不断上涨，给中国依靠廉价劳动力支持的以低成本制造业为代表的经济增长模式带来冲击。针对这种现象，保障农民工权益、吸引更多农民工进入城市工作生活，开始成为政府关注的问题。2006年中央一号文件《中共中央国务院关于推进社会主义新农村建设的若干意见》首次明确提出了保障务工农民的合法权益，要求进一步清理和取消各种针对务工农民流动与进城就业的歧视性规定和不合理限制的要求。与此同时，针对农民的"新农合""新农保""两免一补"等社会保障体系也在这一时期逐步建立，在逐步缩小与城镇居民基本公共服务差异的同时，也在一定程度上弥补了农民工在城市难以享受公共服务的问题。可以发现，随着中国整体改革进程的推进以及劳动力市场供需结构的悄然改变，中国政府针对农民进城的态度也发生了根本性变化，开始重视农民工群体在城市的职业和身份的双重转变。在保持城市常住人口城乡户籍分治的同时，也开始积极尝试改善农民工在城市的工作生活状况，为农民工融入城市创造条件。

（5）城乡户籍融合阶段（2012年至今）。近年来，中国经济社会进入全新的发展阶段，新的经济问题、新的社会矛盾开始显现。经过10余年的城市快速开发建设，大量新城拔地而起，但由于户籍限制，农民工难以在城市定居，导致人口城市化慢于土地城市化的矛盾日益凸显，空城、鬼城频现。而高达近3亿的流动人口在规模上已形成一个庞大的新兴阶层，尤其是第二代农民工的大量出现，其利益诉求开始显现。城镇户籍人口与非户籍人口间的社会矛盾逐渐加深，开始影响整个经济社会的平稳运行。反映到政策层面，党的十八大报告首次提出了有序推进农业转移人口市民化的明确要求，标志着中国针对农业人口进城政策的根本性转变，在《国家新型城镇化规划（2014—2020年）》中更是提出了取消农业户口与非农业户口性质区分，到2020年实现1亿左右农业转移人口和其他常住人口在城镇落户的总目标，至此中国正式进入城乡户籍的融合阶段。经过30余年的变革，农业转移人口问题终于开始由幕后走向前台，开始成为中央决策的重大战略问题。其背后的原因正是农民工问题已由最初的农民自发进城务工为城市发展提供劳动力，逐步演变为可以影响城市经济发展、涉及经济社会稳定的重大战略因素。破解农民工城市落户难题，不仅能够解决社会公平问题，更是摆脱中国城镇化发展困境的一把钥匙。由此，市民化改革因遵照其渐进式的改革逻辑最终走上了历史舞台。

回顾市民化政策演变的改革逻辑，"限制—允许—分治—融合"的渐进式改革模式是其主线，并与中国总体经济社会变革的阶段背景紧密契合。因此，市民化改革的提出并不是单纯的户籍改革问题，也并非公共服务的供给结构转换问题，而是中国整体经济体制改革过程中综合考虑政治、经济、民生等多种因素的系统性改革举措。只有深刻理解市民化的改革逻辑，才能体会到未来市民化改革道路的艰巨性和必然性。

市民化改革是一项具有宏观改革意义的战略举措，其聚集了中国当前政治、经济、社会中诸多问题存在的症结，将对中国未来民生发展、经济增长乃至中国的总体经济社会格局产生深远影响。市民化改革作为渐进式中国农业转移人口管理改革的一个重要环节，意味着其必然将经历一个漫长和艰巨的过程。市民化战略的提出也仅仅意味着城乡户籍融合的开始，未来市民化的具体政策举措仍未有定论。2015年年初，《国家新型城镇化综合试点方案》出台，确定了江苏、安徽两省和包括宁波、大连、青岛等在内的62个城市（镇）为国家新型城镇化综合试点地区，全面开展以市民化为核心的改革试点，标志着中国正式从全国层面开启了市民化的政策改革进程。这一进程中市民化的资金保障、时间安排、地区差异、配套制度等一系列改革举措将逐步进行试点推进，市民化真正成为中国经济社会体制改革中的一项核心战略得到贯彻，未来市民化战略对中国经济社会发展所产生的巨大影响将逐步显现，让我们共同期待这一伟大进程的开始。

二、重新认知：基于改革全局与过程的再认知

当前学术界和政策制定部门对于市民化问题有着很高的关注度，但对于一些基础性认知问题存在简单化、笼统化和片面化的倾向。在实践中，

将农业转移人口市民化简单地等同于户籍制度改革，没有从全面深化改革的高度认识和定位市民化的功能和作用，导致基层政府部门对加快推进农业转移人口市民化的重要性认识不足；在理解上，将农业转移人口市民化简单视作一项民生改革政策，而忽视其背后的经济意图及社会治理含义；在研究中，未能对农业转移人口市民化问题进行多维动态分析，严重高估了农业转移人口市民化的成本，忽视了其经济效益和社会效益，加重了政策主体对推进市民化的顾虑；在政策上，将市民化简单等同于居民户籍状态的变化，忽视了农业转移人口的身份认同、职业融入和社会融合等问题。由于缺乏对这些基础性问题的思考，导致市民化改革难以在社会各界达成广泛共识，也阻碍了市民化政策的顺利推进。以户籍制度改革为例，国务院于2014年出台了《关于进一步推进户籍制度改革的意见》，各省市区虽出台了一些相应的政策，但就目前推进进度来看，以人口流出为主的地区多数已逐步放开户籍，而以人口流入为主的农业转移人口聚集地的户籍改革步伐明显滞后。因此，推进农业转移人口市民化任重道远。

1. 在改革全局中定位市民化改革

将市民化改革等同于一项普通的民生发展政策，这是不全面、不准确的。市民化不是一项可有可无、可快可慢的改革，而是中国在全面深化改革全局中联结民生发展、经济增长和体制改革的关键节点，也是当前深化改革的一个重要突破口。如何在全局中定位好市民化改革，关乎社会各界对推进市民化改革的共识能否达成，关乎各级政府对中央各项关于市民化改革的战略部署能否贯彻，因而必须对其进行客观识别和定位。从中国渐进式改革的过程和全局角度来看，我们可做出如下判断：

农业转移人口市民化过程是中国特殊的经济转轨过程的内在要件和必然要求。从世界范围来看，城镇化过程必然伴随着农业转移人口市民化，这是任何一个国家都会经历的过程，而中国经济转轨内在的二重任务性、非均衡性、阶段性和二元性决定了其推进过程必然有所不同。从二重任务性来看，大规模农业转移人口的形成正是"体制转轨"与"发展转型"两大任务在一定时期内共同存在并不断产生冲突与磨合交替的过程中，户籍制度及基于户籍制度而形成的一系列社会管理制度无法适应市场经济下城镇化与大规模人口流动的产物，是既定体制约束条件下发展阶段的跃升；从非均衡性来看，在体制与发展的交互作用中，发展（生产力）水平在一定时期内是既定的，无法在短期内通过快速提高生产力的发展水平与已经形成的体制设定相适应，那么可以做的事情无外乎变革业已形成的体制设定，以便使新的体制状况与既定的发展阶段相适应，加快市民化改革正是基于此；从阶段性来看，目前的中国经济事实上正处在以 1978 年为起点、以全面建设小康和基本实现现代化为终点的转折点上，跨过此过渡期，中国会更接近经济转轨的完成；从二元性来看，中国经济转轨一直具有显著的二元性特征，而当前中国经济既有"传统二元"[①]，又有"转型二元"[②]，加快推进农业转移人口市民化正是要解决"转型二元"的问题。现阶段，在已经建立基本完善的市场经济体制之后，政策制定的公平性受到了更多的关注，特别是在党的十八大之后，民生理念在公共政策制定中的重要地位也日益突显，解决农业转移人口市民化问题首当其冲。

市民化不同于一般的民生政策，更多地表现出在市场经济体制下，以公平为导向的政治诉求，是民生均衡发展战略的最后一环。改革开放以来，中国在基本公共服务建设领域先后提出了三个战略方向：基本公共服务均等化、城乡一体化与农业转移人口市民化。从政策提出的背景来看，基本公共服务均等化和城乡一体化主要指向"传统二元"，而推进农业转移人口市民化的重点在于解决"转型二元"，这是对改革本身的纠偏过程。相较而言，推进农业转移人口市民化不仅强调实现城市居民内部公共服务均等化，还强调多管齐下使农业转移人口在社会文化以及生活习惯等方面逐步融入城市，是新时期民生理念的升华。从当前中国民生发展的趋势看，农业转移人口逐渐成为现行公共服务体系下社会保障的最薄弱环

---

①　传统二元是指转轨过程中所客观存在的比较明显的城与乡、工与农的差距以及城与城、乡与乡之间的差距拉得过大的问题。

②　转型二元是指体制变动导致的利益转移过程中由于"转移性收益偏多"和"转移性损失偏多"的逆向性运动而带来的非正常速度的高低收入群体的分化。

节，如何满足日益增长的城镇常住非户籍人口的公共服务需求，业已成为民生改善的最重要领域。

农业转移人口市民化不仅仅是一项民生政策，还是一项隐性的经济政策。改革红利与人口红利的快速释放是改革开放以来中国经济能够实现快速发展的重要动力。而近年来，随着刘易斯拐点的出现，中国的人口红利正逐渐消逝，老龄化问题日益加剧，人口问题已成为困扰中国经济未来增长的主要阻力。面对人口老龄化约束，快速城镇化进程成为中国经济增长的新引擎。但是，以土地开发为特征、以房地产开发和城市基础设施建设等为主导的粗放式城镇化显然已经难以为继，也制约了城镇化内生增长动力的发挥，导致经济社会风险持续增大。农业转移人口市民化不仅有助于实现人口城镇化与土地城镇化、资本城镇化的协调发展，实现经济发展各要素配置的帕累托改进，其经济效应还表现在以下两个方面：其一，有助于释放消费，扩大内需。已有研究表明，如果控制住居民的其他特征，非户籍人口比本地居民的消费水平大约低30%，说明户籍带来的非市民化待遇极大地抑制了农民工群体的消费意愿，而市民化政策将有效释放2.3亿流动人口的巨大消费潜力，消费需求的提高又会进一步带动相关产业的投资，这无疑会为城市税收带来巨大贡献。其二，市民化政策将大幅降低人口的跨区域流动成本和社会治理与维稳支出，释放城镇化的集聚效应，使城镇化对经济增长的推动作用发挥到最大限度。

中国改革开放以来针对流动人口管理政策的转变逻辑表明，流动人口政策与经济改革阶段存在内在契合。1978年至今，中国的人口管理政策经历了"限制—允许—分治—融合"的巨大转变。在改革开放初期，随着家庭联产承包责任制的推行，农业经济开始释放出较大活力，在农村存在劳动力严重过剩的情况下，开始允许取得票证及"农转非"指标的农民进入城镇务工、经商和从事服务业工作；到1984年，随着农村分工分业的发展和中国乡镇企业及城市第二、三产业的发展，开始选择若干试点，允许务工、经商、办服业的农民自理口粮到集镇落户，并陆续推出针对流动人口的暂住证和寄住证制度；到1992年邓小平发表南方谈话进一步明确市场经济发展方向，为发展城市经济开始鼓励农民就地就近转移，并自

1994年开始在上海等城市开始实施为符合购房、投资等条件的外来人口办理蓝印户口，自此也拉开了中国城镇化快速推进的大幕；自2012年开始，随着市场经济制度的逐步完善，中国经济社会进入全新的发展阶段，户籍及与之相关联的社会管理制度成为影响经济社会可持续发展的障碍，党的十八大提出有序推进农业转移人口市民化，新一轮户籍及社会管理制度改革正式开启。可见，市民化改革不仅是一项民生发展政策或户籍制度改革，更是中国式转轨过程中体制与发展相磨合、相交融、相促进的重要一环。

2.从过程视角认知市民化的本质

农业转移人口市民化是一项复杂的社会工程，这一过程既包含农业转移人口身份和职业的变化，还包含社会体系的变革，是一个渐进的时空过程。从过程的视角深刻理解和把握市民化的本质，有助于我们解构农业转移人口市民化的细节特征与具体步骤，也是推进市民化改革实践的前提条件。

首先，从个人转变过程视角来看，农业转移人口市民化过程是从农民到市民的复杂转变，不仅包括外在身份的转变，还包括内在观念、职业融入和生活习惯等的调整。目前，学术界一般以两种方式界定市民化：其一，以人口空间转移和工作产业转换的显性改变为落脚点。将农业转移人口市民化界定为农民离开农村和土地，脱离农业生产，转移到城市并从事加工制造业和服务业等非农产业的过程。这种过程实现了地理空间上由农村到城市、所处产业上由农业生产到非农生产、地位身份上由农民到市民的彻底改变。其二，以个人素质和能力水平的隐性变化为界定标准。将市民化界定为农民转变为市民后实现个人素质的提升、学习能力的增强、适应并融入城镇生活的社会化过程。这一过程将伴随着生活方式、行为观念、社交形式和心理状态的转变，并伴随着享受与城镇居民无差别的公共服务待遇的机会。其实，从广义上说，市民化是两者的统一，农业转移人口从农村到城市、贴上市民的标签并不意味着市民化的顺利完成，只是融入城市过程中的一个阶段。现阶段，开展统计工作时，多以获得城镇户籍的农业转移人口数量、城镇化率等显性的外化指标来考察市民化的推进程度，对新"市民"能否顺利适应并融入城镇生活、享受均等无差别的公共服务等内化的隐性标准评价较少，这显然是不全面的。如何更好地评估转移人口的职业融入、身份认同，并制定妥善的政策支持转移人口彻底实现市民化，是未来市民化政策的核心。

其次，从经济转变过程视角来看，农业转移人口市民化是劳动力自由迁徙、区域经济格局重构的过程。根据国外城乡关系演变过程中农村人口向城市人口转移的经验，生产方式的变革与社会经济结构的大变动是推动农村劳动力向城市流动的决定性因素，而市民化的实现是农业转移人口和城市双向选择的结果。在这一过程中，劳动力的自由迁移使得农业转移人口可以选择与自身能力和偏好相匹配的城市生活。具有不同产业基础、自然条件和人文环境的城市也可以更好地发挥自身资源优势，发展具有比较优势的产业，大幅提高全社会的总体效率。研究表明，城市内部的高技能与低技能劳动者之间存在互补，能够提升整个城市的生产率，大城市限制低端劳动力进入城市的户籍限制政策不利于城市效率的提升。基于此，在大城市采取严苛的落户政策显然是不合适的，这种筛选机制应更多地由市场来承担。此外，农业转移人口市民化还将带来消费结构的巨大变化。根据国际经验，城镇化率达到50%以上是服务业大发展的时期。中国服务业比重长期偏低，其中一个重要原因就是长期过度注重劳动力的城镇化而忽视了人的城镇化，即忽视了人的消费需求。

再次，农业转移人口市民化是兼具空间和时间的动态渐进过程。农业转移人口市民化反映了整个城乡发展的结构变迁和农村劳动力的地域空间流动状况，其涉及人口多、覆盖区域广、时间跨度长、影响范围大，要经历较长时间的渐进发展才能完成。从中国的城镇化实践来看，大量的农业转移人口从农村转移到城镇，既有省内流动也有省际流动，其中，省际流动是过去十余年人口流动的主要表现，对东部地区GDP增长的贡献率达到了15%左右。从流动的空间分布来看，2000—2010年的人口普查数据显示，东南沿海依旧是吸引外来人口最多的地区，流动到广东省和长江三角洲的人口分别占流动人口总数的22.4%和20.6%。个体理性选择的结果表明，广东、浙江、江苏和上海依旧扮演着承接农业转移人口集聚区的重要角色。由此可见，农业转移人口市民化的加快推进将对中国的经济版图产生重大影响。

最后，从社会转变过程视角来看，农业转移人口市民化不仅会提高全民的公共意识和文体水平，还会带来社会治理模式的变革。一方面，根据身份突显效应理论，农业转移人口市民化会影响其行为和自我认知，从而促进其思想观念转变和个人素质提升；另一方面，农业转移人口逐步融入城市，将增加其对城市社交活动的参与度，实现公共环境意识的提升，从而推动社会治理水平的提高和治理模式的创新。

3.基于渐进路径认知市民化成本

由于对于农业转移人口市民化成本的认识不足，使成本成为地方政府推进农业转移人口市民化的最大压力。国内已有研究也多认为农业转移人口市民化成本较高，短期内可能会使一些地方政府不堪重负。纵观现有研究会发现，大多数研究者并没有全面考虑市民化的渐进过程，对市民化改革的收益和成本分析不够全面，市民化成本估计偏高。这主要体现在以下五个方面：

第一，在核算农民工市民化成本时，忽视了一个最为基本的经济学原理——准公共产品的边际成本小于1，也就是说，新增加1人的公共服务成本远小于现有的人均成本，即在公共服务和基础设施领域存在明显的规模效应。众所周知，在赋予农民工市民化待遇中有相当一部分属于公共产品或准公共产品，例如公共医疗、基础教育和市政建设等，这些领域均存在较强的规模效应，城市吸纳外来人口并不需要等比例地增加学校、医院等公共设施。因此，在核算市民化成本时，不能将个人市民化成本进行简单加总，而应考虑其内在规模效应。

第二，在核算农民工市民化成本时进行了大量重复计算，造成了成本核算的虚高。在核算农民工市民化成本时，不应以城市人均公共服务成本来核算其新增成本。因为现行城乡二元的公共服务体制下，农民工依法享有农村基本公共服务，而市民化过程仅仅是将农民工享有的农村基本公共服务转化为城市基本公共服务，新增的成本仅为城乡人均公共服务的差额，而现有核算方法大多仅考虑了农民工市民化后在城市公共服务体系的增加项，而忽视了其放弃农村公共服务的减少项，因此，导致了成本的重复核算问题。例如，2011年中国城乡初中人均财政性教育经费分别为8 181元和7 439元，差额仅为742元；城乡小学人均财政性教育经费分别为6 121元和5 719元，差额仅为402元。这表明市民化所需负担的新增成本远小于城镇居民的人均公共服务成本，而以后者进行计算无疑夸大了市民化政策的成本。

第三，在核算农民工市民化成本过程中不应以总支出额来计算其成本，而应以年度新增支出流量计算。已有研究中所核算的20万亿~50万亿元的总市民化成本，大多考虑了未来若干年发生在被市民化群体上的公共成本。例如，不少研究者将居民合作医疗保险按20年计算，中学义务教育按3年计算，低保、医疗救助和社会管理费用按44年计算等，所核算的是若干年度的支出总额。事实上，这种核算是不具有政策意义的，只有核算每个财政年度的新增财政成本，才能对政府决策具有参考价值。有研究按照流量核算当年新增市民化支出，每年新增支出仅为6 409亿元，远低于按照总量支出方法核算的成本数额。相较于13万亿元的财政收入规模，每年6 000多亿元的市民化成本也并非完全难以负担。

第四，核算农民工市民化成本应严格区分个人成本和公共成本，不应将个人承担部分计算在成本中。在某些成本核算中，将农民工的所有社会保障成本均纳入市民化成本，忽视了其中相当部分甚至绝大部分是由个人承担的事实。例如，"五险一金"作为居民最主要的社会保障，其绝大部分是由企业和职工个人缴纳，政府补贴的份额很少。2011年中国养老保险基金收入平均每人5 951元，而财政对城市居民每人每年的基本养老补助金额仅为772元。此外，大多数研究还将农民工的住房成本以建设廉租房的形式算入市民化成本，其实这也是存在很大问题的。农民工已在城市居住生活，表明其已经通过租赁的形式获得了居住条件，城市并不一定需要新建大量廉租房来满足其居住需要，如有必要仅对部分困难群体给予租房补贴即可。同时，即使是原有城镇居民也没有全部享受到廉租房保障，将新市民化的居民的住房成本以新建廉租房的形式计算到市民化成本中是不合理的。而满足低收入者的保障房建设，是一个城市发展中对常住居民应尽的基本义务，并不特别针对需要市民化的农民工群体，不应将其与市民化问题混为一谈。

第五，核算农民工市民化成本应当核算其净成本，应当考虑市民化带来的经济收益。不少观点将农民工市民化看作城市发展的负担，过多考虑了其所需支付的成本，而相对忽视了其可能带来的潜在收益。事实上，农民工市民化对城市发展乃至城市税收的贡献都是巨大的，综合考察其成本收益，推进农民工市民化带来的很可能是净收益而非净成本。市民化的收益至少包括提高整体消费水平和降低社会治安成本两方面。此外，市民化对城市人力资本积累、推动产业结构升级和繁荣城市活力等方面的作用也十分巨大。

可见，置于改革的渐进过程和全局视野下，农业转移人口市民化的成本并没有那么大。特别是在当前中国土地城镇化远远快于人口城镇化的背景下，市民化的相关公共建设支出可以大幅减少。此外，推进农业转移人口市民化虽然有成本，但更有巨大的潜在收益，在政府决策中应当予以综合全面的考虑。

围绕农业转移人口市民化的系列改革遵循了中国式转轨的改革逻辑，改革过程同样需要不断的机制创新来启动。在政府主导的改革路径下，机制创新也应先从调动政府积极性入手。与以往改革相仿，在中国式自上而下改革的驱动下，能否调动地方政府积极性是推进农业转移人口市民化系列改革的关键。机制创新应围绕如何补偿改革的转移性损失，并将农业转移人口市民化纳入地方政府绩效考核体系来展开。

三、路径调适：基于中国式转轨逻辑的路径选择

中国式转轨是在转轨目标明确的情况下，政府通过各种政策驾驭转轨，并激励民众积极参与转轨，从而使之顺利完成的一个过程。在这一过程中，需要政府先拟定经济转轨目标，初步选择能够达到目标的路径安排，之后由具体的机制创新启动转轨过程并为其注入活力，推动转轨进程向前发展。其中的政策选择依据则是最大限度地维持转轨过程中的社会稳

定、较低的转轨成本与转轨收益的最大化。市民化改革作为一项复杂的系统工程，自然也遵循了这一改革逻辑。十八大报告、十八届三中全会通过的《决定》和《国家新型城镇化规划（2014—2020年）》已提出了明确的改革目标，但当前各项目政策推进相对滞后，路径安排仍需进一步明晰。中国人口基数庞大、农民工人数众多，以2012年抽样调查结果进行推算，中国的农业转移人口数量多达26 261万人，而且每年还有大量的农业转移人口流入城市。未来20年，中国将有1 600万~20 000万农业人口转移到非农产业和城镇就业，这就决定了中国不可能将这数亿的农业转移人口同时实现市民化转换。基于此，我们认为农业转移人口市民化应分批次、分类型、分地区稳步有序推进。

1.基于制度属性的推进改革路径选择

制度改革是基础，应遵循先易后难、先近后远的原则。加快户籍制度改革是首要之务。随着新型城镇化的推进，户籍制度改革试点范围不断扩大，截至目前，全国至少已有16个省份正式出台了本省份的户籍制度改革意见。其中，多数省份已经明确提出"取消农业户口与非农业户口性质区分"的时间表，并明确建立落实居住证制度。但应注意的是，统一户籍仅仅是标志，逐步消除依附在户籍上的公共服务差别待遇，真正实现基本公共服务的均等化，才是衡量户籍改革成功与否的关键。市民化不等同于户籍改革，还涉及土地制度、就业制度、社会保障制度和财政制度等一系列配套制度改革。

在就业制度方面，应积极出台促进农业转移人口非农就业的政策。从西方国家经济发展经验来看，在农业转移人口市民化的过程中，各国不仅积极废除了对劳动力自由迁徙的限制，还积极出台鼓励劳动力向非农产业转移的政策措施。与之相反，改革开放以来，中国的人口管理政策带有强烈的计划经济色彩，在较长一段时期内，流动人口被认为是社会不稳定因素的根源并加倍施以控制。不仅没有出台促进农业转移人口非农就业的相关政策，甚至长期被排斥在就业统计之外。因此，加快推进农业转移人口市民化，必须建立新的人口观和就业观，将所有农业转移人口均纳入就业政策体系。

在社会保障制度方面，应先积极打破城乡二元和地区转移壁垒。农业转移人口市民化不仅包含农业转移人口的城乡流动，还包含跨区域流动。当前，中国虽然已经基本建成覆盖城乡居民的社会保障体系，但城乡之间、地区之间在保障水平、制度对接上还存在较多问题。以养老保险为例，城乡基本养老保险在缴纳水平和管理方式上存在较大差异，地区之间至今在个人账户层面仍尚未实现全国统筹，严重制约了农业转移人口的市民化进程，改革进程亟待加快。

在土地制度方面，必须加快推进以农村土地流转与征用制度为核心的农村土地制度改革。在现行农村土地流转与征用制度下，土地权责不清、流转不畅。农业转移人口的资本权利难以得到有效保障，往往以牺牲承包地、宅基地等为代价，从而极大限制了农业转移人口市民化的推进进程。十八届三中全会的《决定》已提出了明确的土地制度改革任务，当前要加快推进改革，使土地资源顺利转化为农业转移人口进城的物质资本而非障碍。

在财政制度方面，完善转移支付制度是关键。农业转移人口市民化不仅是人的迁移过程，更伴随着财和物的转移。对于人口流入地与流出地，其因体制变动所获得的转移性收益和转移性损失的影响具有较大差异。在现有体制下，农业转移人口的教育、养老和医疗等公共服务成本更多地是由人口流出承担，人口流入地公共服务成本相对较轻。未来随着市民化的推进，基于公共服务提供的就近原则，农业转移人口公共服务成本将更多地由流入地来承担，这种转变与事权相适应，因而中央对地方的转移支付制度也应做出相应的调整，即加大对推进农业转移人口市民化的资金投入，建立财政转移支付同农业转移人口市民化挂钩机制，实现以人为本、钱随人走。

市民化改革是一项系统工程，包含一系列配套制度改革，同时也遵循着中国式转轨的基本逻辑。各项改革虽对农业转移人口市民化过程的影响有所不同，但改革过程应同时推进，从试点尝试扩围到全面铺开，以最大限度降低改革阻力和成本。

2.基于区域特点的差异化路径选择

处于不同经济发展阶段的地区在产业结构上存在较大差异，农业转移人口的构成也会有较大不同。例如，就东部地区的上海而言，现阶段已经进入后工业化阶段，服务业和高端制造业占比相对较高，未来这些地区的农业转移人口会进一步分化为从事简单劳动的农业转移人口和高收入的农业转移人口，其在推进农业转移人口市民化的过程中可以从户籍控制和渐进覆盖两方面入手，同时考虑人口的职业互补性；就中西部地区来说，其未来以承接东部地区的产业转移为主，在建筑业和制造业等行业有较大的发展潜力，市民化过程中应加强基本公共服务的全覆盖，吸引农业转移人口的流入。

对于不同规模的城市来说，其市民化路径应有所不同。以户籍制度改革为例，中小城市和小城镇等以农业转移人口流出为主的地区，宜全面放开落户限制；大中城市的市民化进程可坚持"降低公共服务差异"与"扩大户籍"并行的原则，主要政策措施是放宽申请条件，大幅度降低在城市落户的门槛，放宽对高学历毕业生及技能人才、特殊专业人才和投资落户的条件。对于一些现阶段还不能放开户籍的城镇，则可根据城镇公共服务资源情况和农业转移人口在城镇就业和居住的稳定性，给予相应的待遇和服务，随着城镇经济发展情况不断提高待遇水平，逐步缩小农业转移人口与市民之间的差距。

从城市发展规划与前景来看，每一个城市都有自身独有的特质，这些特质不仅体现在经济发展方面，还体现在历史发展、社会文化、资源环境和基础设施等方面。这些特质共同决定了城市的未来发展，并共同构成了城市的承载能力。面对种种约束，尽管各地区改革路径会有所不同，但逐步消除市民化障碍、减少政府的限制性干预的改革目标应是一致的。

3.基于公共服务类型的差异化路径选择

从供需结构来看，现阶段农业转移人口的公共服务状况呈现出需求多元化和供给碎片化的特点：其一，不同转移人口群体对基本公共服务呈现出了差异化的需求偏好；其二，由于各地政策和发展水平差异，不同地区或人群之间的基本公共服务供给水平和模式差别较大，并受到户籍制度和土地制度等的约束。

第一，农业转移人口市民化进程中的就业问题。农业转移人口市民化的基础是其能够在城市相对稳定地就业。当前，很大一部分农业转移人口并不能在城市取得相对稳定的工作，而是以非正规就业的形式游离在城市的边缘。除农业转移人口自身的素质和能力不足之外，歧视性就业环境和劳动力市场不完善也是造成农业转移人口缺乏就业保障的重要原因。

第二，农业转移人口市民化进程中的医疗卫生服务问题。农业转移人口看病难问题突出，为其提供基本医疗卫生服务应成为市民化工作的重中之重。由于新农合的报销限制、农业转移人口参加职工基本医疗保险的比例不高，以及农业转移人口自身经济状况等原因，广大农业转移人口难以获得城市正规医院的医疗服务。未来应构建与农村转移人口的地区流动性相适应的公共医疗卫生服务体系，该体系不仅应覆盖普通医疗服务，还应覆盖疾病预防和计划生育服务等。除此之外，还应结合农业转移人口主要从事低薪、高危职业，群体性职业病高发等特点，加强对重点疾病的防控与治疗。

第三，农业转移人口市民化进程中的社会保障问题。从参保情况来看，农业转移人口除参加工伤保险比例略高外，参加其他城镇职工社会保险的比例均比较低。其原因在于：其一，农业转移人口一般没有稳定的收入来源，收入水平较低，在负担自身开支和养家费用后再缴纳社会保险费有一定困难。其二，现行社会保障制度存在较大缺陷，城乡之间、地区之间跨系统转移办法尚未出台，社会保险统筹层次较低。由此可见，社会保障制度的碎片化与城乡之间和地区之间大规模的人口流动形成鲜明对比，已成为制约农业转移人口市民化推进的主要障碍。

第四，农业转移人口市民化进程中的教育问题。2012年，中国已实现国家财政性教育经费支出占国内生产总值4%的目标。虽然在教育方面的总支出已有大幅提高，但教育支出的结构并没有较大改善，教育均等化的目标远未实现，农业转移人口子女的教育服务提供严重不足。在学前教育方面，多数农业转移人口随迁幼儿进入的还是条件较差的民办幼儿园；在义务教育方面，多数农业转移人口子女无法入读全日制公办中小学校；在高中教育方面，异地升学问题长期未得到解决，无法获得均等的异地教育机会使农业转移人口的教育支出大幅增加，同时也是"留守儿童"问题出现的主要原因。这些问题多数已经提上改革日程，但推进速度较慢，当前应以加快推进农业转移人口市民化为契机，加快公共服务供给制度改革。

此外，考虑到农业转移人口群体分化的事实，在推进农业转移人口市民化过程中，还应从农业转移人口的不同类型出发，考察其需求特征、实现难度及实现方式。从农业转移人口与农业的分离程度来看，进城农业转移人口已经完成了从农民到产业工人的转换，多数是由于户籍管理制度被隔离在城市主体社会之外，这部分农业转移人口是市民化的首选；在地农业转移人口虽在农村生产生活，但在乡镇企业中工作，希望长期稳定地居住在城镇，其市民化需要在土地制度、集体房产制度和户籍制度等方面的综合改革过程中来实现；城郊失地农业转移人口虽然已拥有城镇户籍，完成了市民身份的转变，但其综合素质与城镇居民仍有较大差距，在非农就业中的就业能力不足，社会保障水平较低，对其应结合就业保障和教育培训服务政策帮助其完成市民化。从进城时间来看，可以将农业转移人口群体分为老一代转移人口和新生代转移人口，两者在公共服务需求和城市融入度上都有较大差异。老一代农业转移人口的政策重点应是养老和医疗问题，而新生代农业转移人口则可以从教育培训服务切入，逐步为其提供与城镇居民同等的公共服务。

[第三章]

农村劳动力为什么向城市转移？

　　随着我国现代化进程的快速推进，大量农村劳动力向城市转移。根据国家统计局发布的《2013年国民经济和社会发展统计公报》，2013年全国农民工总量为 26 894 万人，比上年增长 2.4%。农村劳动力转移规模大、结构复杂等问题受到了党和国家的高度关注。《国家新型城镇化规划（2014—2020 年）》中强调要坚持"以人的城镇化为核心，合理引导人口流动，有序推进农业转移人口市民化"。农村劳动力转移问题也成为学者们关注的焦点。农村劳动力转移与农村居民收入和政府政策之间存在密切关系。一方面，农村居民与城镇居民之间的收入差距从某种程度上促进了农村劳动力向城镇的转移；另一方面，农村生产率的提高，可以释放农村劳动力，降低农民进城务工的成本，加速农村劳动力的转移。

一、城乡收入差距与农村劳动力转移

　　我国二元经济结构向一体化转换的过程中出现了庞大的从农村向城市转移的劳动力人口。然而，从 2004 年开始我国东南沿海地区出现了"用工荒"现象，随后农民工工资普遍上涨，但是缺工现象不但没有缓解反而愈演愈烈，这说明我国农村剩余劳动力无限供给的特征逐渐消失，进入劳动力有限供给阶段。因此，当前农村劳动力的务工选择和决策成为缓解"用工荒"现象、促进经济一体化、加快我国城镇化进程的关键因素。在当前"用工荒"的社会背景下，预期城乡收入差距将会成为影响劳动力流动的最重要的因素。

（一）托达罗模型及其预期城乡收入差距

农村劳动力转移始终是发展经济学领域关注的主题，在解释劳动力转移动机时，研究人员普遍认为经济因素是劳动力转移的主要因素。刘易斯－费－拉尼斯模型（Lewis-Fei-Ranis Model，W.A.Lewis，1972；Ranis G. and J. Fei，1964）指出，当非农部门支付的工资可以弥补劳动力转移的各种成本时，农村剩余劳动力就会源源不断地流入城市。托达罗（M. P. Todaro，1969）认为，促进劳动力流动的不是城市实际收入水平而是以城市实际收入乘以城市就业概率的预期收入水平。当城市部门预期收入水平高于农村收入时，劳动力迁移才会发生，否则，劳动力不会转移。

国内学者对于劳动力转移动力特别是经济因素也进行了细致的研究。蔡昉和都阳（2002）采用贫困农村数据直接检验相对贫困假说，结果表明收入差距和相对贫困均为农村劳动力转移的动力。朱云章（2010）证实了劳动力在城乡之间的流动对于城乡收入差距的作用取决于进城务工人员工资水平的高低。朱农（2002）采用转换回归（Switching Regression）模型分析湖北省1993年的调查数据中收入差距对转移的影响时采用了与个体相匹配的收入差距数据。封进等（2012）发现，提高工资水平会提高农民外出的可能性，但对外出劳动力在外打工的持续时间影响很小。本部分在国内外学者的研究基础之上，基于托达罗模型，在比较优势框架下分析了20世纪90年代以来我国农村劳动力转移意愿的影响因素，同时分析了劳动力转移对农村的影响。

20世纪60年代末，美国发展经济学家托达罗在《人口流动、失业和发展、两部门的分析》中阐述了其乡村—城市劳动力转移模式。该模式在分析人口流动的动机时强调了预期因素，描述了农村劳动力在比较优势的驱动下向收入较高的城市地区流动的理性行为。托达罗模型可用以下数学公式表示：

$$M = \varphi(d) \qquad \varphi^{'} > 0 \qquad\qquad\qquad (3-1)$$

$$d = W_u \pi - W_r \qquad\qquad\qquad (3-2)$$

其中，M表示人口从农村迁移到城市的数量；d表示预期城乡收入差距；W_u表示城市的工资水平；π表示在城市部门的就业概率；W_r表示农业部门的工资水平。（3-1）式表明劳动力转移数量是预期城乡收入差距的增函数。（3-1）式和（3-2）式清晰地表达了托达罗模型关于城乡比较经济利益决定农村劳动力流动的观点。

由于劳动力迁移过程是动态的和连续的，因此劳动力转移模式应该建立在比较长的时间范围基础上。托达罗也给出了单个转移者的转移行为方程：

$$V(0) = \int_{t=0}^{n} [P(t)W_u(t) - W_r(t)]e^{-\rho t}dt - C(0) \tag{3-3}$$

$$P(t) = \pi(0) + \sum_{s=1}^{t} \pi(s) \prod_{k=1}^{s-1} (1 - \pi(k)) \tag{3-4}$$

其中，n表示迁移者计划内的时期数，也可以看成是劳动力在劳动力市场的时期数；$V(0)$表示迁移者计划期内城乡收入差距的净现值；$W_u(t)$和$W_r(t)$分别表示t时期城市和农村的工资收入；$C(0)$表示从农村转移到城市的成本（如搬迁费用等）；$\pi(s)$，其中$s=0,1,2,\cdots,t$，表示s时期城市的就业概率；$P(t)$表示t时期迁移者累加的就业概率，其表达式由（3-4）式给出；ρ表示贴现率，托达罗将其解释为转移者的时间偏好程度。当$V(0)$为正时，具有理性的潜在的移民就会决定转移，反之潜在转移者将不会转移。综上所述，劳动力转移行为可以从流动的成本和收益两方面进行分析。本部分主要是以托达罗模型预期收入差距理论为核心，分析我国劳动力转移及其影响因素的动态关系。

（二）劳动力转移影响因素模型构建和数据来源

从微观角度分析劳动力转移的影响因素时，经济因素或者预期收入差距在各种影响因素中占首要地位，因此寻找与个体数据相匹配的预期收入差距数据显得尤为重要。本部分首先讨论了基于个体的预期收入差距计算方法，随后构建了劳动力转移影响因素模型，具体内容如下：

1.模型设计

本部分建立了预期收入差距对于我国剩余劳动力转移决策影响模型。

该模型包含两个收入方程，分别为转移者收入方程和非转移者收入方程，以及一个具有二元选择性质的决策方程。这与 Maddala 和 Nelson（1975）描述的一种具有内生选择性的转换模型（Switching Regression Model with Endogenous Switching）相似，其中所有观测到的样本可以分成两组——转移者和非转移者，决策方程为区分这两组人的标准。

当潜在的转移者做出转移决策时总是试图使其转移的净收益最大化，也就是在（3-3）式和（3-4）式的框架下分析转移决策。由于农村劳动力外出打工时受到户籍等制度的限制，并不能与城市市民享有同等的工作待遇，因此不能直接用整个城市的工资和失业率计算农村外出劳动力的预期收入。本研究假设农村劳动力进行外出务工决策时，其预期收入为农民工的收入，也就是：

$$Y_{ui}(t) = W_{ui}(t) \cdot P(t) \tag{3-5}$$

其中，$Y_{ui}(t)$ 和 $W_{ui}(t)$ 表示 t 时期个体 i 在城市部门工作的预期收入和工资水平；$P(t)$ 表示 t 时期迁移者累加的就业概率。

则移民最大化的净收益可表达为[①]：

$$V(0) = \int_{t=0}^{n} [Y_{ui}(t) - Y_{ri}(t)] e^{-\rho t} \mathrm{d}t - C(0) \tag{3-6}$$

其中，$Y_{ri}(t)$ 表示 t 时期个体 i 在农业部门的收入水平；$C（0）$ 表示从农村转移到城市的成本。如果城市和农村两部门的收入为常数，分别为 Y_{ui} 和 Y_{ri}，则净收益方程中积分部分简化为 $(Y_{ui} - Y_{ri})(1 - e^{-\rho n})/\rho$，同时假设 ρ 较小（非短视性假设），那么积分部分可以近似表达成 $n(Y_{ui} - Y_{ri})$。由于转移者对于计划转移的时期数 n 的决策主要取决于城乡收入差距，因此（3-5）式中的积分部分仅取决于预期的城乡收入差距，即 $Y_{ui} - Y_{ri}$。

为了简化讨论，进一步假设在任意时期当个体 i 决定转移时，收入增加的比例应该超过转移相关的总成本与收入的比例，也就是：

---

① Polacheck 和 Horvath（1977）指出，在一定的条件下，该模型的解为"碰一碰"解，也就是最优控制的解仅取其上边界（upper bound）和下边界（lower bound）的值。这个特征说明可以采用代表"转移"和"非转移"的二元选择变量分析转移行为。

$$\frac{Y_{ui} - Y_{ri}}{Y_{ri}} > B_i \tag{3-7}$$

其中，B_i 表示劳动力从农村向城市转移的直接成本和间接成本占收入的比例。当收入增加幅度较小时，劳动力转移前后的收入增加比例近似等于转移前后收入的自然对数之差，因此（3-7）式可以写成以下形式：

$$\ln Y_{ui} - \ln Y_{ri} > B_i \tag{3-8}$$

假设 B_i 受到个人特征（X）、其他特征（Z）以及随机误差项的影响，并满足如下关系式：

$$B_i = g(X_i, Z_i) + \varepsilon_i \tag{3-9}$$

其中，ε_i 表示随机误差项且服从正态分布，则从（3-8）式和（3-9）式可以看出转移决策是转移收益、个人特征和其他特征的函数。引入转移成本后，城乡转移净收益可以定义为转移工资差距以及转移成本的函数。在本部分中，转移决策设定为各种影响个人转移因素的线性函数，用下式表示：

$$\begin{cases} I_i^* > 0, \text{ 转移} \\ I_i^* \leq 0, \text{ 非转移} \end{cases} \tag{3-10}$$

假设 $g(X_i, Z_i)$ 为线性形式，由（3-8）式和（3-9）式，得到（3-10）式中 I_i^* 的表达式为：

$$I_i^* = \alpha_0 + \alpha_1 (\ln Y_{ui} - \ln Y_{ri}) + \alpha_2' X_i + \alpha_3' Z_i - \varepsilon_i \tag{3-11}$$

收入方程采用的是 Mincer 的简单工资方程（Mincer，1978），形式如下：

$$\ln Y_{ui} = \theta_{u0} + \theta_{u1}' X_{ui} + \theta_{u2}' Z_{ui} + \varepsilon_{ui} \tag{3-12}$$

$$\ln Y_{ri} = \theta_{r0} + \theta_{r1}' X_{ri} + \theta_{r2}' Z_{ri} + \varepsilon_{ri} \tag{3-13}$$

其中，随机误差项 ε_{ui} 和 ε_{ri} 服从正态分布，均值为零，方差分别为 σ_u^2 和 σ_r^2。方程（3-11）式、（3-12）式和（3-13）式为基本结构模型，其中内生变量为 I_i^*、Y_{ui} 和 Y_{ri}。由于 I_i^* 不可观测，因此引入指示变量 I_i，其表达式为：

$$I_i = \begin{cases} 1, & I_i^* > 0 \\ 0, & I_i^* \leq 0 \end{cases}$$

其中，1 表示劳动者选择转移，0 表示劳动者选择留在农村。对于转移者仅能观测到其在城市部门的工资，而对于未转移者只能观测到其在农业部门的工资。从上述方程的形式可以看出，如果分别使用转移者和非转移者的数据采用最小二乘法估计收入方程（3-12）式和（3-13）式，然后计算所有样本的城镇和农村收入的预测值，进而得到每个个体的城乡收入预测差距，作为个体的预期城乡收入差距的估计，随后将估计的城乡预期收入差距（$\ln \hat{Y}_{ui} - \ln \hat{Y}_{ri}$）代入决策方程（3-11）式中可以得到决策方程参数的一致估计。

　　然而，如果将（3-12）式和（3-13）式带入（3-11）式中，可以得到简约的决策方程：

$$I_i^* = \beta_0 + \beta_1' \tilde{X}_i + \beta_2' \tilde{Z}_i - \varepsilon_i^* \qquad (3-14)$$

　　其中，$\tilde{X}_i$ 和 $\tilde{Z}_i$ 代表了（3-11）式、（3-12）式和（3-13）式中所有的外生变量，此时收入方程中的随机误差项的条件期望不固定，且随个体变化[1]：

$$\mathrm{E}\left(\varepsilon_{ui} \mid I_i = 1\right) = \sigma_{u\varepsilon^*} \cdot \left[-f(\psi_i)/F(\psi_i)\right]$$
$$\mathrm{E}\left(\varepsilon_{ri} \mid I_i = 0\right) = \sigma_{r\varepsilon^*} \cdot \left[f(\psi_i)/(1 - F(\psi_i))\right] \qquad (3-15)$$

　　其中，ψ_i 由下式定义：

$$\psi_i = \beta_0 + \beta_1' \tilde{X}_i + \beta_2' \tilde{Z}_i \qquad (3-16)$$

　　（3-15）式中，$\sigma_{u\varepsilon^*}$ 和 $\sigma_{r\varepsilon^*}$ 分别为随机误差项 ε^* 与 ε_u 和 ε_r 的相关系数。$f(\cdot)$ 和 $F(\cdot)$ 分别为标准正态分布的密度函数和分布函数。（3-15）式称为选择偏误，也就是由于个人对于是否转移的自主选择行为而造成的对收入的影响。对于存在自选择的样本使用最小二乘估计会产生遗漏变量问题致使估计的参数是有偏误的，同时参数的估计结果也是非一致的。因此，Polachek 和 Horvath（1977）指出，上述估计过程没有考虑移民转移行为的自选择[2]问题，因此估计的收入方程是不准确的。

---

　　①　根据正态分布的截断模型的条件期望计算得到。计算过程参见：格林.计量经济分析（下册）[M].5版.北京：中国人民大学出版社，2007：846。

　　②　Heckman 指出，自选择是指代理人在预期净收益最大化的前提条件下，在不同的选项（例如不同工作地点、职业等）之间的自主选择行为。

2.模型的估计过程

为了解决上述自选择问题，也就是识别转移决策的内生性，采用如下估计过程（Maddala 和 Nelson，1975：423-426）：

第一步，估计简约 probit 模型（3-14）式，从而得到（3-16）式的估计值 $\hat{\psi}_i$，并计算以下结构变量：

$$u_{ui} = -f(\hat{\psi}_i)\big/ F(\hat{\psi}_i)$$
$$u_{ri} = f(\hat{\psi}_i)\big/\left[1 - F(\hat{\psi}_i)\right] \tag{3-17}$$

然后将上述结构变量分别代入相应的收入方程（3-12）式和（3-13）式中得到修正的收入方程，可以表示为：

$$\ln Y_{ui} = \theta_{u0} + \theta'_{u1} X_i + \theta'_{u2} Z_i + \sigma_{u\varepsilon}.u_{ui} + \eta_{ui} \tag{3-18}$$
$$\ln Y_{ri} = \theta_{r0} + \theta'_{r1} X_i + \theta'_{r2} Z_i + \sigma_{r\varepsilon}.u_{ri} + \eta_{ri} \tag{3-19}$$

其中：

$$E\left(\eta_{ui}\,|\,I_i = 1\right) = 0$$
$$E\left(\eta_{ri}\,|\,I_i = 0\right) = 0$$

采用最小二乘估计得到的修正的收入方程参数是一致的。然后，分别使用转移者和非转移者的数据估计（3-18）式和（3-19）式，并根据估计的方程预测整个样本的收入值。

第二步，将修正的收入方程的预测值代入（3-11）式中得到结构 probit 模型：

$$I_i^* = \alpha_0 + \alpha_1\left(\ln \hat{Y}_{ui} - \ln \hat{Y}_{ri}\right) + \alpha'_2 X_i + \alpha'_3 Z_i - \varepsilon_i \tag{3-20}$$

从而通过估计结构 probit 模型得到预期收入差距对转移决策的影响。

在估计模型的第一步中要求（X_i, Z_i）包含于（$\tilde{X}_i$, $\tilde{Z}_i$），这样才能保证存在选择偏误时得到一致的估计结果（靳云汇和金赛男等，2011）。在估计结构 probit 模型时也需要进行识别限制。度量教育水平的区别对一个人转换工作部门的效用的影响非常困难，然而由于教育水平的差异可以影响工资水平，因此假设教育水平仅影响工资水平从而通过工资差距间接影响转移决策（Perloff，1991），因此，在结构 probit 模型中包含除了教育外的其他外生变量。本部分模型清晰地识别了城乡劳动力转移决策中的内生性问题，因此可以用来处理转移的自选择问题。

3. 数据来源

本研究的数据来源于中国健康与营养调查（CHNS）[①]。该调查由美国北卡罗来纳大学人口研究中心（Carolina Population Center，University of North Carolina at Chapel Hill）、美国国家营养与食物安全研究所（National Institute of Nutrition and Food Safety）和中国疾病预防控制中心（Chinese Center for Disease Control and Prevention）合作进行。该调查利用多重随机整体抽样的方法，调查了中国不同地理和经济特点的9个省，包括辽宁、黑龙江（1997年后加入）、江苏、山东、河南、湖北、湖南、广西和贵州。调查包括城镇和乡村的共3 800户家庭约14 000人。目前该调查可得到的数据为8次，分别是1989年、1991年、1993年、1997年、2000年、2004年、2006年和2009年。虽然该调查旨在检验健康、营养和计划生育政策的影响，但也包含了有关就业和工资的信息，同时该调查的指标体系以及变量定义基本一致，因此有利于跨期比较。本部分主要是利用农村的劳动人口进行分析，总样本容量为35 764个，各个年份的样本容量详见表3-3和表3-4。其中，个人特征$\tilde{X}_i = \{\ln Y, \ G, \ A, \ A2, \ M, \ S1, \ S2, \ S3, \ S4\}$，其他特征$\tilde{Z}_i = \{L1, \ L2, \ L3, \ L4\}$，具体说明由表3-1给出。

4. 数据描述性统计分析

为了进一步分析农村劳动力，本部分分析了农村劳动力的基本情况，表3-2给出了部分变量的均值。

从年龄来看，转移组和非转移组的年龄都在不断增加。2004年之前转移劳动力的平均年龄比非转移劳动力的平均年龄低，2004年之后转移劳动力的平均年龄比非转移劳动力的平均年龄高。这说明"用工荒"后，农民工工资上涨以及劳动力需求不断加大，促使转移劳动力的年龄不断增加。从性别角度看，2004年之后转移组中女性的比例超过男性（性别状况

---

① 数据来源：中国健康与营养调查网站（http://www.cpc.unc.edu/projects/china/data）。

表 3-1　　　　　　　　　　　模型中所用的变量及其解释

变量名	变量解释	数据处理方法
I	是否转移	调查期间户口在农村而调查地点在城市的样本为1，调查期间户口在农村而调查地点也在农村的样本为 0[①]； 1=转移，0=非转移
$\ln Y$	对数收入	实际月收入的对数
G	性别	1=男性，2=女性
A	年龄	
A^2	年龄的平方	
M	婚姻状况	1=已婚，0=其他
$S1$	小学	1=教育程度为小学，0=其他
$S2$	初中	1=教育程度为初中，0=其他
$S3$	高中	1=教育程度为高中，0=其他
$S4$	职中	1=教育程度为职业中学及以上，0=其他
$L1$	6岁及6岁以下儿童数	
$L2$	6岁以上16岁以下儿童数	家庭中6~16岁非劳动力人数
$L3$	劳动力数	家庭中16~60岁劳动力人数
$L4$	60岁以上老人数	
u_{ui}	结构变量	公式（3-17）计算的结构变量
u_{ri}	结构变量	公式（3-17）计算的结构变量
d	预期收入差距	$\ln Y_{ui} - \ln Y_{ri}$ 的估计值

表 3-2　　　　　　　　　　　农村劳动者的基本状况

年份	年龄（A）		性别（G）		婚姻状况（M）		对数收入（$\ln Y$）	
	转移	非转移	转移	非转移	转移	非转移	转移	非转移
1989	32.11	33.79	1.507	1.518	0.668	0.777	5.35	5.08
1991	32.98	33.85	1.507	1.514	0.667	0.732	5.35	5.13
1993	33.75	33.91	1.496	1.521	0.679	0.695	5.59	5.13
1997	34.88	35.24	1.487	1.504	0.689	0.736	5.65	5.49
2000	35.64	36.13	1.488	1.503	0.672	0.706	5.72	5.58
2004	40.21	39.16	1.510	1.511	0.814	0.788	5.74	5.6
2006	41.76	40.01	1.527	1.507	0.856	0.812	6.26	5.81
2009	42.02	41.08	1.522	1.536	0.867	0.824	6.62	6.42

---

① GE S, YANG D T. Labor market development in China: A neoclassical view[J]. China Economic Review, 2011(7):3.

的值超过1.5），这说明随着劳动力的减少，劳动力市场上对于年龄和性别等因素的选择性不断弱化。从家庭结构看，转移组和非转移组的结婚者的比例基本相当。由于农村劳动力的平均年龄不断增加，因此结婚者的比例随时间也在不断增加。

劳动力转移理论指出，影响劳动力转移的因素中最重要的因素是经济因素，因此表3-2的最后一列给出了对数收入的均值。农村劳动力的收入随着年代的变更在不断增加，但是转移者的收入一直高于非转移者的收入。2004年之后，转移者的收入增速大幅增加，非转移者的收入增速也有所提升，表明农村正在和城市争夺劳动力，进一步说明我国剩余劳动力无限供给特征正在逐渐消失。

（三）我国劳动力转移影响因素模型估计结果

采用上述数据估计前文介绍的具有内生选择性的转换模型（Switching Regression Model with Endogenous Switching），即包含转移决策方程以及转移者和非转移者收入方程的结构方程，估计结果如下：

1.收入方程估计结果

表3-3和表3-4分别给出了修正的非转移者和转移者的收入方程（3-18）式和（3-19）式的估计结果。

从表3-3和表3-4中可以看出：

（1）收入中的性别歧视

转移者和非转移者两组人群的收入方程估计结果中，性别（G，1=男性，2=女性）前系数的估计值为负，说明女性比男性的收入水平低。这与诸多研究结果一致，这些研究表明中国经济转轨时期性别工资存在差异（Gustafsson和Li，2000；李实，2002）。总体看来，劳动者转移之后的性别差异较大，两组人群的性别收入差异的差别不大。

（2）收入与年龄之间存在倒"U"形关系

转移者和非转移者两组人群中年龄（A）和年龄的平方（A^2）的符号分别为正和负，也就是说收入与年龄之间存在倒"U"形关系，说明收入随着年龄的增长而增长，但是当年龄增加到一定的程度时收入又会出现下降的趋势，呈现生命周期性。

表3-3 非转移者收入方程（因变量为 $\ln Y_i$）

变量名称	1989年	1991年	1993年	1997年	2000年	2004年	2006年	2009年
性别 (G)	-0.149*** (-11.83)	-0.0677*** (-22.61)	-0.100** (-2.52)	-0.157*** (-121.63)	-0.170*** (-142.21)	-0.328*** (-7.54)	-0.475*** (-429.71)	-0.212*** (-198.14)
年龄 (A)	0.120*** (53.49)	0.132*** (269.89)	0.137*** (19.86)	0.122*** (492.37)	0.0938*** (274.16)	0.0743*** (8.07)	0.0846*** (105.68)	0.0700*** (214.74)
年龄的平方 (A^2)	-0.00142*** (-53.67)	-0.00157*** (-255.14)	-0.00160*** (-20.10)	-0.00141*** (-484.44)	-0.00111*** (-378.13)	-0.000982*** (-10.09)	-0.00116*** (-132.03)	-0.000823*** (-235.87)
小学 (S1)	0.146*** (8.30)	0.111*** (46.20)	0.177*** (2.69)	0.108*** (82.57)	0.238*** (141.38)	-0.0523 (-0.72)	0.0739*** (20.02)	0.0299*** (32.74)
初中 (S2)	0.302*** (20.32)	0.269*** (135.59)	0.315*** (5.85)	0.285*** (205.61)	0.443*** (258.66)	0.148** (2.23)	0.0974*** (37.29)	0.209*** (172.14)
高中 (S3)	0.325*** (12.80)	0.368*** (68.87)	0.404*** (5.23)	0.409*** (86.89)	0.558*** (228.70)	0.422*** (4.65)	0.351*** (93.21)	0.469*** (151.83)
职中 (S4)	0.333* (1.93)	1.024*** (57.26)	0.664** (2.12)	0.564*** (11.67)	0.891*** (38.93)	0.821*** (3.96)	0.531*** (65.49)	0.545*** (43.61)
结构变量 (u_n)	0.231* (1.77)	6.929*** (14.79)	1.028 (1.36)	0.751*** (55.64)	0.876*** (15.27)	-1.855*** (-3.80)	-0.00610 (-0.43)	-0.0229*** (-3.80)
常数项	2.870*** (40.96)	2.689*** (196.67)	2.271*** (11.79)	3.006*** (372.07)	3.858*** (394.43)	5.352*** (18.68)	5.267*** (261.99)	5.367*** (893.30)
样本容量	3 542	4 048	4 306	4 189	4 355	3 428	2 675	3 637

说明：1. ***、**和*分别表示在1%、5%和10%的显著性水平下显著。小括号中的值为t值。

2. 分别采用各调查年份的数据估计截面方程，表中每列为一个截面方程。

（3）受教育水平对收入的影响显著

从受教育水平对收入的影响来看，各种教育程度对收入的影响基本为正，说明至少在农村，教育投资的回报为正。特别是2004年以来，高中

表 3-4　　　　　　　　　　转移者收入方程（因变量为 $\ln Y_{u}$）

变量名称	1989年	1991年	1993年	1997年	2000年	2004年	2006年	2009年
性别（G）	-0.160***	-0.0000922	-0.196**	-0.217***	-0.220***	-0.245**	-0.423***	-0.283***
	(-5.27)	(-0.01)	(-2.15)	(-27.08)	(-40.52)	(-2.15)	(-32.40)	(-38.61)
年龄（A）	0.121***	0.140***	0.102***	0.154***	0.0884***	0.0400*	0.0516***	0.0880***
	(19.36)	(70.96)	(5.99)	(105.57)	(102.03)	(1.65)	(7.47)	(40.48)
年龄的平方（A^2）	-0.00134***	-0.00158***	-0.00119***	-0.00178***	-0.000964***	-0.000532**	-0.000867***	-0.000974***
	(-18.52)	(-76.54)	(-6.17)	(-139.14)	(-120.43)	(-2.06)	(-10.48)	(-39.85)
小学（$S1$）	0.0635	0.207***	0.212	0.215***	0.210***	-0.460**	0.0963***	0.00104
	(1.29)	(11.44)	(1.30)	(21.19)	(24.89)	(-2.28)	(3.15)	(0.08)
初中（$S2$）	0.240***	0.199***	0.0866	0.329***	0.457***	-0.0108	0.385***	0.0447***
	(5.28)	(18.99)	(0.70)	(40.82)	(55.72)	(-0.06)	(16.14)	(3.10)
高中（$S3$）	0.410***	0.259***	-0.0271	0.295***	0.598***	0.153	0.575***	0.422***
	(5.42)	(12.31)	(-0.16)	(36.34)	(48.83)	(0.73)	(23.10)	(30.96)
职中（$S4$）	1.047***	1.044**	1.137*	0.750***	0.187***	1.124***	0.521***	0.972***
	(11.25)	(2.56)	(1.77)	(11.34)	(2.75)	(2.71)	(15.92)	(27.83)
结构变量（u_w）	-0.0121	-0.904	0.930	0.740***	-1.285***	-1.985***	-0.0165	-0.310***
	(-0.06)	(-0.95)	(1.13)	(17.40)	(-5.35)	(-3.55)	(-0.27)	(-6.89)
常数项	3.099***	2.529***	5.306***	3.889***	3.895***	2.488**	6.119***	4.718***
	(9.80)	(44.05)	(3.47)	(178.19)	(145.56)	(2.53)	(35.24)	(70.50)
样本容量	705	748	769	918	806	531	487	620

说明：1. ***、**和*分别表示在1%、5%和10%的显著性水平下显著。小括号中的值为t值。

2. 分别采用各调查年份的数据估计截面方程，表中每列为一个截面方程。

和职中及以上学历在收入的影响因素中的地位越来越重要。总体看来，随着教育程度的提高，教育程度对收入的影响越来越大，这些结果充分说明了当前增加农村教育投入以及农民参加职业技术培训机会的重要性。

2.结构probit模型的估计结果

本部分估计的最后一个过程是估计结构probit模型（3-20）式，估计结果由表3-5给出。

表3-5　　　　　　　　结构probit方程估计结果（因变量为 I ）

变量名称	1989年	1991年	1993年	1997年	2000年	2004年	2006年	2009年
性别	0.335***	0.00131	0.369***	0.0598	0.0208	-0.751***	-0.0415	0.686***
(G)	(2.87)	(0.06)	(7.02)	(1.34)	(0.47)	(-9.78)	(-0.76)	(4.24)
年龄	-0.0762***	-0.000882	0.156***	-0.00395**	0.0163	0.261***	0.0471**	-0.0485
(A)	(-4.50)	(-0.14)	(11.47)	(-2.04)	(1.34)	(14.13)	(1.98)	(-1.60)
年龄的平方	-0.000169	-0.000000480	-0.00202***		-0.000223	-0.00344***	-0.000531*	-0.0000638
(A^2)	(-0.81)	(-0.01)	(-12.53)		(-1.48)	(-15.51)	(-1.92)	(-0.21)
婚姻状况	0.343*	0.0270	0.0468	0.0468	0.116	0.0470	-0.0265	-0.787***
(M)	(1.74)	(0.70)	(0.73)	(0.73)	(1.60)	(0.47)	(-0.24)	(-2.91)
6岁及6岁以下儿童数	0.0200	0.0754**	0.0871*	-0.0929	-0.247***		0.0312	0.134
($L1$)	(0.35)	(2.29)	(1.81)	(-1.48)	(-3.38)		(0.07)	(0.41)
6岁以上16岁以下儿童数	-0.0550	-0.0537***	-0.0673**	-0.0130	-0.0624**	0.0893*	-0.00834	0.153
($L2$)	(-1.07)	(-2.73)	(-2.45)	(-0.56)	(-2.25)	(1.81)	(-0.19)	(0.97)
劳动力数	0.0268	0.0725***	-0.0537***	0.00682	0.0234	0.169***	0.156***	0.466***
($L3$)	(0.68)	(2.99)	(-2.88)	(0.38)	(1.31)	(5.31)	(5.44)	(3.96)
60岁以上老人数	0.0214	0.0326	0.00633	0.0603*	0.0444	0.0387	0.191***	0.260**
($L4$)	(0.22)	(1.52)	(0.15)	(1.67)	(1.12)	(0.63)	(3.49)	(2.04)
预期收入差距	10.06***	0.467***	4.742***	1.005***	0.118	6.330***	0.426*	14.43***
(d)	(15.29)	(2.67)	(18.58)	(3.87)	(0.38)	(21.75)	(1.95)	(13.74)
常数项	-3.403***	-0.812***	-14.54***	-2.386***	-1.416***	16.96***	-2.434***	1.363*
	(-8.56)	(-5.52)	(-18.85)	(-6.08)	(-6.05)	(16.93)	(-4.65)	(1.79)
样本容量	4 247	4 796	5 075	5 107	5 161	3 959	3 162	4 257

说明：1. ***、**和*分别表示在1%、5%和10%的显著性水平下显著。小括号中的值为t值。

2.分别采用各调查年份的数据估计截面方程，表中每列为一个截面方程。

从表3-5可以看出，除了2004年、2006年外，性别（G，1＝男性，2＝女性）的估计符号为正，但是部分年份不显著，这说明男性流动的可能性比女性低。农民工的工资水平处于较低水平，甚至在2004年出现"用工荒"现象、随后的工资上涨以及对转移劳动力的需求不断增加时依然如此，促使男性的转移概率不断增加。年龄对于转移概率的影响具有生命周期性，也就是说，随着年龄的增长，其对于转移概率的影响不是完全线性关系。1993年、2000年、2004年和2006年的数据显示了年龄与转移概率之间的倒"U"形关系。其他年份的估计显示了随着年龄增长转移概率下降的事实。这说明，在劳动力转移初期，也就是20世纪80年代末，转移的劳动力均为青壮年，城市地区对于劳动力的需求还比较小，此时随着年龄的增加劳动者转移的概率不断下降。而2009年有关年龄的变量均不显著，由上文的统计分析可以看出，近年来，在转移者的平均年龄不断上升、我国剩余劳动力逐渐减少、工资水平不断上升的条件下，年龄对于转移的影响力度不断下降。另外值得注意的是，结构probit模型得到了两个重要的结果：

（1）预期收入差距对转移概率有较大的正向影响

表3-5显示预期收入差距（d）估计参数$\hat{\alpha}_1$的符号在所有年份均为正，在大多数年份都是显著的，且数值较大，说明预期收入差距越大，劳动力转移的概率越大。同时，在所有对转移概率有影响的因素中，预期收入差距的影响是最大的，这恰恰证明了上文中托达罗对于劳动力转移动力的分析，即经济因素是影响劳动力转移的首要因素。

（2）家庭劳动力数量对转移概率的影响基本为正，而且越来越大

表3-5显示家庭中劳动力数（L3）对个人转移概率的影响基本为正，也就是家庭中劳动力数越多，劳动力外出的可能性越大。2004年以后，家庭中劳动力数对转移概率的影响越来越大，这说明"用工荒"之后的工资上涨刺激家庭决策中的务农和外出务工的替代效应，促进了劳动力的转移。

（四）劳动力自选择的效应分析

劳动力流动作为资源优化配置的一种方式，是劳动者改善自身生活条

件、实现增收的重要途径。随着我国转移劳动力规模的不断扩大，从计量角度研究劳动力转移的效应显得越来越重要。以下考察了劳动力自选择对农村劳动力配置和农民收入的影响以及劳动力流动的效应。

1.劳动力自选择对农村劳动力配置的影响

需要注意的是，Roy（1950）对收入方程（3-18）式和（3-19）式中 σ_{ue^*} 和 σ_{re^*} 的符号进行了限制（Maddala，1953）：如果没有转移成本，或者收入方程（3-12）式和（3-13）式中不可观测变量与成本方程（3-9）式中的不可观测量不相关，此时：

$$\sigma_{re^*} - \sigma_{ue^*} > 0 \tag{3-21}$$

其中，$\sigma_{re^*} - \sigma_{ue^*}$ 也称为横截效应。

为了进一步分析，首先假设每个个体均具有转移和非转移所需要的技能，分别记为 T_1 和 T_2，总人口中转移和非转移所需要的技能的平均水平分别记为 E_1 和 E_2。假设（3-21）式成立，由于（3-18）式和（3-19）式右端的前两项代表了城市和农村技能的平均水平，因此可以根据（3-18）式和（3-19）式，以及相关系数 σ_{ue^*} 和 σ_{re^*} 的符号来区分以下三种情况：

情况1：$\sigma_{ue^*} < 0$ 和 $\sigma_{re^*} > 0$

此时，转移者的技能 T_1 要高于总人口中转移所需要的平均技能 E_1，非转移者的技能 T_2 要高于总人口中非转移所需要的平均水平 E_2，在这种情况下，农村劳动者选择了他们能够发挥其相对优势的工作地点，转移到城市或者留在农村，这就是转移者和非转移者按比较优势做出了合理的选择。

情况2：$\sigma_{ue^*} < 0$ 和 $\sigma_{re^*} < 0$

此时，转移者的技能 T_1 比总人口中转移所需要的平均技能 E_1 高，非转移者的技能 T_2 比总人口中非转移所需要的平均技能 E_2 低，这就出现了相对优势的结果，即转移者的两种技能的平均水平偏高，而非转移者的两种技能的平均水平则偏低。例如，如果转移者到城市从事泥瓦匠的工作，那么此时转移者的瓦工水平和务农水平都高于非转移者，也就是转移出去的劳动者具有高素质。

情况3：$\sigma_{u\varepsilon}>0$ 和 $\sigma_{r\varepsilon}>0$

这种情况与情况2完全相反，此时非转移者的两种技能与平均水平相比偏高，而转移者的两种技能与平均水平相比则偏低。也就是说，无论是城镇工作需要的瓦工技能还是农村的务农技能，留在农村的劳动力的这两种技能都高于转移者，转移出去的劳动力是低质量的。

2.劳动力自选择对农民收入的影响

在选择变量方面，各个调查年份中，当转移者或者非转移者的收入方程中至少有一个结构变量显著时，就说明调查数据支持了上文中关于自选择的假设。

另一个需要注意的结果是两种结构变量对于无条件收入的综合影响。显然，根据上文中提到的 Roy 对于模型的限制，即（3-21）式，可知综合的截断效应为正，因此自选择过程会增加无条件的期望收入。注意到个体 i 的无条件期望收入可以表示成下式：

$$E(\ln Y_i) = E(\ln Y_i | I_i = 1) \cdot P(I_i = 1) + E(\ln Y_i | I_i = 0) \cdot P(I_i = 0) \tag{3-22}$$

将（3-17）式和（3-18）式带入上式整理得到：

$$
\begin{aligned}
E(\ln Y_i) = &\left\{\theta'_m X_{mi} - \sigma_{u\varepsilon} \cdot \left[f(\psi_i)/F(\psi_i)\right]\right\} \cdot F(\psi_i) \\
&+ \left\{\theta'_n X_{ni} + \sigma_{r\varepsilon} \cdot \left[f(\psi_i)/1 - F(\psi_i)\right] \cdot \left[1 - F(\psi_i)\right]\right\}
\end{aligned}
\tag{3-23}
$$

其中，X_{mi} 和 X_{ni} 分别为转移者和非转移者的收入方程中所有外生变量，进一步整理得：

$$E(\ln Y_i) = (\theta'_m X_{mi}) \cdot F(\psi_i) + (\theta'_n X_{ni}) \cdot [1 - F(\psi_i)] + (\sigma_{r\varepsilon} - \sigma_{u\varepsilon}) f(\psi_i) \tag{3-24}$$

其中，第三部分表示的是自选择对期望收入的综合影响。

3.劳动力流动的效应分析

根据表3-3和表3-4的估计结果计算劳动力流动自选择对期望收入的综合影响，结果由表3-6给出，同时表3-6也给出了我国劳动力转移的自选择类型。

从表3-6中可以看出，估计结果满足 Roy 对于收入方程的限制，因此自选择对期望收入的综合影响是正的。这说明，当农民除了务农以外还可以选择进城务工时，农民的预期收入提高。也就是说，劳动力的城乡转移

表3-6 综合影响以及分类

年份	1989	1991	1993	1997	2000	2004	2006	2009
$\hat{\sigma}_{re} - \hat{\sigma}_{ue}$	0.243	7.833	0.098	0.011	2.161	0.130	0.010	0.287
情况	1	1	3	3	1	2	2	2

提高了农民的收入。从表3-3和表3-4中结构变量的符号以及Roy关于转移的分类情况来看，我国劳动力转移的分类如下：

（1）比较优势时期

1989年和1991年为情况1，这段时间也是"民工潮"这一名词出现的时期，那些在农村中长期闲置的劳动力涌入城市，在城市找到报酬相对高的工作，因此这段时间的农村劳动力流动使剩余劳动力现象得到缓解，此时未转移的劳动力和转移的劳动力均选择了他们能发挥其相对优势技能的部门，这就是比较优势。

随着我国农村劳动力的不断转移，大量的农村剩余劳动力涌向城市，2000年转变为情况1。这说明，从转移者和非转移者的平均工资看，城乡的农村劳动力技能达到相对平衡状态，均具有比较优势。

（2）农村优势时期

1993年和1997年为情况3。1992年以后，我国改革开放的进程加快，城市经济尤其是沿海地区经济发展迅速，农民工进城务工势不可当，城乡转移劳动力的规模逐渐增加。虽然劳动力不断转移到城市地区，但是此时的转移具有一定的盲目性，转移劳动力的报酬增速缓慢，国家政策虽然对劳动力流动不再采取单纯的"堵"的政策，但是政策对于劳动力流动也有诸多限制。同时，城乡收入差距出现小幅缩小，此时从平均劳动力收入来看，农村地区的劳动力与转移的劳动力相比具有相对优势，一些具有较高技能的劳动力依然留在农村，说明该阶段我国农村依然存在大规模的过剩劳动力。

（3）城市优势时期

2004年以后为情况2。在这段时间出现了"用工荒"现象，此时转移的劳动力在技能方面具有绝对优势，从侧面说明我国农村剩余劳动力无限供给的特征正在逐渐消失，农村中大量高技能的劳动力已经转移到城市，而留在农村的劳动力则技能相对较弱。也就是说，关于农村是劳动力"蓄水池"的观点已经过时，这促使我们正确面对劳动力成本上涨、劳动力短缺等劳动力市场上出现的新特征。另外，河南省地方经济社会调查队[①]对2012年上半年河南省300户农民家庭劳动力就业情况的调查结果显示：目前从事农业的劳动力综合素质明显偏低，主要表现为从事农业的劳动者年事已高、文化程度低、女性劳动力多、受过专业培训的劳动力少等特点，这严重制约现代农业的发展。这些事实说明，现阶段我国劳动力进一步转移的难度不在于剩余劳动力的数量问题，而在于剩余劳动力的"质量"问题。

综上所述，随着我国经济的发展，农村剩余劳动力转移经历了比较优势时期、农村优势时期以及城市优势时期三个主要阶段。现阶段，我国农村劳动力转移处于城市优势时期，也就是农村劳动力中具有比较优势的劳动力大多转移到城市地区，因此"用工荒"的根本原因在于农村劳动力数量下降以及综合素质偏低造成的劳动力转移难度增加，农村对于城市的劳动力供给不再表现为"无限供给"特性。

我国是典型的二元经济体制，经济体制改革逐渐改变了这种城乡分割的情况。社会主义市场经济体制的建立逐渐降低了城乡之间劳动力转移的限制，有力地促进了农村人口在城乡间和地区间的转移，大量的农民剩余劳动力源源不断地涌入城市现代部门，成为促进我国经济增长的重要因素。这些农村剩余劳动力充分保证了经济增长所需的劳动力供给，打破了资本的报酬递减规律，为我国经济依靠资本和劳动投入的增长方式提供了保障。然而，随着我国人口结构转变以及农村剩余劳动力数量的不断下降，保障我国城乡劳动力市场协调发展已成为我国社会转型时期亟待解决的首要问题。

---

① 杨屹.河南省农业劳动力状况堪忧[EB/OL].[2012-07-26]. http://www.ha.stats.gov.cn/hntj/tjfw/tjfx/qsfx/ztfx/webinfo/2012/07/1343277664927944.htm.

本部分在托达罗转移理论的基础上，通过在收入方程中加入内生选择性，同时估计了包含决策方程以及转移者和非转移者收入方程在内的结构方程。本部分采用两阶段法来估计上述模型，这种两阶段法在其他研究自选择的经验研究中已被证明是有效的。本部分的结论为：（1）在结构决策方程中，预期收入的变化对转移决策的影响较大，因此支持了托达罗关于转移是对收入差距反应的分析框架。（2）在估计的收入方程中存在很强的自选择证据，因此在采用微观数据估计转移者或者非转移者的收入时应该考虑这种自选择的影响。自选择对于期望收入的影响均为正，这说明我国农村劳动力的转移确实增加了农民的预期收入，在一定程度上缓解了城乡收入差距扩大的趋势。（3）教育对于转移组和非转移组的收入影响均为正，并且在收入方程中占有重要地位。

二、农业生产率与农村劳动力转移

以前中国经济得益于人口红利迅猛发展，但是，近十年来我国城市劳动力供给明显短缺，出现了"用工荒"现象，农民工工资上涨，人口红利衰减，这严重影响了中国经济的发展速度。有人认为，刘易斯拐点已经来临，农村可转移人口变少。这虽然是转轨的必然结果、产业结构升级的必经之路，但是人口红利的衰减确实阻碍了我国经济的发展。农机具购置补贴在提高农业生产率的基础上释放农村劳动力，在一定程度上缓解了人口红利衰减问题，为延续人口红利做出了重要贡献。

农机具购置补贴作为一种特殊的财政支农方式，也是影响农村劳动力转移的因素之一。其本质上提高了农业机械化水平，提高了农业生产效率，减轻了劳动强度，因此导致了农业生产要素替代，释放了农村劳动力，降低了农民进城务工的成本，加速了农村劳动力的转移。自2004年在全国范围内开始实施农机具购置补贴、2005年颁布并实施《农业机械购置补贴专项资金使用管理暂行办法》起，到2014年中央一号文件中再次指出要加快推进农业现代化、农业机械化为止，农机具购置补贴的重要地位逐渐凸显。随着农机具购置补贴金额不断增加、补贴范围不断扩大，其促进农业机械化、提高农业生产率的作用也越来越明显，这使得研究农机具购置补贴对农村劳动力转移的影响变得更加重要。

（一）农机具购置补贴与农村劳动力转移

关于农村劳动力外流与农机具购置补贴及财政支农问题的研究多为两个主题的平行研究。Bogue（1959）、E. S. Lee（1966）等人提出了系统的"推拉理论"，将所有影响人口流动的因素总结为"拉力"和"推力"。人口流入地和流出地既有"拉力"又有"推力"，不过，人口流出地以"推力"作用为主，流入地以"拉力"作用为主。目前，众多学者大多是从流入地角度研究农村劳动力流动。一部分学者从城市"拉力"角度研究城乡收入差距、人力资本外部性、第三产业等因素对农村劳动力流动的影响。城乡收入差距是学者们公认的影响农村劳动力外流的重要因素。Todaro（1969）提出预期的城乡收入差距是推动农村劳动力流动的源泉。王湘红（2012）则认为是城乡的相对收入差而不是绝对收入差拉动农村劳动力流入城市。陆铭（2011）认为由于人力资本具有外部性，所以劳动力更倾向于流入平均受教育水平更高的地区以获得更高的收入。肖智（2012）运用2006—2009年中国各省市面板数据分析了劳动力流动与第三产业之间的内生性关系，实证结果说明流入地的第三产业发展水平、收入水平等是吸引劳动力流入的主要动力。另外一部分学者从城市"推力"角度研究户籍等因素对农村劳动力流动的阻碍作用。孙文凯等（2011）认为户籍制度是阻碍劳动力流动的巨大障碍，但是户籍制度改革对农民工的短期流动影响并不大。由户籍制度而产生的就业歧视也是阻碍劳动力流动的因素，Zhang（2010）发现户籍制度歧视增加了农民工找工作的机会成本，所以短期移民所从事的工作多是本地居民不愿做的工作。姚先国（2004）还发现户籍歧视会使农民工在工资、养老保险、医疗保险、失业保险以及工会参与等方面受到歧视。来自城市方面的因素固然是影响人口流动的重要因素，但来自农村方面的因素也不可忽视，而我国学者却缺乏对于农村因素的研究。一些学者如赵耀辉（1997）、朱农（2002）、刘传江（2008）等认为人均土地面积、人口数量、土地制度、农业政策等农村因素对农村劳动力流出有影响，但很少有学者专门从农村的角度研究农村劳动力转移。

目前，学者们对于农机具购置补贴的研究主要聚焦于其政策实施效果。农机具购置补贴作为一项以增产增收为目的的补贴政策，对粮食产量和农民收入都有一定的影响。李农（2010）、王姣和肖海峰（2007）等认为其对农户粮食产量和种植业收入都有正向影响，可以促进农业发展。作为一种特殊的补贴政策，农机具购置补贴不仅会出现与其他支农政策相似的增产增收效果，还能达到提高农业生产率的目的。曹光乔等（2010）基于江苏省水稻种植业的调查数据，实证分析农机具购置补贴对农户购机行为的影响，得出农机具购置补贴诱导农民大量购买农业机械的结论。高玉强（2010）认为农机具购置补贴增加了农户的购机意愿，从而增加了农用机械的拥有量。大规模的机械生产促进了农业生产的规模化、集约化和产业化，从而大幅度地提高了土地生产率。农机具购置补贴不仅通过提高农业部门的劳动生产率来增加农业部门的产出，还会对其他产业部门产生不可忽视的间接经济效益（刘合光和谢思那，2014）。

这些文献的研究使我们得到了很大的启发，同时也反映出，目前把农村劳动力转移和农机具购置补贴及其他财政支农问题相结合的专题研究并不多。高玉强（2010）指出农机的大规模使用正在逐步优化其与劳动力、耕地等农业生产要素的配置状态，但是并没有进一步强调农业机械化与劳动力等生产要素之间的替代关系，也没有再进一步讨论农机具购置补贴对于农村劳动力转移的影响。郭春艳（2013）指出农机具购置补贴政策能够推进新型农机具的应用、提高生产效率、减轻劳动强度、促进剩余劳动力的转移，但并没有进一步实证检验农机具购置补贴对农村劳动力转移的影响。Ranis and Fei（1961）在对刘易斯模型作进一步深入拓展时指出"农业劳动生产率的提高，是工业扩张和剩余劳动力转移的前提，也是转折点来临的前提"，即拉–费模型表明生产率的提高是农业劳动力转移的重要条件。作为一种可以提高农业生产率的特殊财政支农政策，农机具购置补贴可能对农村劳动力转移产生不可忽视的影响。目前，学术界缺少专门从农村角度对影响农村劳动力转移的"推力"因素研究，本部分将补充"推力"因素，以农机具购置补贴为代表，考察提高农业生产率的财政支农政策对农村劳动力转移的影响，并与其他财政支农支出对农村劳动力转移产生的影响进行比较，为解决人口红利衰减、"用工荒"问题提供一个新的分析视角，也是对刘易斯模型和拉-费模型的进一步验证。

（二）模型、数据与经验分析

1.基本模型

本部分研究的核心问题是农机具购置补贴及其他财政支农支出对于农村劳动力转移有何影响。根据"推拉理论"，本部分在基本计量模型中引入了流出地及流入地有代表作用的"拉力"与"推力"因素。具体地，流出地因素包括农机具购置补贴、财政支农支出、人均土地面积和农村受教育程度，流入地因素包括城市公共服务水平、城乡收入差距和城市就业情况等。在下列计量模型中，下标 i 表示省级行政区域，t 表示年份。

$$people_{it} = a_i + \beta_1 subsidy_{it} + \beta_2 agr_{it} + \sum \alpha_j X_{jit} + u_{it} \qquad (3-25)$$

其中，被解释变量 $people$ 表示农村人口；自变量 $subsidy$ 表示农机具购置补贴；agr 表示农业支出；控制变量 X 包括 $area$ 农村人均土地面积、edu 农村教育水平、$income\_gap$ 城乡收入差距、$public\_service$ 城市公共服务、gdp 经济发展水平、str 产业结构情况和 $unemploy$ 城市失业率；u 表示误差项。

2.数据说明

本部分采用2005—2012年我国24个省级行政区的面板数据集，分析农机具购置补贴和农业支出对农村劳动力外流的影响。从2004年开始，国家才开始实施大规模的农机具购置补贴政策，所以农机具购置补贴数据最早可以取到2004年。但是，2004年与2005年人口调查的口径不同，2005年以后农村人口为常住人口。所以，为了保证面板数据的一致性，本部分选取2005—2012年的数据集。由于北京市、天津市、上海市、重庆市、内蒙古自治区、西藏自治区、青海省、台湾省、香港特别行政区、澳门特别行政区10个省级行政区的数据不完整，所以只选取了24个省级行政区的面板数据集。本部分的数据来源于历年的《中国统计年鉴》、《新中国60年统计资料汇编》、《中国农村统计年鉴》、各省年鉴和国家统计局。

people表示农村人口，在模型中取自然对数以后作为被解释变量。由于本部分是从农村角度讨论劳动力外流，省级层面的农村劳动力流出数据很难获得，并且农村人口数量的增减能够反映出农村劳动力流动情况，所以选用农村人口作为被解释变量。为了除掉人口出生率与死亡率对农村人口的影响，农村人口=年末乡村常住人口/（1+人口自然增长率），年末乡村常住人口及人口自然增长率均来自《中国统计年鉴》。

subsidy表示农机具购置补贴，用政府支付的农机具购置补贴金额来代表，在模型中取自然对数以后作为解释变量，数据来自各省年鉴。

agr表示国家对于农业的总支出，由于农机具购置补贴占财政支农总额的比例极小，所以用农业支出近似代表除农机具购置补贴以外的其他财政支农支出，在模型中也取自然对数，用财政中农林水事务支出来代表，2005—2006年数据来自《新中国60年统计资料汇编》中的农业支出，2007—2012年数据来自国家统计局地方财政农林水事务支出。农机具购置补贴及财政支农支出均是利用农村居民消费指数平减后的数据。

从赵耀辉（1997）、都阳和朴之水（2003）的研究中可以看出，人均土地面积是影响农村人口流出的重要因素，所以也选择area农村人均土地面积为控制变量，用农村居民人均家庭经营耕地面积这一指标来代表农村人均土地面积，数据来源于国家统计局。

教育一直是众多学者在研究人口流动问题时关注的因素之一，本模型也将农村教育水平作为控制变量。edu农村教育水平是用农村人口平均受教育年限来代表的，数据来自《中国农村统计年鉴》。假设不识字或识字很少的农村劳动力受教育年限为0，小学程度的农村劳动力受教育年限为6年，初中程度的农村劳动力受教育程度为9年，高中程度的农村劳动力受教育年限为12年，中专程度的农村劳动力受教育年限为12年，大专及大专以上农村劳动力受教育年限为16年，那么：农村劳动力平均受教育年限=0×不识字或识字很少的农村劳动力比例+6×小学程度的农村劳动力比例+9×初中程度的农村劳动力比例+12×高中与中专程度的农村劳动力比例+16×大专及大专以上农村劳动力比例。

李实（1999）、王格玮（2004）、钟笑寒（2006）、邢春冰（2010）等

认为城乡收入差距是影响农村人口流动的重要因素，所以也选取了 *income_gap* 城乡收入差距作为控制变量。其表示方法为城镇人均可支配收入减去农村居民收入，其中城镇人均可支配收入利用城镇居民消费指数平减，农村居民收入利用农村居民消费指数平减，数据来自国家统计局。

根据陆铭（2011）提出的影响劳动力流出的"三歧视"——就业、社会保障与公共服务，本模型将表示就业水平、公共服务与社会保障水平的变量纳入控制变量。*unemploy* 城市失业率代表在城市获得就业机会的大小，数据来源于《中国统计年鉴》。*public_service* 城市公共服务用城市人均公共服务支出来表示，2004—2006年公共服务支出是文体广播事业费、教育事业费、科学事业费、卫生经费、抚恤和社会福利救济费、社会保障补助支出的总和，2007—2012年是教育、科学、技术文化、体育与传媒、社会保障与就业和医疗卫生的总和，数据是采用城镇居民消费指数平减后得到的，所有数据均来源于《中国统计年鉴》。

肖智（2012）认为劳动力流动与第三产业存在内生性关系，第三产业或产业结构对劳动力流动有重要影响。本研究采用钟宁桦（2011）对于产业结构的表示方法，用第二、三产业产值之比来衡量各省 *str* 产业结构情况，数据来自《中国统计年鉴》。第三产业有吸收劳动力就业的功能，所以预期城市第三产业越发达，农村劳动力流出越多。

本研究还选取了 *gdp* 经济发展水平为控制变量，以GDP来刻画，并利用GDP平减指数进行平减，数据来自《中国统计年鉴》。因为一个地区的经济发展水平对劳动力市场有重大影响，它是衡量地区发展的综合指标，也对农村人口流出有不可忽视的作用。

各指标变量的描述性统计见表3-7。本模型选用的各指标变量、名称、表示方法及其来源见表3-8。

3.经验研究的基本结果

在模型效果选择中，比较了随机效应和固定效应两种模型的效果。通过Hausman检验，检验结果显示可以拒绝FE和RE的估计系数没有系统性差异的零假设，即建议选择固定效应模型。模型估计结果见表3-9。

表 3-7　　　　　　　　　　　　各变量的描述性统计

变量	观察值	均值	标准差	最小值	最大值
农村人口（百万）	192	26.684	13.952	3.160	64.710
农机具购置补贴（亿元）	192	2.744	2.603	0.030	10.320
农业支出（亿元）	192	206.329	152.545	6.890	754.090
农村人均土地面积（亩）	192	2.440	2.460	0.530	13.560
农村教育水平（年）	192	8.180	0.617	6.376	9.051
城乡收入差距（千元）	192	9.660	2.755	5.370	18.700
城市公共服务（千元）	192	3.674	1.884	1.004	9.662
城市失业率（%）	192	3.720	0.536	1.700	5.600
产业结构（%）	192	0.817	0.214	0.497	1.688
经济发展水平（千亿元）	192	13.167	11.510	0.610	57.070

表 3-8　　　　　　　　　　各变量的名称、表示方法及来源

	变量	变量名称	表示方法	数据来源
被解释变量	*people*	农村人口	年末乡村常住人口/（1+人口自然增长率）	《中国统计年鉴》
自变量	*subsidy*	农机具购置补贴	政府支付的农机具购置补贴金额	各省年鉴
	agr	农业支出	农林水事务财政支出	《新中国60年统计资料汇编》与国家统计局
控制变量	*area*	农村人均土地面积	农村居民人均家庭经营耕地面积	国家统计局
	edu	农村教育水平	农村人口平均受教育年限	《中国农村统计年鉴》
	income_gap	城乡收入差距	城镇人均可支配收入-农村居民收入	国家统计局
	public_service	城市公共服务	城市人均公共服务支出	《中国统计年鉴》
	unemploy	城市失业率	城市失业率	《中国统计年鉴》
	str	产业结构情况	第二、三产业产值之比	《中国统计年鉴》
	gdp	经济发展水平	GDP	《中国统计年鉴》

表 3-9   基本计量模型结果

变量	方程 1	方程 2	方程 3
subsidy	−0.082*	−0.088**	−0.086*
	(0.037)	(0.036)	(0.037)
agr			0.005**
			(0.002)
area	0.029***	0.027***	0.026***
	(0.007)	(0.006)	(0.007)
edu	0.028		
	(0.017)		
income_gap	−0.012***	−0.010***	−0.011***
	(0.002)	(0.003)	(0.002)
public_service	−0.009***	−0.007***	−0.008***
	(0.002)	(0.002)	(0.001)
unemploy	−0.003		
	(0.003)		
str	0.059***	0.061***	0.067***
	(0.013)	(0.014)	(0.012)
gdp	−0.002**	−0.002**	−0.002***
	(0.001)	(0.001)	(0.001)
_cons	3.419***	3.659***	3.635***
	(0.251)	(0.208)	(0.213)
N	192	192	192
r2_w	0.766	0.763	0.764

注：***、**和*分别表示在1%、5%和10%的显著性水平下显著。

其中，方程1是对自变量和所有控制变量回归的结果。方程2中剔除了方程1中不显著的变量。方程3在方程2的基础上加入农业总支出，将农机具购置补贴与农业总支出对农村劳动力外流的影响进行比较。

（1）自变量对农村劳动力转移的影响

方程1和方程2的结果显示，农机具购置补贴显著且影响方向为负，即使在方程3中加入了农业支出，农机具购置补贴也依然显著为负，说明农机具购置补贴对农村人口流出有明显的促进作用。从方程2的结果可以看出，农机具购置补贴每增加1%，可以促进农村人口外流增加0.088%。农机具购置补贴增加农户购机意愿，从而增加农用机械使用量，机械的大规模使用提高农业生产率，促进农村劳动力外流。在方程3中加入农业支出之后，虽然其对农村劳动力转移的影响也是显著的，但是与农机具购置补贴相比，农业支出的弹性只有0.005，说明农业支出对农村劳动力的吸引作用非常有限，远远小于农机具购置补贴对农村劳动力转移的推动作用。我国财政支农资金主要包括支援农村生产支出和农林水利气象等部门的事业费、农业基本建设费、农业科技三项费用、农村救济费等，其中农业事业费和农业基建拨款是农业支出的主体。农业事业费、农业基本建设和科技加强了农业的生产条件，农村救济费等提高了农村的生活条件，逐渐先进的生产条件和优越的农村生活必然会吸引更多的劳动力从事农业生产。但是，由于财政支农力度不足和农业周期长的原因，农业支出对农村劳动力的吸引作用并不明显。相对于农业支出而言，虽然农机具购置补贴金额较少，但是农机具购置补贴可以显著地、相对较快地提高生产率，缩短劳动时间，促进机械化生产，替代劳动力的使用，使农村产生更多的剩余劳动力。所以，农业支出对农村人口虽然有一定的吸引作用，但作用非常微小，其与农机具购置补贴相比，弹性小于农机具购置补贴，农机具购置补贴对人口流动的影响更明显。农机具购置补贴对农村劳动力的推动作用远远大于农业支出对农村劳动力的吸引作用。

（2）控制变量对农村劳动力转移的影响

下面分析各控制变量对农村劳动力流出的影响。从方程1、方程2和方程3中可以看出 *area* 人均土地面积、*income_gap* 城乡收入差距、*public_service* 城市公共服务、*str* 产业结构和 *gdp* 经济发展水平对农村劳动力的影响是十分显著的。估计结果说明：（1）人均土地面积对劳动力流出有阻碍作用，农村人均土地越多，农村人口越多；（2）城乡收入差距促进农村劳动力流出；（3）城市公共服务对农村劳动力产生一定的吸引作用，促进劳动力流出；（4）产业结构对农村劳动力产生正向影响，即第三产业越发达的地方，农村劳动力流出越明显；（5）各省的经济发展水平越高，农村劳动力流出越明显。

对控制变量的回归结果可作如下简要解释：（1）土地是农民生活的根本，土地降低了农民的生存风险，也就是增加了转移的成本，所以，与赵耀辉（1997）、都阳和朴之水（2003）的研究结果相同，人均耕地面积对转移有负影响，阻碍农村劳动力流出。（2）城乡之间的收入差距是驱动农民外出打工的根本原因，因为外出打工增加农民的收入水平，从而提高农民的生活条件和消费水平，所以城乡收入差距越大，农民外出打工数量越多。（3）由于城乡公共服务水平相差较大，城市尤其是像广州、杭州这样的大城市公共服务水平很高，这在无形中增加了城市居民的隐性收入，扩大了城乡之间的收入差距，刺激了农村劳动力外流。（4）目前，第三产业是吸收劳动力的主要产业，尤其是服务业和运输业等，并且随着我国产业结构的不断优化，服务业等第三产业对劳动力的吸纳作用将逐渐增强。第三产业快速发展的城市，对劳动力的需求将不断加大，对劳动力的吸引作用也将不断增加。（5）城市经济发展水平越高，劳动力的发展机遇越多，发展平台越宽广。农村劳动力进城是为了获得更多的发展机会，改善生活水平，所以经济繁荣的城市对农村劳动力有很大的吸引作用。

需要补充的是，本研究对模型中可能产生的内生性问题也有所关注。农村人口与人均土地面积可能由于互相影响而导致内生性问题，但基于以下原因，农村人口与人均土地面积之间的内生性问题可能并不严重：农村人口是以常住人口统计的，而人均土地面积是按户籍人口统计的，我国大部分转移人口虽然外出打工，但户籍不变，其在农村依然拥有土地，所以农村人口与人均土地面积之间并不存在反向因果机制，即农村人口与人均土地面积之间的内生性问题可能并不严重。

（三）稳健性检验

其他财政支农的目的是改善农村生活条件，直接鼓励农民进行生产，增加农业产量，提高农村居民的收入水平，缩小城乡收入差距。所以，其他农业支出对农村劳动力有吸引作用是显而易见的。作为一项特殊的财政支农政策，农机具购置补贴增加了农户购机意愿，加大了农用机械使用量，提高了农业机械化水平，进而提高了农业生产率，因此导致了农业生产要素替代，释放了农村劳动力，加速了农村劳动力的转移。下面将验证农机具购置补贴的这种传导机制。

为了保障机制分析的稳健性，选取 *power* 人均农机总动力和 *production* 劳均粮食产量两个指标来替代农业生产率。方程1是在表3-9的方程2中加入 *power* 人均农机总动力后得到的，方程2是用 *production* 劳均粮食产量替换方程1中的 *power* 人均农机总动力得到的，回归结果见表3-10。从方程1的结果中可以看到，加入人均农机总动力后，农机具购置补贴变得不显著了，说明真实影响农村劳动力外流的是农机总动力。农机总动力增加代表农业机械化规模扩大，农业生产率提高，机械与劳动力之间要素结构不断优化，农用机械的大规模使用使土地释放更多流动力，促进了农村劳动力转移。另外，人均农机总动力的系数显著为负，与农机具购置补贴对农村劳动力转移的影响方向一致也证明了农机总动力对农村劳动力流出有促进作用。方程2的结果与方程1类似，加入 *production* 劳均粮食产量后，农机具购置补贴变得不显著了，且劳均粮食产量的影响显著且方向为负，说明农机具购置补贴提高了农业生产率，增加了劳均粮食产量，通过不断优化机械与劳动力之间的要素结构推动了农村劳动力转移。两个方程的回归结果都表明农机具购置补贴通过提高农业生产率来促进农村劳动力外流。

接下来，本部分将从替换变量和数据分类两方面验证农机具购置补贴及农业支出对农村劳动力流出影响的稳健性。替换变量方面，将 *agr* 农业支出替换为 *pagr* 农业支出比（农业支出与财政总支出的比例），得到方程1及方程2：方程1是对农机具购置补贴、农业支出比和所有控制变量回归的结果；方程2是剔除不显著变量得到的所有变量都显著的回归结果。回归结果见表3-11。数据分类方面，根据各省粮食产量与销量不同，将我国各省分为粮食主产区、主销区和平衡区。为了进一步区分粮食主产区与

表3-10 机制分析计量结果

变量	方程1	方程2
subsidy	−0.013	−0.018
	(0.031)	(0.047)
area	0.034***	0.033***
	(0.007)	(0.007)
income_gap	−0.007**	−0.008***
	(0.002)	(0.002)
public_service	−0.003**	−0.009***
	(0.001)	(0.002)
str	0.055***	0.076***
	(0.014)	(0.013)
gdp	−0.002**	−0.002**
	(0.001)	(0.001)
power	−0.083***	
	(0.012)	
production		−0.000**
		(0.000)
_cons	3.255***	3.252***
	(0.171)	(0.271)
N	192	192
r2_w	0.782	0.768

注：***、**和*分别表示在1%、5%和10%的显著性水平下显著。

非主产区的农机具购置补贴对于农村劳动力转移的影响，分别对主产区和非主产区进行回归。方程3是对主产区数据进行回归的结果，方程4是对非主产区数据进行回归的结果。其中，主产区包括辽宁省、河北省、山东省、吉林省、江西省、湖南省、四川省、河南省、湖北省、江苏省、安徽省、黑龙江省，非主产区包括山西省、浙江省、福建省、湖北省、广东省、海南省、贵州省、云南省、陕西省、广西壮族自治区、宁夏回族自治区和新疆维吾尔自治区。

表3-11 稳健性检验结果

变量	方程1	方程2	方程3	方程4
subsidy	−0.006***	−0.006***	−0.150**	0.065
	(0.002)	(0.002)	(0.044)	(0.047)
pagr	0.248**	0.304***		
	(0.120)	(0.112)		
area	0.031***	0.029***	0.036***	0.021*
	(0.008)	(0.007)	(0.007)	(0.011)
edu	0.028		−0.005	0.042*
	(0.018)		(0.015)	(0.022)
income_gap	−0.011**	−0.013***	0.001	−0.017***
	(0.005)	(0.003)	(0.006)	(0.002)
public_service	−0.010***	−0.007**	−0.011	−0.011**
	(0.003)	(0.003)	(0.007)	(0.003)
unemploy	−0.005		0.006	−0.005
	(0.010)		(0.013)	(0.009)
str	0.053**	0.051*	0.064**	0.083
	(0.027)	(0.026)	(0.019)	(0.045)
gdp	−0.001		−0.005***	0.002**
	(0.001)		(0.001)	(0.001)
_cons	2.916***	3.128***	4.332***	2.180***
	(0.139)	(0.034)	(0.253)	(0.258)
N	192	192	96	96
r2_w	0.776	0.771	0.855	0.732

注：***、**和*分别表示在1%、5%和10%的显著性水平下显著。

从方程 1 和方程 2 的结果中可以看出，将农业支出替换之后，所有变量对农村劳动力转移的影响没有发生很大变化。*subsidy* 农机具购置补贴、*pagr* 农业支出比、*area* 人均土地面积、*income_gap* 城乡收入差距和 *public_service* 城市公共服务对农村劳动力转移都是显著的，且影响方向与表 3-10 一致，说明模型具有较强的稳健性。回归结果再次验证：农机具购置补贴对农村劳动力转移有显著的促进作用，农业支出对农村劳动力的吸引作用也很明显，人均土地面积对农村劳动力流出有阻碍作用，城乡收入差距促进农村劳动力流出，城市公共服务对农村劳动力产生一定的吸引作用，促进农村劳动力流出。

方程 3 的结果显示 *subsidy* 农机具购置补贴影响显著且方向为负，并且其绝对值大于表 3-10 方程 1 中 *subsidy* 的系数。这样的结果表明，在粮食主产区，农机具购置补贴对促进人口流出有积极作用，并且这种促进作用大于在全国的促进作用。方程 4 的结果显示 *subsidy* 农机具购置补贴系数不显著，表示农机具购置补贴对非主产区劳动力的推力并不明显。对于粮食主产区而言，经济发展水平大多相对较低，相对于非主产区，较多的农村劳动力被固定在土地上。当农机具购置补贴政策实施后，农村生产率提高，产生剩余劳动力，农村劳动力流出现象比较明显；而对于非主产区而言，城市经济发展水平较高，劳动力发展机会较多，农民的生产积极性不高，农机具购置补贴对于农村劳动力的影响作用不显著。即使没有农机具购置补贴，也有大量的农村劳动力转移到城市发展。在国家发放农机具购置补贴之后，由于存在城乡收入差距，外出农民工依然会选择城市的优厚待遇而留在城市。方程 3 中来自农村的因素 *area* 人均土地面积高度显著、其他来自城市的因素大多不显著的结果也表明，来自农村的因素对于粮食主产区劳动力流出的影响更为巨大。方程 4 得出了与方程 3 相反的结论：对于非粮食主产区而言，来自城市的因素（如城乡收入差距和城市公共服务等）非常显著，成为决定农民流出的重要因素。这是因为非主产区的农村劳动力农业生产积极性不高，他们寻求更为广阔的发展平台来改善生存条件和提高消费水平，所以来自城市的收入水平、公共服务和社会保障等因素对农村劳动力的吸引作用更强。

本部分利用2005—2012年省级行政区的面板数据集,从农村"推力"角度分析了农机具购置补贴和其他财政支农支出对农村劳动力转移的影响,并对农机具购置补贴影响农村劳动力转移的机理进行分析验证,主要得到以下几点结论:

第一,农机具购置补贴促进农村劳动力转移,其他财政支农支出阻碍农村劳动力转移。农机具购置补贴提高了农业机械化水平,进而提高了农业生产率,缩短了农业劳动时间,导致了农机与劳动力之间的要素替代,促进了农村劳动力转移,为工业化和城市化提供了充足的劳动力。其他财政支农支出通过改善农村生活条件,提高农业收入吸引更多的劳动力从事农业生产。但是,财政支农支出对劳动力转移的弹性小于农机具购置补贴对劳动力转移的弹性。在粮食主产区,农机具购置补贴对劳动力流出有积极作用,并且这种促进作用大于在全国的促进作用;在非主产区,农机具购置补贴对农村劳动力的推力并不明显。

第二,人均土地面积、城乡收入差距、城市公共服务等影响农村劳动力转移。土地收入降低了农民的生存风险,增加了转移的成本,所以人均土地面积对农村劳动力流出有阻碍作用。城乡收入差是影响农村劳动力外流的重要因素,它对农村劳动力流出有显著的促进作用。城市公共服务隐性地增加了城市居民的实际收入,扩大了实际城乡收入差距,促进农村劳动力外流。第三产业是吸引劳动力的主要产业,第三产业发达的城市对于劳动力的需求旺盛,更多的发展机遇也是吸引劳动力流出农村的原因之一。各省的经济发展水平对劳动力流出也有影响,经济发展水平越高,农村劳动力流出越明显。并且,在粮食主产区,来自农村的因素对于劳动力流出的影响比较明显,而来自城市方面的因素却大多不显著;相反,在非主产区,来自城市的因素却成为决定农民流出的重要因素。

三、促进农村劳动力转移的机制分析

第一,加大对教育的投入。教育程度在转移者和非转移者的收入决定因素中均占有重要的地位。同时,由于剩余劳动力不断减少,我国经济发展只能依靠技术进步支撑。因此，应该加大对教育的投入，特别是对于农民工职业技能培训的投入，在提高劳动者收入的同时为我国经济发展方式的转变提供人才支撑。

第二，促进劳动力的公平转移。由于劳动力的转移对于劳动者收入的影响为正，同时随着我国剩余劳动力无限供给特征逐渐消失，农民工成为城市经济发展不可或缺的劳动力供给来源，这也创造了有利于劳动力转移的制度条件和社会环境。因此，应该消除对于劳动力转移的制度障碍，促进劳动力的公平转移，加快建立包含转移劳动力的社会保障制度以及针对转移劳动力的工资形成机制，这对于提高劳动力转移对农民收入的正效应、缩小城乡收入差距以及保障城市劳动力供给具有重要意义。

第三，加快城乡一体化进程。收入差距依然是刺激我国农村劳动力向城市进行转移的最重要因素。值得注意的是，当前具有技能的劳动力已经转移到城市地区，也就是说转移人口相对于未转移人口具有绝对优势，这对于农业现代化发展具有一定的阻碍作用。经济一体化顺利进行的一个重要条件是创新农业生产经营体制。因此，必须加快推进农村土地承包经营权流转管理和服务体系建设，加大对农业的投入，推动农业技术进步，提高农业的机械化率以及劳动生产率，引导农村劳动力根据自身的比较优势选择工作和居住地，加快我国社会结构转型的城乡一体化进程。

第四，加大农机具购置补贴的力度。在财政约束下，适度扩大农机具购置补贴金额和财政支农支出，尤其要加大对粮食主产区的补贴力度。农业机械化是农业现代化的代表，促进农村劳动力转移，是解决"三农"问题，促进工业化、城镇化和农业现代化协调发展的关键。农机具购置补贴在粮食主产区和非主产区的影响不同，要区别对待。农机具购置补贴对粮食主产区农村劳动力转移的促进作用更为显著，加大农机具购置补贴的补贴力度有利于促进农村劳动力转移，提高农村居民收入。

第五，完善农机具购置补贴政策相关配套政策。首先，要做好土地流转工作。土地规模经营是农业机械化发展的关键环节，而土地流转政策又是促进土地规模经营的有力保障。并且，土地流转降低了农村劳动力流出的成本，对农村劳动力转移有促进作用。所以，做好土地流转工作对农村劳动力转移和农业现代化都至关重要。其次，要规范农机具购置补贴的使用程序，严格监督，规范管理，遵循公开、公正、农民直接受益的原则，保证补贴资金高效使用。

第六，优化财政支农结构，增加"效率型"财政支农。近几年，尽管政府对"三农"问题高度重视，我国财政支农结构仍然存在许多不合理之处，为增强财政支农效果，需要不断优化财政支农结构。政府应增加以农机具购置补贴为代表的、提高农业生产率的"效率型"财政支农支出，如农业科技成果转化资金项目、农技推广补助项目等，从而减轻农户劳动强度，促进农村劳动力外流，提高农民收入。

第四章

户籍分割与民生福利

伴随着劳动力的城乡转移，我国城乡二元户籍制度体系也在逐渐变革，从而满足经济发展对劳动资源的需求。当前，户籍制度对劳动力流动的限制作用日渐式微，但是户籍制度改革并不彻底，户籍制度限制依然是造成我国城市劳动力市场上城乡劳动力在工作机会、工作环境以及福利待遇等方面存在差异的重要原因。本章旨在剖析户籍分割下的民生福利的差异性，以此说明为什么要推进市民化，即市民化对提升民生福利的意义。首先实证分析我国户籍制度对城市市民福利效应的影响，然后进一步分析户籍制度对不同人群福利影响的异质性，从而说明市民化对民生福利的重要性，为制定差异化的户籍制度改革推进策略提供建议。

一、户籍分割下的民生福利差异

研究户籍分割和民生福利的关系需要采用微观数据库，本章研究的数据来源于 2012 年的中国家庭追踪调查①（China Family Panel Studies，CF-PS），该调查通过跟踪收集个体、家庭、社区三个层面的数据，反映中国

---

① 数据来源：本论文使用数据来自北京大学"985"项目资助、北京大学中国社会科学调查中心执行的中国家庭追踪调查，网址：http://www.isss.edu.cn/cfps/。

社会、经济、人口、教育和健康的变迁，为学术研究和公共政策分析提供数据基础。CFPS重点关注中国居民的经济与非经济福利，以及包括经济活动、教育成果、家庭关系与家庭动态、人口迁移、健康等多方面的研究主题，是一项全国性、大规模、多学科的社会跟踪调查项目。CFPS样本覆盖25个省/市/自治区，目标样本规模为16 000户，调查对象包含样本户中的全部家庭成员。CFPS由北京大学中国社会科学调查中心（ISSS）实施，该项目采用计算机辅助调查技术开展访问，以满足多样化的设计需求，提高访问效率，保证数据质量[①]。

本章分析的重要群体为农业转移人口，其户籍类型为农村户籍，且户口登记地未伴随居住地的改变而改变的流动人口[②]。城市市民的户籍类型为城市户籍，且户口登记地与居住地一致的人口，文中使用的其他主要变量定义、解释以及处理方法如下：

（1）收入。收入是指18岁以上成年人的年收入情况，一般认为收入服从对数正态分布，因此本研究中的收入为对数形式。

（2）生活满意度。CFPS 2012中调查了居民生活满意度（1到5代表从不满意到非常满意），对未来的信心程度（从1到5为没有信心到很有信心），以及自评收入地位和社会地位（从1到5为很低到很高），本研究将四个指标取平均分，得到个人生活满意度指数。

（3）民生满意度。CFPS 2012调查了居民对民生问题的严重程度的打分（0为不严重，10为非常严重）。本研究中采用的民生问题为就业、教育、医疗、住房和社会保障，并将五个指标取平均分，得到个人民生满意度指标。

（4）其他变量。婚姻状况为虚拟变量，取1时为在婚；受教育程度为

---

① 更具体的介绍见：http://www.isss.edu.cn/cfps/。

② CFPS 2012调查问卷的户口登记问题为：您现在的户口落在什么地方？1. 本村/居；2. 本乡/镇/街道的其他村/居；3. 本县/市/区的其他乡/镇/街道；4. 本省的其他县/市/区；5. 省外。文中将第1、第2类定义为本地人口，第3到5类定义为流动人口。另外，CFPS 2012调查数据中户籍类型为农村和城市两种。文中根据户口登记地和户籍类型定义了农业转移人口和城市市民。在数据具体处理过程中，本研究删除了问卷回答中缺失以及不适用的数据记录。

最高学历（1为文盲/半文盲，2为小学，3为初中，4为高中/中专/职高等，5为大专，6为大学本科，7为硕士，8为博士）。

（一）民生满意度的差异性分析

表4-1描述了2012年我国民生满意度分户籍类型的均值分布。从中可以发现，全国层面上本地户籍居民平均民生满意度（4.49）要高于非本地户籍居民平均民生满意度（3.88）。从地区层面看，除安徽、山东、湖南、贵州四个省份外，其他地区的本地户籍居民民生满意度均要高于非本地户籍居民民生满意度，但本地户籍居民和非本地户籍居民民生满意度相差并不大，大部分地区相差在1个单位左右。其中，本地户籍居民民生满意度水平最高的省份是山西（5.45），本地户籍居民民生满意度水平最低的省份是河南（3.22），两省相差2.23个单位，非本地户籍居民民生满意度水平最高和最低的省份分别是安徽（8.70）和四川（1.20）。

表4-1　　　　各地区民生满意度分户籍类型的均值分布

地区	户籍		差值	地区	户籍		差值
	本地	非本地			本地	非本地	
全国	4.49	3.88	0.61	天津	4.53	3.97	0.56
四川	4.45	1.20	3.25	山西	5.45	4.91	0.54
江西	4.59	2.20	2.39	重庆	4.61	4.17	0.44
福建	4.80	2.96	1.84	辽宁	3.54	3.25	0.29
湖北	4.43	3.20	1.23	河南	3.22	2.97	0.25
河北	4.46	3.34	1.12	云南	4.66	4.44	0.22
浙江	5.40	4.53	0.87	黑龙江	3.91	3.72	0.19
江苏	4.51	3.80	0.71	吉林	3.54	3.37	0.17
广东	3.50	2.85	0.65	广西	3.93	3.90	0.03
上海	4.01	3.38	0.63	湖南	3.46	3.63	-0.17
北京	4.15	3.54	0.61	贵州	4.57	4.80	-0.23
陕西	4.30	3.72	0.58	山东	4.70	5.36	-0.66
甘肃	3.26	2.69	0.57	安徽	5.18	8.70	-3.52

数据来源：根据《中国家庭动态跟踪调查（CFPS）》（2012）整理得出。

造成这种现象的可能原因，一是由于户籍制度限制，教育、医疗等公共服务很难覆盖外来人口，与本地户籍的居民相比，外来人口基本上难以享受到与本地户籍相同的公共服务，因此外来人口的民生满意度普遍较低。二是由于本地户籍与外来户籍人口同处一个城市，相互间能够彼此观察到对方的公共服务水平及之间的差距，这种直观的公共服务差距导致优势一方的本地居民会获得更强的优越感，进而提升其民生满意度，而弱势一方的外来人口则会进一步降低其民生满意度。

（二）民生福利的差异性分析

农业转移人口与城市市民的权益逐渐均等化是缓解"民工荒"、保障城市中劳动力供给的核心问题。由于与户籍制度相关的一系列制度因素的限制，农业转移人口在城市地区并没有享受到工作和生活方面的公共服务保障。为了全面分析农业转移人口与城市市民在生活状况上的差异，表4-2从个人特征、生活满意度和民生满意度三个方面给出了农业转移人口和城市市民的城市生活状况。

表4-2　　　　　　　　农业转移人口和城市市民的生活状况

维度	变量	城市市民	农业转移人口
个人特征	年龄	47.79	32.82
	性别	0.54	0.55
	婚姻状态	0.80	0.74
	受教育程度	3.58	2.84
	对数收入水平	9.94	9.88
生活满意度	您对自己生活的满意程度	3.36	3.11
	您对未来的信心程度	3.69	3.79
	您的个人收入在本地属于	2.26	2.09
	您在本地的社会地位	2.62	2.28
民生满意度	就业问题在我国的严重程度	6.40	5.74
	教育问题在我国的严重程度	5.74	5.81
	医疗问题在我国的严重程度	6.06	5.92
	住房问题在我国的严重程度	6.14	6.27
	社会保障问题在我国的严重程度	5.67	5.86

从个体特征看，城市市民的受教育程度较高，但在收入方面的优势并不明显。生活满意度方面，总体看来城市市民对于自身收入和社会地位评价比较低，而对于未来和生活比较满意。分人群看，城市市民对生活的满意程度、收入在本地地位以及社会地位三个方面的满意程度均高于农业转移人口，但是城市市民对未来的信心程度却不及农业转移人口，可能的原因是农业人口转移决策一般以家庭为单位，农村家庭在务农和外出打工等选择中分配家庭劳动力以达到家庭收入最大化的目标，因此外出务工的选择增加农村家庭收入且分散了家庭风险，降低了农业转移人口对未来的担忧。另外的原因可能是由于缺乏城市归属感，农业转移人口对未来的信心程度的参照对象为流出地居民，相比流出地，他们的收入水平较高，增加了他们对未来生活的信心。

民生满意度方面，总体看来城市市民和农业转移人口对于城市中民生保障问题严重程度的评分均较高，说明城市劳动力普遍认为城市中的福利体系有待完善。分人群看，市民认为我国就业和医疗问题比较严重，而农业转移人口看重的是医疗和住房问题，说明城市基本公共服务的覆盖程度成为决定农业转移人口流向和充分融入城市生活的重要考虑因素。由于多种因素影响城市市民与农业转移人口福利水平均值之间的差异，因此以下进一步分析了户籍制度限制单因素对城市市民和农业转移人口福利的影响。

二、户籍制度的福利效应：倾向值匹配估计

改革开放后，我国城市经济的高速发展吸引了大量的农村劳动力进入城市部门参与城市建设，为我国经济发展做出了巨大的贡献。然而，城市中针对转移人口的公共服务待遇保障体系构建相对落后，与城市市民同工不同酬，拖欠工资的现象时有发生。推进市民化进程的首要任务就是提高转移人口在城市的福利水平，改革与户籍制度相关联的城市福利制度安排。需要注意的是，这种制度的改革并不是要求一次性、完全的赋予权利，而是要结合城市地区福利现状以及当地的经济总体发展水平综合判断

改革的路径安排。据调查，2011年城镇人口参加养老保险、医疗保险、失业保险以及生育保险的比率分别为41.1%、68.5%、20.7%和20.1%[①]，因此，改革户籍制度相关的城市福利体系需要充分认识农业转移人口与市民之间的福利差距现状，逐步缩小二者之间的福利分割，分阶段、有序地推进市民化进程。

（一）户籍制度福利效应的反事实分析框架

一方面，由于制度因素的限制，农村转移人口与城市市民在就业以及福利获得方面的机会不均等。另一方面，由于个体素质（年龄、人力资本等）等其他条件的限制也会造成二者之间福利的差距。为了分析户籍制度限制的影响，一般建立如下的模型：

$$Y_i = X_i\beta + \alpha TE_i + \mu \tag{4-1}$$

其中，Y_i表示个体i的福利水平[②]；X_i为影响福利获得的其他因素；TE_i为虚拟变量，其中取1时代表个体i为城市市民，否则为农业转移人口；α和β为待估参数，参数α衡量了户籍制度对农业转移人口与城市市民福利差距的影响；μ为随机干扰项。

显然，在评估户籍制度的影响时涉及各种选择问题，例如，自我选择是农业转移人口进入城市时，由于缺乏自我保护意识而对城市保障体系缺乏了解，或者城市归属感较低（不愿意承担城市保障的私人成本）等原因而自我选择不参与城市保障或者选择不提供城市保障的工作机会；管理者选择，由于城市劳动力市场关于农业转移人口福利待遇的保障制度并不完善，因此企业的管理者倾向于选择雇用对社会保障要求较低的农业转移人口。除此之外，管理者选择还包括管理者会选择社会关系较广的城市市民从而谋求企业的发展，因此农业转移人口只能进入劳动密集型行业。从城市劳动力总体样本看，受户籍制度限制的农业转移人口并不是随机样本，因此采用OLS方法估计的（4-1）式参数存在选

---

① 潘家华,等.城市蓝皮书:中国城市发展报告No.6——农业转移人口的市民化[M].北京:社会科学文献出版社,2013:7.

② 本研究的福利水平主要是从收入、生活满意度以及民生满意度三个维度考虑。

择性偏差（Selectivity Bias）。

为了分析户籍制度限制单因素对于农业转移人口和城市市民之间福利水平的影响，本章构建了因果关系的Neyman-Rubin反事实分析框架，所谓的反事实就是指在原因不存在的情况下发生的潜在结果（Potential Outcome）或者事件状态（State of Affairs）（Shadish et al.，2002）。在本章的分析中，城市市民的反事实就是在户籍歧视下的福利水平，相应的农业转移人口的反事实为户籍制度不存在下的福利水平。具体的，假定个体i在城市市民和农业转移人口类别下的福利水平分别为（Y_{1i}，Y_{0i}），则反事实框架可以表示为：

$$Y_i = TE_i Y_{1i} + (1 - TE_i)Y_{0i} \qquad\qquad (4-2)$$

其中，TE_i的意义与（4-1）式相同。

（4-2）式为Neyman-Rubin反事实分析基本框架，整理（4-2）式得：

$$Y_i = Y_{0i} + TE_i(Y_{1i} - Y_{0i}) \qquad\qquad (4-3)$$

其中，$Y_{1i} - Y_{0i}$表示户籍限制对个体i的福利水平Y_i的影响，即户籍和福利水平之间的因果效应，因此在进行因（TE_i）果（Y_i）推断时，需要比较Y_{1i}和Y_{0i}两种结果。由于TE_i的取值为0或者1，因此在现实中仅能观测到个体i在一种状态（0或者1）下的福利水平，构建个体i的反事实（0或者1）下的福利水平成了因果分析的重点内容。本章关注的是将农业转移人口纳入城市福利体系下的福利影响效果[①]，也就是将户籍制度对城市市民福利的影响ATT（Average Treatment Effect on the Treated），即：

$$ATT = E(Y_1 - Y_0 | TE = 1) \qquad\qquad (4-4)$$

从（4-4）式可以看出本章需要构建城市市民在反事实下不可观测到的福利水平Y_0。如果城市中福利体系的分配是随机的，或者说福利赋予对农业转移人口和城市市民是一视同仁的，则可以采用农业转移人口的福利水平均值作为城市市民在反事实（农业户籍）下的福利水平（E（Y_0|TE=

---

① Heckman（2005）指出在政策背景中实质关注的是ATT。在分析政策的效用时，政策对个体是否有效或者对可能分配到政策作用组的个体是否有益是ATT的关注点（Winship & Morgan，1999：666）。

1））的估计值。但是，由于户籍制度与福利赋予密切相关，因此不存在城市市民反事实的福利水平的直接估计值，需要将经过计量方法调整的农业转移人口福利水平作为缺失的反事实福利水平的估计值（Smith & Todd，2005）。一般的处理方法是在农业转移人口中寻找与市民相似的个体，将该个体的福利作为城市市民的反事实福利。出于对数据中变量维度问题的考虑，本章采取倾向值评分（Propensity Score Matching）实现这一目标。

（二）倾向值匹配方法

为了构造城市市民在农业户籍下（潜在）的福利水平，本章采用 Rosenbaum & Rubin（1983）提出的倾向值方法的思想。该方法首先计算倾向值，即在给定观测变量（X）的条件下，个体接受干预（获得城市户籍，本章中主要是指在城市劳动力市场上由于管理者选择偏误造成的农业转移人口和城市市民之间是否赋予福利的差异）的条件概率 P=P（TE|X）。准确地说，倾向值可以看为协变量，在满足可忽略干预分配假定[①]（Ignorable Treatment Assignment Assumption），

$$(Y_1, Y_0) \perp TE \tag{4-5}$$

的条件下，户籍对城市市民福利的影响为：

$$
\begin{aligned}
ATT &= E\left(Y_1 - Y_0 | TE = 1, P\right) \\
&= E\left(E\left(Y_1 | TE = 1, P\right) - E\left(Y_0 | TE = 0, P\right) | TE = 1\right)
\end{aligned}
\tag{4-6}
$$

在实际估计的过程中，本章采用 logistic 模型估计倾向值 P：

$$P = P(TE | X) = E(TE) = \frac{e^{X\beta}}{1 + e^{X\beta}} \tag{4-7}$$

在随后的估计过程中，ATT 的匹配估计量为：

$$\hat{\alpha} = \frac{1}{n_1} \sum_{i \in I_1 \cap S_P} \left[Y_{1i} - \hat{E}(Y_{0i} | D_i = 1, P_i) \right] \tag{4-8}$$

$$\hat{E}(Y_{0i} | D_i = 1, P_i) = \sum_{j \in I_0} W(i, j) Y_{0j} \tag{4-9}$$

其中，I_1 和 I_0 分别代表城市市民样本集合和农业转移人口样本集合；

---

① 如果研究的重点是 ATT，则该假设可以由"强可忽略假设"放松为 $Y_0 \perp TE | P$。

S_P为共同支持域[1]（Common Support Region）；n_1表示集合 $I_1 \cap S_P$ 中样本个数。

（4-9）式表示每一个属于集合 $I_1 \cap S_P$ 的参与者 i 匹配的反事实福利水平为未参与者的福利水平的加权平均，其中权重 $W(i, j)$ 取决于倾向值 P_i 和 P_j 的距离。

本章中采用一般化的核匹配方法——局部线性匹配算法（Local Liner Matching）计算权重 $W(i, j)$，其计算公式为：

$$W(i,j) = \frac{G_{ij}\sum_{k \in I_0}G_{ik}(P_k - P_i)^2 - [G_{ij}(P_j - P_i)][\sum_{k \in I_0}G_{ik}(P_k - P_i)]}{\sum_{j \in I_0}G_{ij}\sum_{k \in I_0}G_{ik}(P_k - P_i)^2 - (\sum_{k \in I_0}G_{ik}(P_k - P_i))^2} \qquad (4-10)$$

其中，$G_{ij} = G((P_j - P_i)/a_n)$，$G(\cdot)$ 为核函数；a_n 为带宽；P 为倾向值。

（三）户籍制度的福利效应

由于户籍制度因素限制，采用简单 OLS 方法估计城市市民和农业转移人口的福利差距时会出现选择性偏误，而匹配模型可以较好地修正这种偏误。本章首先采用倾向值匹配中的非参数匹配方法[2]估计了消除城市中户籍制度对劳动力就业限制的福利效应，估计结果由表4-3给出。

从表4-3可以看出，匹配之后，除了两组的收入差距扩大之外，两组人的生活满意度和民生满意度的差值变化不大。具体的，在控制了个体特征因素后，城市市民和农业转移人口的对数收入差距为0.16，说明相同条件下城市市民的收入比农业转移人口高约16%。生活满意度方面，城市市民对生活满意度比农业转移人口高0.16，也就是说农业转移人口与城市市民之间生活满意度的差距并不明显。值得注意的是，匹配之后城市市民和

---

① 共同支持域是指估计的城市市民和农业转移人口倾向值 P 重叠的样本集合。

② 本研究中估计倾向值 P 的自变量为性别、年龄、年龄的平方、婚姻状况以及教育水平。由于我国教育存在城乡不平等，本研究中的教育水平不仅捕捉了城市市民和农业转移人口自身素质方面的差异，还反映了城乡二元户籍制度方面的城乡差异。在非参数估计中，核函数为高斯核函数。文中结果进行了共同支撑域检验、平衡性检验以及罗森鲍姆界线的敏感性检验。其中，平衡性检验中，本研究采用 Rubin（2001）提出的建议，标准化倾向值偏差的绝对值较小，而处理组和对照组的倾向值方差比率较低。在具体操作中，标准化倾向值偏差绝对值界线为 0.5 个标准差，而方差比率处于区间[1/2,2]。在分析收入时，标准化偏差绝对值为 0.56 个标准差，但是处理组和对照组的倾向值比率接近于1，且罗森鲍姆界线的检验结果认为忽略的混淆变量对倾向值估计影响不大，综合所有检验结果，本研究认为结论可靠。

表4-3 匹配模型估计结果

变量	状态	城市市民	转移人口	差值	T值
对数收入	匹配前	9.94	9.88	0.06	1.49
	匹配后	9.93	9.77	0.16	1.69
生活满意度	匹配前	2.98	2.82	0.16	6.63
	匹配后	2.97	2.81	0.16	3.29
民生满意度	匹配前	6.00	5.92	0.08	1.15
	匹配后	6.02	6.02	0.00	-0.03

农业转移人口对城市中民生问题的严重程度评价相同，说明城市市民的民生满意度与户籍制度相关性不大，城市中民生保障水平有待提高，为了进一步分析户籍制度对不同人群的影响，本章以下分析户籍制度对市民福利效应的异质性。

三、户籍制度福利效应的异质性分析

由于不同的个体不仅在自身特征方面存在差异，而且对于特定的处理、干预或者刺激的反应也不尽相同。例如，项目的效果可能随着倾向值的变动而系统变动。本章在可忽略干预假设下，分析处理效应与倾向值相联系的异质性。

（一）匹配平滑方法

匹配平滑（the Matching-Smoothing Method，MS）方法可以估计处理效应的异质性，克服了平均处理效应同质的假设。典型的匹配方法就是首先将处理（或者非处理）组作为要匹配的目标群组，然后选择合适的非处理（或者处理）组在最近倾向值原则下进行匹配。因此，该方法的便利之处在于容易获得匹配的处理组和非处理组差距的均值——ATT。MS方法利用匹配的思想，估计处理组和非处理组个体差异与倾向值的关系，该方法包含以下几个步骤（Yu Xie et al.，2012）：

（1）首先估计总样本中所有个体的倾向值。

（2）根据倾向值，按照相应的匹配算法对控制组的个体进行匹配，并计算控制组的反事实结果。

（3）计算非处理组（城市市民组）个体i的实际结果和反事实结果的差值①（ATT^{MS}），假设ATT^{MS}与倾向值P的关系为：

$$ATT^{MS} = m(P) + \varepsilon \tag{4-11}$$

其中m（P）为ATT^{MS}对P的条件回归函数；ε是均值为0且方差为σ^2的随机干扰项。

随后，采用内核修匀（Kernel Smoothing）方法估计（4-11）式，从而得到处理效应异质性的曲线，即匹配差距（ATT_i）相对于倾向值的非参数平滑趋势，即：

$$\hat{m}(P) = \frac{\sum_{i \in I_1} K_h(P - P_i) ATT_i^{MS}}{\sum_{i \in I_1} K_h(P - P_i)}, \qquad K_h(x) = h^{-1} K(x/h) \tag{4-12}$$

其中K（·）为核函数。

（二）户籍制度影响异质性分析

1.户籍制度对收入影响异质性

我国城乡二元经济结构及制度安排造成我国城乡完全不同的生活和消费方式。城市中的农业转移人口依然保持了农村的生活和消费习惯，而收入水平提高不仅决定了城市对农业转移人口的吸引力，也是其融入城市生活的重要保障，因此户籍制度的收入效应对农业转移人口的流向以及分布具有举足轻重的作用。图4-1给出了户籍制度对城市市民和转移人口收入差距影响的异质性。从图4-1可以看出，随着倾向值（能力）变动，户籍制度对收入差距影响呈现"U"形关系，即户籍制度会增加城市市民中倾向值较高（约大于0.9）和较低（约小于0.5）劳动者的收入。然而，户籍制度却会降低处于倾向值中间位置（倾向值得分约为0.5~0.9；或者称之为中端劳动力）劳动力的收入。说明虽然农业转移人口在城市中只能从事

---

① $ATT_i^{MS} = Y_{1i} - \hat{E}(Y_{0i}|D_i = 1, P_i)$。

劳动环境差以及强度高的工作，但是至少在收入方面中端的农业转移人口得到了部分补偿。另外，户籍制度对于能力高和能力低人群的收入影响具有不对称性，对城市市民能力较低的劳动力的收入保护效果显著，而城市市民中能力较强劳动者的增收效应较小。也就是说，城市户籍制度保障了城市市民中倾向值偏低劳动力的收入水平。

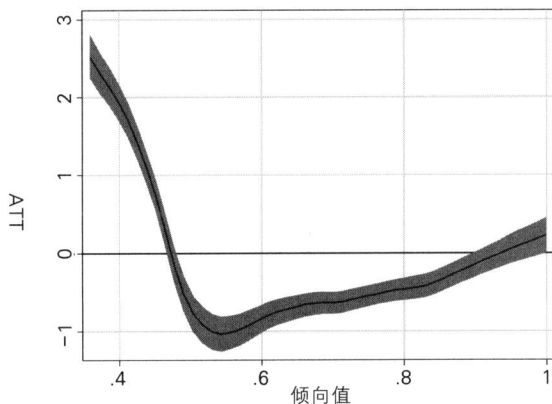

图4-1　户籍制度对收入影响的异质性

　　由于我国经济发展并不平衡，城市和城郊地区①的收入水平也存在差异，因此本章分析了城市和城郊地区户籍制度对收入影响的异质性。图4-2和图4-3分别给出了城郊和城市地区户籍制度对收入影响的异质性。

　　图4-2显示，在城郊地区，随着能力（倾向值）的提高，户籍制度对城市市民和转移人口之间收入差距的影响效应逐渐增加。需要注意的是，城市市民的能力较强（倾向值高于0.9）时，户籍制度才出现微弱的增收效应，且增收效应在0值附近，并不显著。说明对于城郊地区大部分农业转移人口，户籍制度并未成为城市市民收入水平的保护伞。这可能是由于农业转移人口中的低端（倾向值较低）劳动力只能进入劳动密集型的行业工作，而这些工作恰恰是本地的城市市民不愿意从事的工作类型，因此其

---

① 本章研究分析的是城市地区，城市和城郊按照调查数据中的社区类型分类。

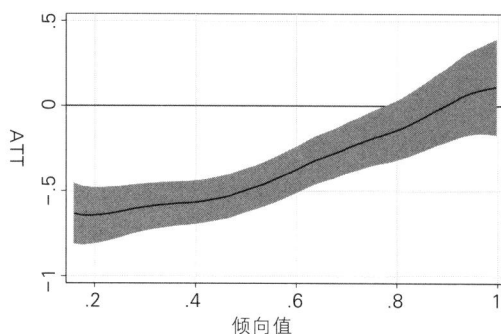

图 4-2　城郊户籍制度对收入影响的异质性

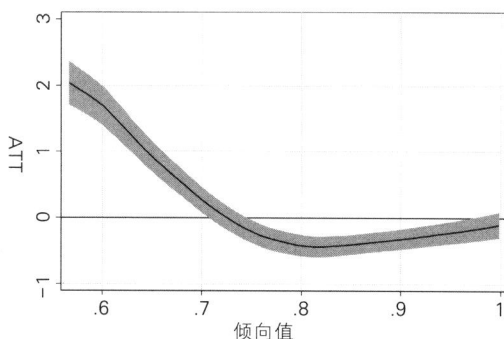

图 4-3　城市户籍制度对收入影响的异质性

收入水平可能相对较高。总体看来，城郊地区本地城市市民的收入水平低于同等能力农业转移人口的收入，说明城郊地区劳动力市场行业进入限制较少且竞争性较大，因而工资的市场化程度较高。

　　与城郊地区相比，图 4-3 中城市地区户籍制度对收入影响的异质性显示了不同的变动轨迹。从图 4-3 可以看出，城市地区户籍制度对收入影响随着倾向值的增加而不断下降。也就是说城市地区户籍制度可以提高能力（倾向值）低于 0.7 的劳动力人群收入水平，但对于倾向值大于 0.7 的劳动力收入影响为负。这说明城市地区的就业保障水平高，保障了中端倾向值（0.5~0.7）劳动力的收入水平，而户籍制度对高端倾向值（大于 0.7）劳动力收入影响力相对较小，说明城市地区吸引高端倾向值劳动力融入城市生活的动力不足。

总之，从收入角度看，城郊地区的户籍制度对农业转移人口影响不大，而城市地区户籍制度对中端（0.5~0.7）劳动力的增收效应较大，对高端（大于0.7）劳动力收入的影响为负。值得注意的是，无论是城市地区还是城郊地区的城市市民和农业转移人口中的高端劳动者收入都会逐渐趋同，说明城市中的高端劳动力市场的竞争性和一体化程度较高。因此，推进我国城市地区的户籍制度改革需要逐步提升高端劳动力的就业保障，促进高端的农业转移人口在城市落户。城郊地区户籍制度改革的关键在于提高整体劳动力的综合保障水平。

2.户籍制度对生活满意度影响异质性

生活满意度是城市居民对于城市生活方式的总体评价，而对于转移人口，生活满意度是其在流入地的生活状态和幸福感的反映。由于户籍制度改革的最终结果是农业转移人口融入城市生活，结束"候鸟式"的迁移生活，也是加快推进我国城镇化进程的重要内容，因此，有必要研究户籍制度对城市中不同人群生活满意度的影响。以下本章也分析了城市市民和农业转移人口的生活满意度的差异。

从图4-4可以看出，随着倾向值（能力）的增加，户籍制度增加了城市市民对于生活的满意程度。特别的，户籍制度限制对中端（倾向值约为0.6）劳动力的生活满意度的影响最大，也就是说城市市民中的中端劳动力，在生活、社会地位等方面受益于户籍制度。本章进一步分析了城郊和城市地区户籍制度对生活满意度影响的异质性。

图4-5和图4-6显示，户籍制度对城郊和城市地区的生活满意度影响不同。城郊地区户籍制度对生活满意度的影响与倾向值之间呈现"U"形关系，但是户籍制度增加了该地区城市市民的生活满意度。在城市地区，户籍制度对生活满意度的影响随着倾向值的增加逐渐下降，最终下降到零左右。说明户籍制度对城市高端劳动力（倾向值大于0.8）的生活满意度的影响不大，也就是说，城市中高端劳动力的生活满意度并不直接与户籍制度相关。

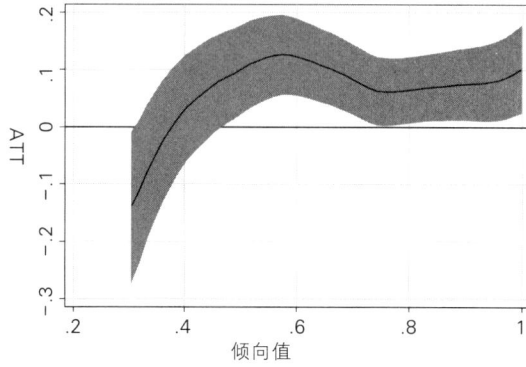

图4-4　户籍制度对生活满意度影响的异质性

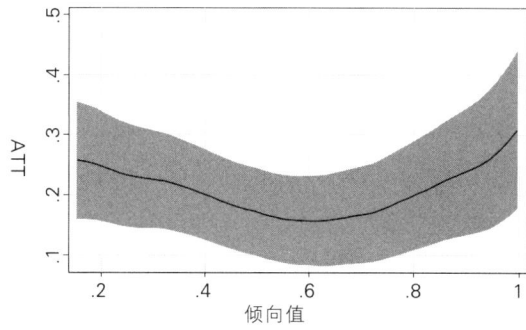

图4-5　城郊户籍制度生活满意度影响的异质性

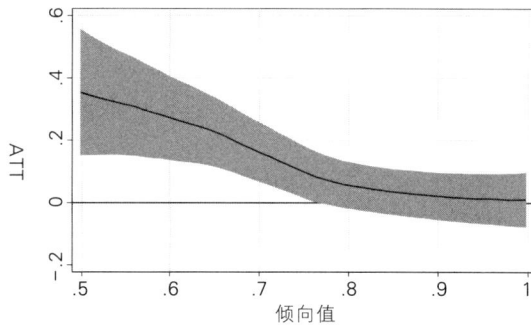

图4-6　城市户籍制度生活满意度影响的异质性

3.户籍制度对民生满意度影响异质性

推进我国城镇化进程要求逐渐剥离与户籍制度相关的社会保障体系，消除歧视性的制度安排，保障农业转移人口权利，增进福祉和促进公平。本章从社会保障体系的需求层面研究户籍制度改革对社会保障体系的需求影响程度，图4-7给出了户籍制度对民生满意度影响异质性。

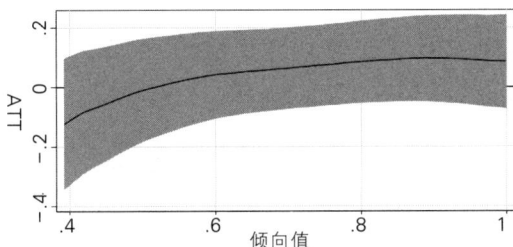

图4-7　户籍制度对民生满意度影响的异质性

从图4-7可以看出，随着倾向值（能力）的增加，在户籍制度限制下，城市本地市民对民生的担忧程度会随倾向值的提高而逐渐增加。但是，户籍制度对中端劳动力（倾向值为0.4~0.6）民生担忧程度的影响为负，说明城市市民中的中端劳动力（倾向值为0.4~0.6）对民生保障水平的满意度比农业转移人口略高。对于城市市民的高端劳动力（倾向值大于0.6），户籍制度保护并未降低其对城市民生保障的担忧程度。总体来说，户籍制度限制对城市市民和农业转移人口民生担忧程度差异的影响力非常小，平均为-0.2~0.2，说明即使在享受民生保障的机会方面存在城乡差异（孟凡强等，2014），城市市民和农业转移人口对城市总体的保障体系的担忧程度基本相同。

分居住地类型看，随着倾向值增加，城郊地区户籍制度限制会降低本地市民对民生保障的担忧，而在城市地区的户籍制度限制下，本地市民对民生的担忧程度比转移人口高，二者之间的差异会随着倾向值的增加而增加。综合来看，城郊地区的综合保障水平比城市地区低，从而能够为转移人口提供的民生保障较少，相应的民生保障水平均等化程度较低，进而造

成了城郊地区转移人口对民生保障的担忧程度偏高。城市地区中，由于民
生保障水平较高，吸引的农业转移人口的能力以及融入城市生活的意愿也
比较高。而城市地区本地居民不仅面临城市中高昂的生活成本和不确定
性，在工作上也面临着与相对较高素质的农业转移人口的竞争，因此与能
力相似的农业转移人口相比，城市地区中城市市民对于整体民生保障需求
和担忧程度会更高。

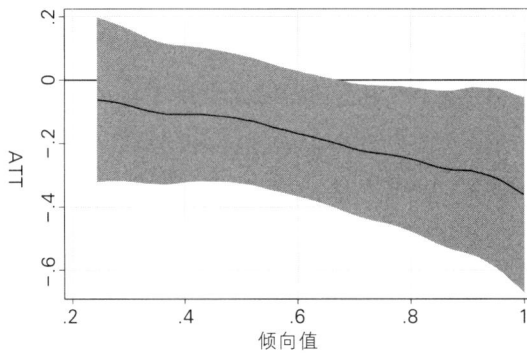

图4-8　城郊户籍对民生满意度影响的异质性

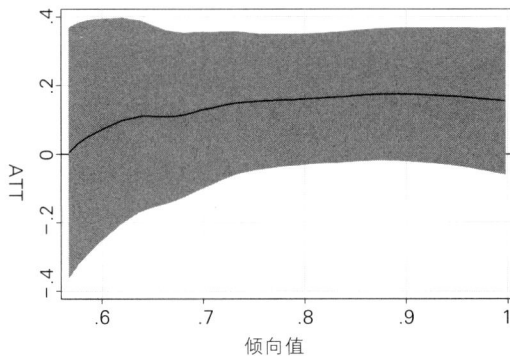

图4-9　城市户籍对民生满意度影响的异质性

总体看来，户籍制度限制降低了中端劳动力的收入水平，却提高了中
端劳动力的生活满意度，同时还降低了其对民生保障问题的担忧程度，说

明城市中针对城市市民的保障体系一定程度上缓解了中端劳动力追求高收入保障生活水平的压力。由于农业转移人口并未纳入城市保障体系，其收入高的部分主要是依靠增加劳动时间和强度获得的，生活压力大，对生活和民生问题的担忧程度相应比较高。从居住类型看，随着劳动力自身能力（倾向值）的提高，城郊地区的户籍制度限制对收入、生活满意度和民生问题担忧程度的影响越小。而城市地区，消除户籍制度限制的相关政策受益者为低端劳动力，对于高端劳动力的影响较小。总之，城市市民与农业转移人口在收入、生活满意度以及民生满意度等福利方面的差距会随着能力（倾向值）的提高逐渐下降，即农业转移人口中的高端（倾向值高）劳动者在收入、生活满意度以及民生满意度方面受户籍影响程度较低。

四、户籍制度福利影响的"直接效应"对市民化的政策启示

改革开放以来，大规模的农业转移人口对我国城市经济建设的贡献有目共睹，但长期以来农业转移人口不仅在工作收入和机会方面受户籍制度限制，而且在城市福利保障体系中缺席。当前新一轮的户籍制度改革重点在于提高农业转移人口的城市保障水平，而这有赖于全面把握当前城市中农业转移人口和城市市民之间福利差距的现状，即仅由户籍制度造成的福利差距。本章使用倾向值匹配和匹配平滑方法，采用中国家庭追踪调查（CFPS）数据，估计了我国城市户籍制度限制对农业转移人口的城市福利影响及其异质性。结果表明：

第一，将城市市民和农业转移人口的样本按照能力匹配后，在户籍制度限制下，城市市民的收入比农业转移人口高约17%，但是两组人群在生活满意度和民生满意度方面的差异并不显著，说明城市市民的生活压力偏大；两者对加强城市民生保障的要求相似，且民生保障要求与户籍制度的关联性不强。

第二，在户籍制度对城市市民福利效应的异质性方面，城市市民中中端劳动力的收入水平较相似的农业转移人口低，却对生活的满意度较高，且对民生保障问题的担忧程度较低。说明城市中与户籍制度相连的社会保

障体系在一定程度上缓解了城市市民追求高收入保障生活水平的压力。

第三,从居住类型看,城郊地区倾向值越高,户籍制度的限制作用越低。与之相反,城市地区,户籍制度提高了城市市民中的低端劳动力的收入和福利水平,但对高端劳动力的影响不大,因此城市地区旨在为吸引高端劳动力的户籍制度改革可能面临逆向选择风险。

第五章

户籍分割、迁移时间与农民工城市融入

　　本章将重点考察迁移时间所带来的动态效应，以进一步解释为什么要市民化。考虑到职业作为一种重要的"报酬机制"，同时也是经济社会地位重要的"标识"，在决定农民工是否能够在经济社会地位层面融入城镇起到关键性的"中介"作用（吴晓刚、张卓妮，2014），本章将从职业的角度切入，认为农民工可以通过如下两个途径来动态缩小与城镇职工的工资差距：（1）通过持续地在一个职业里积累更多工作经验和更为熟练的工作技能来获取更高的工资水平；（2）通过不断获得更高水平的劳动技能来攀爬职业阶梯。而迁移时间的延长不能消除农民工和城镇职工隔离与工资差距，从而说明推进农业转移人口市民化的必要性。

一、基于职业视角的农民工融入问题分析

　　已有研究从经济社会地位的角度研究农民工的城市融入，主要落脚点集中在探讨农民工与城镇职工的工资收入差距及差距产生的根源上。极少从动态的角度探讨延长迁移时间对促进农民工城市融入的影响。事实上，我们在探究农民工城市融入问题时，最终的落脚点应是在逐步缩小农民工与城镇职工的差距上。因为在理论上，随着在城镇地区务工的时间增加，农民工逐步积累与城镇地区相适应的工作经验，从而逐渐缩小与城镇职工

的差距，真正意义上实现城市融入。

已有关于农民工与城镇职工工资差距及工资同化的文献，为我们研究城镇化背景下，农民工通过延长迁移时间、积累非农工作经验来融入城市提供了诸多有益的思考和借鉴。由此启发我们在将职业作为"中介"的基础上，充分考虑迁移时间的效应，从动态的角度研究农民工的城市融入问题。本章从职业角度切入，利用扩展的明瑟方程并基于 CHIPS 2007 的城镇住户和农民工调查数据，分别从职业流动和职业内工资同化两个角度展开实证研究：一方面，从职业流动的角度来考虑，农民工进城后，能否随着时间的推移来消除城镇劳动力市场上的职业隔离；另一方面，从职业内的角度来考虑，考察随着时间的推移，各职业内农民工工资是否能实现与城镇职工工资的同化。

本章主要从职业流动和职业内工资同化的动态视角来研究农民工的融入问题。为此，我们将建立两个不同的基准模型来对农民工的融入情况进行刻画。基于 Chiswick（1978）的分析框架，首先采用职业得分[1]的方法，赋予所研究的样本职业得分，刻画农民工的职业流动情况；然后，采用小时工资来衡量收入水平，从职业内的角度探讨农民工与城镇职工的工资同化情况。

（一）职业流动方程

本章使用职业流动方程来刻画农民工的职业流动情况，具体形式如回归模型 1 所示：

$$\ln score = \alpha_0 + \alpha_1 M + \alpha_2 Year \times M + \alpha_3 Year^2 \times M + \alpha_4 E + \alpha_5 E^2 +$$
$$\sum_{j=2}^{4} \gamma_j Edu\_level_j + \sum_{m=2}^{3} \beta_m Cohort_m + X\theta + \varepsilon \qquad (5-1)$$

（5-1）式中，$\ln score$ 为职业得分的对数；M 为农民工的虚拟变量：$M=1$ 代表农民工，指在城镇劳动力市场上的具有农业户籍的人，$M=0$ 代表城镇职工，指在城镇劳动力市场上具有城镇户籍的人；$Year$ 为农民工

---

[1]　基于 Abramiktzy 等（2014）的研究方法，本章采用具体职业内工作人员的小时收入的中位数作为这个职业的职业得分。

迁移的持续时间；E 代表工作经验；Edu_level_j，$j = 1, 2, 3, 4$ 分别代表小学及以下、初中、高中以及大学及以上的学历；特别地，$Cohort_m$，$m = 1, 2, 3$ 分别代表农民工 2000 年以后、1990—1999 年以及 1990 年之前进城的虚拟变量；ε 表示模型残差项。本章所研究的农民工进城时间跨度较大（1~30 年），在此期间内，宏观经济环境以及劳动力市场经历了数次重要变动，从而导致在不同时间段内进城务工的农民工群体的自身素质存在显著差别（Borjas，1985）。所以，本章对农民工的进城时间段进行了控制[①]。X 代表一系列影响职业得分的控制变量，其中包括性别、婚姻状况、健康状况、家中学龄前儿童数量、家中在校生数量、所从事的行业与所在城市等；ε 代表残差项。上述模型中，农民工与城镇职工的职业得分差距可以表述为：

$$D\_score = E(\ln score | Z, M = 1) - E(\ln score | Z, M = 0)$$
$$= \sum_{m=2}^{3} \beta_m Cohort_m + \alpha_1 + \alpha_2 Year + \alpha_3 Year^2 \tag{5-2}$$

（5-2）式中，D_score 是一个离散的随机变量，表示农民工与城镇职工的职业得分差距；$Z = (Exper, Edu_1, Edu_2, Edu_3, X)$，表示包括工作经验、受教育水平和其他个体特征在内的控制变量。

假设有 m 类职业，那么：

$$E(\ln score | Z, M) = \sum_{k=1}^{m} \ln score_k \times P(R \in O_k | Z, M) \tag{5-3}$$

（5-3）式中，$P(R \in O_k | Z)$ 表示在给定个体特征 Z 的情况下，个体 R 从事第 k 类职业的概率。由于同一职业内，农民工和城镇职工的职业得分相同，所以职业得分差距主要来源于在给定个体特征 Z 的情况下，农民工和城镇职工从事各职业的概率分布的差别。若职业得分差距小于零，则说明在个体特征相同的情况下，农民工具有更大的概率从事职业得分较低的行业，农民工面临着进入高收入职业的障碍。当农民工迁移的持续时间

---

① 由于在 1978—2008 年这 30 年期间，我国加入了 WTO、废除了农业税、沿海地区发生了"用工荒"等事件对农民工群体质量可能有一定的影响，但是很难找到具体的时间点来对整个时间段进行划分，所以，本章采取以 1900 年、2000 年作为时间的分界点。

为零时，职业得分差距为 α_1。因此，α_1 测度了农民工与城镇职工的初始职业得分差距。这种差距可能源于如下几种原因：①农民工在进城前的劳动技能无法转化为进城后的劳动生产力；②农民工对城镇地区的劳动力市场不熟悉，无法找到与之能力相匹配的工作；③城镇劳动力市场的户籍歧视等。$\alpha_2 + 2\alpha_3 \times Year$ 衡量了随着迁移时间的持续增加，农民工发生职业流动的速度。当职业得分差距为零时，农民工能完全消除与城镇职工的职业得分差距。所以，模型1能检验随着迁移时间的增加，农民工能否消除进入高收入职业的障碍。

（二）职业内工资同化方程

从职业内的角度考虑，即使处于同一职业内，农民工与具有相同特征的城镇职工相比，其工资收入仍相对较低。接下来，本章将使用回归模型2来比较不同职业内农民工与城镇职工的小时工资同化情况：

$$\ln wage = \alpha_0 + \alpha_1 M + \alpha_2 Year \times M + \alpha_3 Year^2 \times M + \alpha_4 E + \alpha_5 E^2 +$$
$$\sum_{j=2}^{4} \gamma_j Edu\_level_j + \sum_{m=2}^{3} \beta_m Cohort_m + X\theta + \nu \tag{5-4}$$

（5-4）式中，$\ln wage$ 表示小时工资收入的对数；ν 表示模型误差项。与模型1中 $\ln score$ 不同的是，$\ln wage$ 是一个连续的随机变量。我们分职业建立农民工的工资动态同化方程，深入考虑各职业内农民工与城镇职工的工资差距及其动态同化情况。在某一具体职业内，农民工与城镇职工工资收入差距为：

$$D\_\ln wage = E(\ln wage|Z, M=1) - E(\ln wage|Z, M=0)$$
$$= \sum_{m=2}^{3} \beta_m Cohort_m + \alpha_1 + \alpha_2 Year + \alpha_3 Year^2 \tag{5-5}$$

（5-5）式中，$D\_\ln wage$ 为农民工与城镇职工工资收入差距。农民工与城镇职工的工资收入差距主要来源于在给定个体特征 Z 下的平均小时工资差距。α_1 测度了农民工与城镇职工的初始工资差距，$\alpha_2 + 2\alpha_3 \times Year$ 衡量了随着迁移时间增加，农民工与城镇职工工资同化的速度。当农民工与城镇职工工资收入差距为零时，农民工能消除与城镇职工的工资差距。

二、职业特征对农民工城市融入影响的实证检验

(一) 数据及变量的描述性统计

本章使用的数据主要来源于 CHIPS 2007 的城镇住户和流动人口调查数据，包含 5 000 个城镇家庭和 5 000 个农民工家庭样本。CHIPS 2007 的调查范围覆盖全国 9 个省份，主要集中在农民工流入和流出最大的几个省份和相应城市，其中包括河北、江苏、浙江、安徽、河南、湖北、广东、重庆和四川。CHIPS 2007 中的城镇住户调查由国家统计局执行，而农民工的调查则由北京师范大学收入分配研究院执行。

基于本章的研究目的，我们对 CHIPS 2007 调查数据集进行了如下处理：（1）将样本限制在 16~65 岁并有工作的劳动者中，并且删除了城镇职工和农民工中从事和农业相关的职业的样本；（2）仅保留了农民工中具有本地农业户籍和外地农业户籍的样本，城镇职工中具有城市户籍的样本；（3）排除了个别移民持续时间超过 30 年的农民工观测样本；（4）剔除了工资收入为零和收入异常的样本；（5）剔除缺失工资收入、受教育水平和职业类别等关键变量的样本。

最终，得到 4 108 个城镇职工样本，3 314 个农民工样本。

表 5-1 给出了城镇职工和农民工各特征变量的描述性统计结果。

表 5-1 变量的描述性统计

变量	城镇职工		农民工	
	均值	标准差	均值	标准差
工资/月（元）	2 308	1 651	1 670	936.8
工作时间/周（小时）	43.90	11.19	66.51	18.90
工资/小时（元）	14.58	22.48	6.750	4.210
迁移时间（年）	—	—	10.42	6.150
年龄（岁）	40.42	7.227	35.09	6.780
工作经验（年）	22.27	8.624	20.46	7.550

续表

变量	城镇职工		农民工	
	均值	标准差	均值	标准差
性别（男—1，女—0）	0.539	0.499	0.630	0.480
民族（汉族—1，其他—0）	0.988	0.107	0.990	0.120
健康状况（非常好=1，较好=2，一般=3，较差=4，很差=5）	2.083	0.692	1.770	0.740
教育年限（年）	12.16	3.292	8.630	2.340
受教育水平				
小学及以下	0.0210	0.142	0.170	0.380
初中	0.180	0.384	0.590	0.490
高中	0.381	0.486	0.220	0.410
大学及以上	0.418	0.493	0.020	0.130
婚姻状况				
已婚/同居	0.968	0.175	0.960	0.190
离婚/丧偶	0.030	0.172	0.020	0.130
未婚	0.000	0.000	0.020	0.140
学龄前儿童数目（人）	0.801	0.528	0.892	0.778
在校孩子数目（人）	0.272	0.457	0.483	0.565
职业				
1.熟练技术人员	0.562	0.496	0.048	0.213
2.制造业和运输业设备操作人员	0.163	0.369	0.270	0.444
3.商业与服务人员	0.208	0.406	0.466	0.499
4.其他不便分类别的职业	0.067	0.250	0.216	0.412

　　样本中，农民工的人数为3 314，占样本总量的45%。农民工的迁移时间是我们关心的重要变量，其平均值为10.41年。对比城镇职工与农民工的各特征变量后发现，两者在诸多方面都存在显著的差别。从小时工资

和工作时间来看，农民工的平均小时工资为 6.75 元，而城镇职工的平均小时工资为 14.58 元。与此同时，农民工却比城镇职工每周平均多工作约 23 个小时。从性别、年龄以及健康状况来看，农民工中男性占比明显高于城镇职工。农民工的平均年龄为 35.09 岁，比城镇职工平均年轻约 5 岁。农民工的平均健康程度也高于城镇职工。这表明，到城镇地区务工的农民工主要以青壮年的劳动力为主。从受教育程度来看，城镇职工平均接受正规教育的年限为 12.16 年，主要以高中和大学教育程度为主；农民工的受教育程度却显著低于城镇职工，平均接受正规教育的年限比城镇职工低约 3 年，并且主要以初中教育程度为主。从职业来看，城镇职工中熟练技术人员（企事业单位负责人、专业技术人员或办事人员）的占比超过了 50%，而超过 90% 的农民工从事后三类职业，其中，从事商业和服务业的占到近 50%。图 5-1 给出了城镇职工和农民工的职业分布情况。

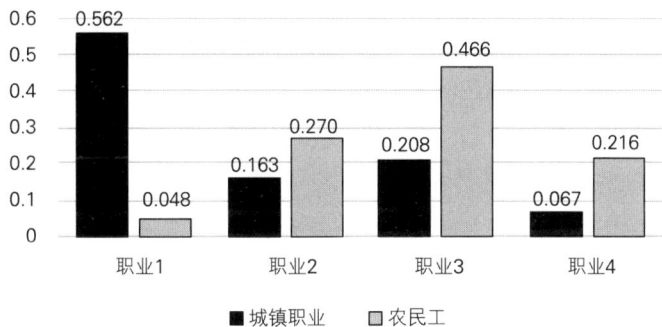

图 5-1　城镇职工和农民工的职业分布图

　　农民工的职业流动是本章的研究重心之一，即农民工能否通过延长迁移时间来实现从低收入职业到高收入职业的流动，从而消除在城镇劳动力市场上面临的职业隔离。为了研究职业流动，我们需要对每一类职业进行赋值，从而衡量各职业的相对经济地位。表 5-2 给出了每一类职业内城镇职工、农民工以及两者混合样本的工资收入中位数。参考 Abramiktzy 等（2014）的处理方法，我们将各职业内混合样本收入的中位数定义为该职业的职业得分（Score），并作为职业流动方程中的被解释变量。

表5-2　　　　　　　　　　　　　职业得分

职业类型	整体		农民工		城镇职工	
	N	score	N	wage	N	wage
职业1	2 467	12.87	158	7.5	2 309	13.75
职业2	1 565	7.14	896	6.49	669	8.50
职业3	2 398	5.94	1 544	5.21	854	7.50
职业4	992	5.95	870	5.36	276	7.14

从职业得分来看，第一类职业的得分最高，为12.87，职业3的得分最低，为5.94，前三类职业的得分依次减少。职业4与职业3的得分相近。总体来看，职业得分能较好地将各类职业进行区分。此种处理方式的优点是，如果农民工与城镇职工具有相同的职业，那么此时两者的职业得分相同，这样就有效地控制了农民工与城镇职工职业内部的工资差异，从而便于进行职业流动的研究。

（二）实证结果

1.职业流动方程的估计结果

表5-3列出了模型1和模型2的估计结果。

表5-3　　　职业流动方程及职业内工资动态同化方程的估计结果

项目	回归模型1	回归模型2			
	职业得分	职业1	职业2	职业3	职业4
农民工	−0.1877***	−0.1430	−0.3950***	−0.4699***	−0.5868***
	(0.013)	(0.158)	(0.056)	(0.048)	(0.113)
农民工×迁移时间	0.0025	−0.0350	0.0165	0.0216***	0.0357**
	(0.002)	(0.039)	(0.010)	(0.008)	(0.018)
农民工×迁移时间的平方	−0.0001	0.0024	−0.0004*	−0.0008**	−0.0014**
	(0.000)	(0.002)	(0.000)	(0.000)	(0.001)
初中学历	−0.0008	0.1792*	0.0643*	0.1041***	0.0331
	(0.008)	(0.103)	(0.034)	(0.030)	(0.051)

续表

项目	回归模型1	回归模型2			
	职业得分	职业1	职业2	职业3	职业4
高中学历	0.0703***	0.3308***	0.1829***	0.1721***	0.1675***
	(0.011)	(0.101)	(0.039)	(0.038)	(0.065)
大学及以上学历	0.2666***	0.6921***	0.2890***	0.3210***	0.2622**
	(0.015)	(0.103)	(0.066)	(0.061)	(0.117)
经验	−0.0009	0.0138**	−0.0083	0.00390	0.0074
	(0.002)	(0.006)	(0.007)	(0.007)	(0.013)
经验的平方	0.0000	−0.0002	0.0000	−0.0002*	−0.0003
	(0.000)	(0.000)	(0.000)	(0.000)	(0.000)
1990—1990年进城	−0.0071	−0.0899	0.0231	−0.0416	−0.0058
	(0.011)	(0.164)	(0.048)	(0.039)	(0.078)
1990年之前进城	−0.0045	−0.5320	0.0596	0.0747	0.0365
	(0.019)	(0.349)	(0.090)	(0.079)	(0.147)
常数项	2.2073***	1.6095***	1.5870***	1.0670***	1.4348***
	(0.065)	(0.240)	(0.196)	(0.308)	(0.393)
样本量	7 417	2 464	1 563	2 398	992
R^2	0.508	0.375	0.344	0.316	0.249

注：括号中为稳健的标准差；*、**和***分别表示在10%、5%和1%的水平上显著。表中省略了包括性别、民族、婚姻状况、健康状况、行业和所在城市在内的一系列控制变量。

模型1的估计结果显示，在控制了工作经验、受教育水平以及婚姻状况等反映个体特征的变量后，农民工虚拟变量的系数为−0.1877，而农民工与迁移时间、农民工与迁移时间平方项的系数则均不显著。这意味着，在进城之初，农民工的职业得分就要比城镇职工低18.77%，且随着迁移时间的增加，农民工与城镇职工的职业得分差距没有发生显著的变化。这说明，在进城之初，与城镇职工相比，农民工进入相对较高收入职业的概率更低，这些职业对农民工而言，可能存在职业隔离。在剔除人力资本以及个人特征的影响后，发现农民工面临的职业隔离并不能随着迁移时间的延长而逐渐缩小。总的来看，农民工的职业相对固化，与城镇职工相比，主要集中在相对低收入的职业。

此外，模型1回归结果还表明，受教育水平越高，发生职业流动的可能性就越大：与具有初中和小学及以下学历的群体（无论是农民工还是城镇职工）相比，具有高中学历的群体，其职业得分平均高出7.03%，具有大学及以上学历的群体，其职业得分平均高出26.66%。值得一提的是，模型1中农民工进城各时间段的虚拟变量的系数不显著，也就是说与2000年及以后进城的农民工相比，前期进城的农民工群体素质并没有显著的区别。说明在本章所研究的时间段内，农民工的群组差异性并不明显。

2.职业内工资同化方程的估计结果

从职业内的角度来看，除职业1以外，其他各职业内农民工与城镇职工都存在显著的初始工资差距。职业1的估计结果表明，农民工虚拟变量、农民工与迁移时间项、农民工与迁移时间的平方项均不显著。这说明，在职业1中，农民工与城镇职工没有显著的初始工资差异，而且随着迁移时间的增加，农民工相对于城镇职工的工资收入也没有发生显著的变化。职业2~职业4的估计结果呈现出较为一致的情形：农民工虚拟变量的系数显著为负，农民工与迁移时间项的系数显著为正（除职业2外），农民工与迁移时间平方项的系数显著为负。上述估计结果说明，在职业2~职业4中，农民工与城镇职工存在显著的初始工资差异，并且随着迁移时间的增加，农民工相对于城镇职工的工资收入会发生显著的变化。具体来说，在一定迁移时间之前，农民工在城镇地区多待一年，他们对城镇地区劳动力市场的熟悉程度就会相应的增加，这将带来农民工相对于城镇职工小时工资的上升和工资差距的缩小，但由于经验的回报率呈现边际递减的趋势（农民工与迁移时间平方项的系数显著为负），当迁移超过一定时间后，农民工与城镇职工的工资差距将进一步拉大。上述研究结论与陈珣和徐舒（2014）从整体层面探讨农民工工资动态同化所得出的研究结论存在显著的差异。他们的研究表明，具有不同初始工资水平的农民工经过10~58年能达到与城镇职工相同的工资水平。而本章的研究显示，除职业1以外，其他各职业内农民工与城镇职工都无法实现工资同化。这也进一步印证了整体的工资同化会掩盖在某些职业内农民工工资无法同化的事实。

为了更为清晰地观察不同职业内农民工小时工资的同化趋势，我们给出了图5-2。如图5-2所示，职业2~职业4内迁移时间（ *year* ）与小时工资差距（ *D_* ln *wage* ）呈现倒"U"形。在迁移之初，这三类职业内农民工与城镇职工的小时工资都存在显著且不等的差距，随着迁移时间的增加，农民工的小时工资收入开始逐渐向城镇职工收敛，直到两者的差距达到最小，之后，差距又开始进一步拉大。具体地，职业2（制造业和运输业设备操作人员）内的农民工在持续迁移21年后，与城镇职工的小时工资差距达到最小，由初始的39.50%缩小到22.49%；从事职业3（商业和服务业人员）的农民工在持续迁移13年后，与城镇职工的小时工资差距达到最小，由初始的46.99%缩小到32.43%；从事职业4（其他不便分类别的职业）的农民工在持续迁移13年后，与城镇职工的小时工资差距达到最小，由初始的58.68%缩小到35.93%。不同职业的农民工工资趋同函数都较为一致地表明，即使迁移时间超过25年，职业2~职业4内的农民工也无法实现与城镇职工的工资同化。这说明，在低收入职业内（职业2~职业4），农民工无法实现工资同化是一种普遍现象，但在高收入职业内并不存在这种情况。

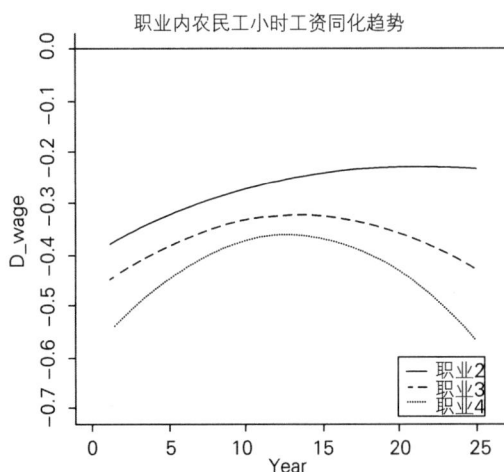

图5-2　职业内农民工小时工资同化趋势

职业内工资同化方程的估计结果还表明，在各职业内，受教育水平的提高可以显著地降低初始工资差距。农民工进城各时间段的虚拟变量均不显著。这说明，与2000年及以后进城的农民工相比，前期进城的农民工群体素质并没有发生显著的变化。因此，在本章所研究的时间段内，农民工群组的差异性并不明显。

三、农民工融入速度的影响因素探究

上文的研究发现，迁移时间对职业流动和职业内工资差距有着较为显著的异质性影响。从职业流动的角度来看，农民工所从事的职业的分布状况并不随迁移时间的增加而发生显著的变化，其职业固化现象十分明显。从职业内工资同化的角度来看，在职业2~职业4中，农民工无法通过延长迁移时间来实现与城镇职工的工资同化。那么，究竟是哪些因素影响了农民工的融入速度呢？本节我们将深入探讨此问题。[①]

（一）影响农民工融入速度的主要因素

从已有的研究来看，农民工融入城镇劳动力市场的速度可能受到如下几方面因素的影响：（1）受教育水平。Borjas（1980）的研究表明，相较于受教育程度低的移民而言，受教育程度高的移民的工作技能和学习能力更强，他们在进入迁移地劳动力市场后，会更迅速地适应当地的就业环境，因此会更容易地找到相对回报率更高的工作。（2）技能培训。Friedberg（2000）、Eckstein和Weiss（2004）的研究指出，移民在进入迁移地劳动力市场后，往往会选择进行人力资本再投资，如接受技能培训，用以提升自身的工作技能，从而获取更高的工资水平。（3）社会网络关系。陈钊等（2009）、章元和陆铭（2009）以及陈玓和徐舒（2014）的研究考虑了社会网络关系对农民工工资收入水平的作用，他们的研究指出，拥有更多的社会网络能够通过影响农民工的工作类型而间接

---

① 为了便于下文的讨论,我们将回归模型1和回归模型2中的 $\alpha_2 + 2\alpha_3 \times Year$ 统称为融入速度,其中, α_2 为迁移时间的系数, α_3 为迁移时间平方项的系数。

地影响他们的工资水平。

综合考虑上述因素，其可能会从如下途径对农民工的融入速度产生影响：

从职业流动的角度来考虑，在城镇劳动力市场上，学历高的农民工与城镇职工很可能形成一种竞争关系，那么在此种情况下，城镇地区为了保障本地居民的就业，会制定一系列的面向本地居民的就业保护政策，这将使学历高的农民工面临更加严重的职业隔离；当农民工具有很强的社会关系时，这将有助于其进入更好的工作岗位，从而加快其职业流动的速度；如果农民工参加了与工作相关的技能培训，这将有助于其工作技能的提高和人力资本的积累，增加其职业流动的机会。

从职业内工资同化的角度来考虑，如果农民工拥有较高的学历，那么他对城镇劳动力市场的适应能力就较强，获取信息的能力也较强，工资同化的速度也较快；如果农民工从事某一职业后，还继续参加与工作相关的技能培训，这将促使其把迁移前的人力资本更为迅速地转化为与当前工作相匹配的工作技能，从而加快其工资同化的速度；如果农民工的亲属或同乡工作生活在城镇地区，这将有助于他们获取更多劳动力市场的信息，找到与其能力相匹配的工作，这也将加快其工资同化的速度。

（二）影响农民工融入速度的模型构建

接下来，我们将构建模型来详细研究上述因素对农民工融入速度的影响。综合考虑这三方面的影响因素，我们将回归模型 1 和回归模型 2 扩展得到回归模型 3 和回归模型 4：

$$
\begin{aligned}
\ln score = &\alpha_0 + \alpha_1 M + \alpha_2 Year \times M + \alpha_3 Year^2 \times M + \\
&\left(\sum_{k=1}^{2} \mu_k relate_k + \eta\, tr\, ain + \sum_{j=2}^{4} \lambda_j Edu\_level_j \right) \times Year \times M + \\
&\alpha_4 E + \alpha_5 E^2 + \sum_{j=2}^{4} \gamma_j Edu\_level_j + \sum_{m=2}^{3} \beta_m Cohort_m + X\theta + \varepsilon
\end{aligned} \quad (5-6)
$$

$$\ln wage = \alpha_0 + \alpha_1 M + \alpha_2 Year \times M + \alpha_3 Year^2 \times M +$$

$$\left(\sum_{k=1}^{2} \mu_k relate_k + \eta train + \sum_{j=2}^{4} \lambda_j Edu\_level_j \right) \times Year \times M + \qquad （5-7）$$

$$\alpha_4 E + \alpha_5 E^2 + \sum_{j=2}^{4} \gamma_j Edu\_level_j + \sum_{m=2}^{3} \beta_m Cohort_m + X\theta + v$$

（5-6）式和（5-7）式中，*train* 表示是否接受过非农技能培训（包括企业内的和社会上的）的虚拟变量。非农技能培训与迁移时间和农民工虚拟变量交互项的系数（ μ ）衡量了非农技能培训对农民工融入速度的影响。 $relate(k=1,2)$ 表示的是社会关系。 $relate_1$ 与 $relate_2$ 分别表示，与样本有来往的住在城镇地区的亲戚朋友中，具有城镇户籍和农业户籍的人数。它们与迁移时间和农民工虚拟变量交互项的系数（ $\eta_m, m=2,3$ ）衡量了不同的社会关系对农民工融入速度的影响。学历水平与迁移时间和农民工虚拟变量交互项的系数（ λ ）衡量了学历层次的高低对农民工融入速度的影响。表5-4给出了回归模型3和回归模型4的估计结果。

表5-4 非农培训、社会关系对农民工职业流动和职业内工资同化速度的影响

项目	回归模型3	回归模型4			
	职业得分	职业1	职业2	职业3	职业4
农民工	−0.1673***	−0.1380	−0.3877***	−0.4272***	−0.6295***
	(0.014)	(0.160)	(0.056)	(0.050)	(0.117)
农民工×迁移时间	0.0047**	−0.0586	0.0205*	0.0178**	0.0258
	(0.002)	(0.042)	(0.011)	(0.009)	(0.017)
农民工×迁移时间平方	−0.0002**	0.0024	−0.0006*	−0.0009**	−0.0016**
	(0.000)	(0.002)	(0.000)	(0.000)	(0.001)
农民工×迁移时间×认识城镇职工的人数	0.0000	0.0004	0.0002	0.0003***	0.0004
	(0.000)	(0.001)	(0.000)	(0.000)	(0.001)
农民工×迁移时间×认识进城务工的人数	0.0001	0.0011***	0.0003**	0.0005***	0.0005*
	(0.000)	(0.000)	(0.000)	(0.000)	(0.000)
农民工×迁移时间×参加过非农培训	0.0005	0.0108	0.0027*	0.0073***	0.0099**
	(0.001)	(0.007)	(0.001)	(0.002)	(0.004)

续表

项目	回归模型3	回归模型4			
	职业得分	职业1	职业2	职业3	职业4
农民工×迁移时间×初中学历	−0.0012	0.0125	−0.0009	0.0010	0.0115
	(0.001)	(0.012)	(0.005)	(0.004)	(0.007)
农民工×迁移时间×高中学历	−0.0068***	0.0127	−0.0074	−0.0068	0.0088
	(0.001)	(0.012)	(0.005)	(0.005)	(0.009)
农民工×迁移时间×大学及以上学历	−0.0208***	−0.0062	−0.0144	−0.0479	0.0458
	(0.003)	(0.019)	(0.009)	(0.0311)	(0.029)
初中学历	0.0151	0.0987	0.0758	0.0946*	−0.0820
	(0.015)	(0.129)	(0.060)	(0.050)	(0.088)
高中学历	0.1179***	0.2460*	0.2274***	0.2041***	0.0610
	(0.017)	(0.126)	(0.065)	(0.059)	(0.101)
大学及以上学历	0.3122***	0.6107***	0.3336***	0.3983***	0.1170
	(0.019)	(0.127)	(0.088)	(0.074)	(0.138)
经验	−0.0012	0.0136**	−0.0090	0.0038	0.0087
	(0.002)	(0.006)	(0.007)	(0.007)	(0.012)
经验平方	0.0000	−0.0002	0.0000	−0.0002	−0.0003
	(0.000)	(0.000)	(0.000)	(0.000)	(0.000)
农民工×1990—1999年进城	−0.0043	−0.0730	0.0262	−0.0379	−0.0022
	(0.011)	(0.157)	(0.048)	(0.038)	(0.079)
农民工×1990年之前进城	−0.0017	−0.3950	0.0819	0.0739	0.0583
	(0.019)	(0.309)	(0.089)	(0.078)	(0.150)
常数项	2.1554***	1.7139***	1.5404***	1.0359***	1.6341***
	(0.067)	(0.253)	(0.204)	(0.320)	(0.409)
样本量	7 407	2 463	1 562	2 396	986
R^2	0.512	0.382	0.349	0.330	0.259

注：括号中为稳健的标准差；*、**和***分别表示在10%、5%和1%的水平上显著。以下各表同。表中省略了包括性别、民族、婚姻状况、健康状况、行业和所在城市在内的一系列控制变量。

（三）估计结果分析

1.职业流动方程的估计结果

回归模型3和回归模型1关于农民工的迁移时间项及平方项的估计结

果出现了显著的差异。估计结果所产生的差异主要源于是否控制了学历水平与迁移时间和农民工虚拟变量交互项。在回归模型3中，我们对此交互项进行了控制。估计结果表明，农民工的迁移时间项及平方项在5%的水平上显著，农民工与城镇职工职业得分的差距与迁移时间呈显著的倒"U"形关系：随着迁移时间的增加，农民工与城镇职工的职业得分差距呈现出先缩小后拉大的趋势，在迁移12年后，与城镇职工的职业得分差距最小，大约为13.97%。值得注意的是，相比小学及以下学历的农民工，高中和大学及以上学历对农民工职业流动的速度具有负向的影响。具体来看，相比小学及以下学历的农民工，高中学历的农民工的职业流动速度降低了0.68个百分点，大学及以上学历的农民工的职业流动速度降低了2.08个百分点。正如本节分析中所提到的，由于高学历的农民工与城镇职工之间存在竞争和替代的关系，城镇地区为了保障本地居民的就业，会制定一系列的面向本地居民的就业保护政策，这将使学历高的农民工面临更加严重的职业隔离。此外，回归的结果还显示，非农技能培训、社会培训与迁移时间交互项的系数均不显著。这表明，非农技能培训以及社会关系对职业流动速度没有显著影响。

2. 职业内工资同化的估计结果

（1）受教育水平。在各职业内，不同学历水平与迁移时间交互项的系数均不显著。这表明，在城镇劳动力市场上，高学历农民工的工资同化速度较低学历农民工并没有显著的优势。此研究结论与 Meng 和 Zhang（2010）的研究结论相一致。（2）社会网络关系。估计结果表明，在各职业内，与进城务工的农民工有来往均能显著提高农民工的同化速度。这说明，农民工的同乡网络和社交圈子对于他们寻找工资待遇更高的工作大有裨益。这一研究结论也与陈珣和徐舒（2014）的研究结论相一致。需要指出的是，有城镇地区的亲戚朋友仅在职业3内有显著的促进作用。在职业3内，农民工每多一位来自城镇地区的亲戚朋友，则其同化速度就会增加0.3个百分点。对此的解释是：农民工进入城镇地区务工最根本的动机是为了获得更高的劳动报酬，职业3具有需求量大、流动性强等特点，对就业市场上的信息灵敏度高，在城镇地区有亲属可以帮助农民工掌握更多的城镇地区的就业信息，以便于他们找到与自身能力更匹配的工作。（3）技能培训。在职业1内，非农技能培训对工资同化速度均没有显著的影响，而在后三类职业内，参加过非农技能培训的农民工具有更快的工资同化速度。在职业2内，参加非农技能培训会使同化速度提高0.28个百分点；在职业3内，参加非农技能培训会使同化速度提高0.7个百分点；在职业4内，参加非农技能培训会使同化速度提高1.02个百分点。由此可以看出，在技能要求低的职业内，参加非农技能培训所获得的益处相对更大。

基于扩展的明瑟方程框架，本章主要研究持续迁移时间对农民工在经济社会层面上融入城镇地区的影响。具体地，将职业作为经济社会地位的"标识"以及工资收入的"中介"，分别从职业流动和职业内部工资同化的动态角度来研究农民工与城镇职工的差距是否能随迁移时间的推移完全消除的问题。主要得出以下几点结论：

（1）从职业流动来看，在进城之初，与城镇职工相比，农民工进入收入相对较高职业的概率更低，职业隔离现象较为明显。在剔除人力资本以及个人特征的影响后，发现农民工面临的职业隔离并不能随着迁移时间的延长而逐渐缩小。总体来看，农民工的职业相对固化，与城镇职工相比，主要集中在相对低收入的职业上。

（2）从职业间的工资同化来看，高收入职业内，农民工与城镇职工不存在工资差距，而在低收入职业内，农民工与城镇职工之间存在较大的初始工资差距，且随着迁移时间的增加，工资差距虽呈现出先缩小后扩大的趋势，但最终却无法完全消除。

（3）农民工融入速度的影响因素研究表明，在职业间，高学历的农民工面临着更为严重的职业隔离，非农工作技能的培训、社会关系网络对职业流动的速度影响不明显；在职业内，高学历的农民工在工资同化上也没有表现出显著的优势，非农工作技能的培训、社会关系网络能有效地加快工资同化的速度。

本章的结论表明，在对农民工的制度性保障缺失的背景下，农民工无法通过其自身的能力，单纯延长在城镇务工的时间，积累与城镇地区相适应的工作经验来融入城镇地区。鉴于此，本章认为新型城镇化的建设从以下几个方面着手，可以更好地促进农民工融入城镇地区：（1）制度保障。尽管城镇劳动力市场已经向农民工开放，但由于户籍制度的存在，农民工仍面临着职业隔离，难以进入相对高收入的职业。所以，取消某些单位职位与户籍挂钩的制度能有效促进农民工融入城镇地区。（2）社会福利保障。在职业内部，农民工与城镇职工存在同工不同酬的问题，但延长持续迁移时间能在一定程度上弱化该问题，所以通过改善农民工的社会福利条件、为农民工子女解决教育问题等来促进农民工增加在城镇地区务工的持续时间有助于农民工工资的同化。（3）就业保障。协调城镇就业市场上高学历农民工与城镇职工的竞争性就业关系，鼓励引进农民工中的高学历人才，扩充就业岗位，实现城市的包容性就业。（4）技能培训和就业指导。加强对农民工的非农技能培训和就业的指导服务对农民工融入城市具有极大的促进作用。

第六章

劳动力转移与收入增长：影响和变迁

　　农村转移人口市民化是存在成本的，但是农村劳动力流动到城市地区后，可以直接和间接地提高外出打工户的收入水平。因此，客观评价农村转移人口市民化产生的成本和收益问题，对于市民化进程有重要意义。从微观角度看，劳动力城乡流动的实质是家庭或者个人的最优区位选择决策，本章以劳动力区位选择理论为基础，采用处理效应模型（Treatment Effect Model）定量分析了劳动力转移对于农村居民收入的影响，即比较了劳动力流动后的收入与假设劳动力不流动时的收入差异（预期收入差距）及其变迁，从而判断劳动力流动与农村居民收入之间的关系，以评价市民化产生的收入增长效应。

一、劳动力流动的区位选择理论

　　劳动力从农村向城市的地区转移是二元经济转型的普遍现象，也是发展经济学研究的重要课题。现阶段我国正在经历人类历史上前所未有的最大规模人口流动，据统计，2015年我国流动人口达到2.7亿人，也就是说每6个中国人中就有1个人在流动。劳动力流动提高了资源配置效率，促进了城市地区劳动密集型行业的发展，且对我国经济和社会的发展产生了深远影响，研究表明劳动力流动对国内生产总值增长率的贡献份额为16%~20%（蔡昉，2005）。总之，劳动力流动对我国经济飞速发展做出了巨大贡献，因此有关劳动力流动的影响成为各界关注的重点。

一方面，近年来，由于我国城乡收入差距居高不下，2015年全国居民人均可支配收入基尼系数为 0.462[①]，虽然较2012年有所下降，但是仍处于较高水平；另一方面，我国转移劳动力的规模不断扩大，2015年我国农民工总数为 27 747 万人，较2014年增长 1.5%[②]，大规模的劳动力流动以及居高不下的城乡收入差距现象使得劳动力流动对城乡收入的影响成了学者研究的焦点。传统的发展经济学理论认为，二元经济中剩余劳动力从农村向城市地区转移将会降低农业部门和工业部门劳动生产率的差距，从而降低城乡收入差距。Kuzents（1989）认为随着经济体中劳动力从边际产出基本为零的农业部门向现代部门转移，提高现代部门的就业比例，两部门之间的劳动边际产出差距会不断缩小，最终会缩小城乡收入差距。然而，经典理论却与我国的现实情况相背离，这引发了学术界对于劳动力转移与农村居民收入互动关系的广泛讨论和研究。

从现有文献看，一部分学者的研究主要集中在劳动力转移对城乡收入差距的影响。他们认为劳动力的跨区流动可以缩短地区以及城乡间的收入差距，但是由于我国劳动力流动依然受到诸如户籍制度等因素的限制，因此其对缩小收入差距发挥的作用不大[③]。Whalley 和 Zhang（2004）通过模拟分析发现取消限制劳动力流动的户籍等制度障碍，现存的收入差距会全部消失。蔡昉等（2009）指出现行的统计制度不能覆盖"常住流动人口"，造成了城市以及农村收入的偏差，从而夸大了当前的收入差距。Lin 等（2004）发现劳动力流动在一定程度上具有缩小收入差距的内在机制，然而外在约束，如户籍制度，阻碍了劳动力流动抑制地区收入差距扩大态势的效果。然而，一些学者的研究结果表明劳动力流动促使城乡收入差距

①　国家统计局.居民收入快速增长人民生活全面提高——十八大以来居民收入及生活状况[EB/OL].[2016-03-08].http://www.stats.gov.cn/tjsj/sjjd/201603/t20160308_1328214.html.

②　数据来源：《2015年农民工监测调查报告》。

③　中国经济体制改革研究会联合专家组.收入分配与公共政策[M].上海：上海远东出版社,2005.

不断扩大。孙自铎（2004）认为省际劳动力流动扩大了地区间的收入差距。同时尹继东、王秀芝（2008）检验农村劳动力流动对城乡收入差距的影响，发现非农城镇就业人口与城镇人口之比对城乡收入差距有正向作用，也就是说劳动力流动扩大了城乡收入差距。

　　还有部分学者将注意力集中在劳动力转移对于农村家庭收入的影响方面。李实（1999）发现农村劳动力流动可以直接和间接地提高外出打工户的收入水平，对缓解城乡收入差距扩大有积极作用。张世伟等（2007）沿用李实（1999）的思想分析了吉林省劳动力流动的效应后发现劳动力流动有助于提高农户的收入水平，虽改善了农村社会福利状况，却扩大了农村内部收入差距。马忠东等（2004）分析了我国2000年人口普查数据后发现劳动力转移正在逐步发挥其消除贫困、制约区域差距的作用。也有学者的研究结论相反，即农村劳动力流动并没有增加农村居民收入（韦伟等，2004）。

　　对于我国劳动力流动和收入差距的关系研究大多集中在宏观层面，然而宏观层面农村流动劳动力规模与收入的关系的准确计算难以实施，因此学者们的研究结论并不能达成一致。此外，我国农村剩余劳动力"离土不离乡"的特殊性造成了研究我国劳动力转移对于城乡收入差距影响的复杂性。另外，中国农村内部存在着生产资源特别是土地自由流动的障碍，在理论上所预期的劳动力流动产生的收入增长效应可能在实际经济中难以充分显现出来。这就需要利用抽样调查数据对此效应做进一步的经验分析（李实，1999）。

　　从微观角度看，劳动力城乡流动的实质是家庭或者个人的最优区位选择决策，接下来，我们通过最大化个体效用建立收入方程，从而量化农村居民对于农村和城市的区位选择因素对于收入的影响。假设个体效应（U）由系统效应（V）和异质效应（ϕ）两部分组成：

$$U_{ij} = V(x_{ij}, a_j) + \phi_i \tag{6-1}$$

　　其中，i 表示个体，也就是农村劳动力，j 表示农村（$j=0$）和城市（$j=1$）两个区位。U_{ij} 表示个体 i 在区位 j 获得的总效用。系统效应 V 随

着个体 i 在区位 j 消费的商品组合（x_{ij}）以及区位 j 的特性（a_j）的增加而增加，但增速是下降的，也就是 V 对于 x_{ij} 和 a_j 的一阶偏导大于零且二阶偏导小于零。其中 a_j 可以看成是区位 j 的特征，例如城市中更多的就业机会（$j=1$）或者在农村与家庭成员相聚的满足感（$j=0$）等。ϕ_i 表示不可观测个体异质性效应，为零均值且方差有限的随机变量。

假设每个劳动力无弹性地供给一单位的劳动力，且劳动力市场是竞争性的，也就是在特定的区位中，雇佣者支付不同的工资仅是对于工人初始禀赋不同而造成技能差异的反应。相应的工人 i 在区位 j 的收入水平定义为 $y_{ij}=y_j(m_i)$，其中 m_i 表示个体 i 的禀赋，则个体 i 的预算约束为：

$$y_j(m_i) = p_j x_{ij} \qquad\qquad (6-2)$$

从（6-2）式中可以看出个体将所有的收入用于消费商品组合（x_{ij}）。其中 p_j 是混合商品 x_{ij} 的价格，也就是区位 j 的生活成本指数。

从长期看，在开放的城市中且不存在流动成本，则个体可以自由流动。因此个体 i 将在预算约束（6-2）式下，通过在不同的区位之间的选择，使其个体总效用 U_{ij} 最大。该决策过程可以决定 y_{ij}、p_j、a_j，其中 x_{ij} 可以通过预算约束（6-2）式得到，也就是 $x_{ij}=y_j(m_i)/p_j$。当劳动力流动达到空间均衡时，具有相同禀赋的工人将会获得相同的期望效用。将 $x_{ij}=y_j(m_i)/p_j$ 带入个体效用函数（6-1）式中，并取期望得：

$$E[V(x_{ij}, a_j) + \phi_i] = V(y_j(m_i)/p_j, a_j) = k(m_i) \qquad (6-3)$$

其中 k 为具有禀赋 m_i 的劳动力的期望效用；E 为期望算子。（6-3）式表明劳动力的均衡工资为现实货币和非货币的复合：货币收入为实际货币收入，即 $y_j(m_i)/p_j$，而非货币收入为区位特性 a_j。因此，劳动力流动均衡时，逐渐上升的 p_j 和逐渐下降的 a_j 需要更高的名义收入 y_{ij} 来补偿；反之亦然。

一直以来，我国处于城市和农村分割的二元经济状态，由于农村经济发展落后，劳动力的投入成为农业产出最重要的决定因素，随着我国人口不断增长，土地逐渐达到其承载能力，加之农业技术不断发展，因此农业生产对劳动力的需求下降，农村中积累了大批的剩余劳动力。改革开放后，随着城市经济的不断发展，城市本身的劳动力不能满足自身需求，大规模的农村劳动力开始由农村向城市转移寻找工作，农村剩余劳动力的大规模城乡迁移对我国经济和社会发展做出了巨大贡献。廉价的劳动力资源降低了企业生产成本，使我国制造业在国际上获得了比较优势，促进了我国对外贸易的快速发展。

　　然而，这种大规模的劳动力要素的城乡重新配置并没有促进城乡收入差距的缩小，也就是说在宏观层面上，我国出现了劳动力转移规模和收入差距双重扩大的现象，这与世界上其他国家劳动力在区域间流动促进资源重新配置，从而降低区域收入差距的基本经验相悖。但是，应用国外经典理论时应该充分考虑我国的基本国情，特别是与户籍制度相关的一系列城市公共服务制度安排。受这些制度的限制，我国转移到城市地区的农村剩余劳动力，其本质上依然为农民，也就是说转移劳动力仅仅完成了职业的转变，并没有享受到城市福利。因此，在研究劳动力转移对于城乡收入差距的具体影响方向时仅仅分析农村劳动力和城市自身劳动力的收入差距就有可能出现劳动力流动造成收入差距扩大的结论。因此，分析劳动力流动的真实影响，需要考虑劳动力转移对于农村居民收入的影响，这就需要深入探讨劳动力流动与农村居民收入相互作用的微观机制。

二、劳动力流动对于收入影响计量模型的建立

（一）劳动力区位选择理论的计量模型

　　为了简化劳动力区位选择理论的实证研究，对于区位选择理论设定如下假设。首先，将均衡时劳动力的期望效用 $k(m_i)$ 设定为劳动力的个人特征和人力资本特征的线性函数，也就是 $k(m_i) = Z_i \beta$，其中 Z_i 包括年龄、性别以及受教育程度等个体特征。另外，个体效用函数中的系统部分 $V(\cdot)$ 为区域效应以及受个人购买复合商品的线性函数，也

就是 $V\left(y_j(m_i)/p_j,a_j\right)=\log\left(y_{ij}/p_j\right)+\gamma_{aj}$。带入（6-3）式中，同时允许随机效应 e_{ij} 与异质性的 γ_i 相联系，得到：

$$\log(y_{ij}/p_j)+\gamma a_j=Z_i\beta+e_{ij} \qquad (6-4)$$

其中 y_{ij} 表示个体 i 在地区 j 的收入；a_j 和 p_j 的定义与（6-3）式相同；e_{ij} 为随机误差项，且服从零均值、方差为 σ^2 的正态分布。整理（6-4）式得：

$$\log(w_{ij})=\log(y_{ij}/p_j)=\beta_0 a_j+Z_i\beta+e_{ij} \qquad (6-5)$$

其中 w_{ij} 为个体 i 在地区 j 的实际收入，也就是说实际收入为区位效应，工人的个人特征以及人力资本的线性函数。Gabriel 和 Rosenthal（1999）认为在收入方程中加入区位变量可以避免来自于区位效应的遗漏变量问题，因此实证研究的重要任务是识别 a_j 所代表的区位固定效应。a_j 为虚拟变量，当个体 i 选择进城务工时为 1，否则为 0，则 $\beta_0(\beta_0=-\gamma)$ 度量了农民工转移的额外收益。同时，由于农村剩余劳动力选择是否外出务工（a_j）部分取决于收入，而收入在一定程度上会受到区位选择的影响，因此估计（6-5）式的问题在于估计个体特征的斜率系数时可能会出现联立偏误，这种偏误来源于农村劳动力对于务工区位选择的内生性。另外，农村剩余劳动力是否外出务工选择的非随机性也会造成（6-5）式中参数估计的系统性偏差。

（二）劳动力流动对农民收入影响的处理效应模型

广义上，政策的推行、改变，项目的实施，都可以称之为处理效应模型。但是严格意义上，只有在"反事实缺失（Counterfactual Missing）"的背景下，讨论处理效应估计的模型，才被称之为处理效应模型（Treatment Effect Model）。随着应用计量经济学对政策评价和项目评估的研究，处理效应也被用来研究某一干预、项目、政策、行动对需要分析的变量带来的改变。在此类研究中，计量经济学家特别强调对因果关系的揭示和"反事实缺失"的分析框架。因此，为了获得处理效应的真实估计结果，必须遵循因果关系的分析思路，其他给定变量不变且仅当某项处理发生时，效应变量实际改变了多少，这个改变量才是处理效应的真实大小。

为了修正上述关于农村剩余劳动力务工自选择带来的内生性和非随机样本问题，采用处理效应模型定量分析劳动力转移对于农村居民收入的影响。模型形式为：

$$\log(w_{ij}) = \beta_0 a_j + Z_i \beta + e_{ij} \tag{6-6}$$

$$a_j^* = S_i \theta + \varepsilon_{ij} \tag{6-7}$$

$$a_j = \begin{cases} 1 & a_j^* \geqslant 0 \\ 0 & \text{其他} \end{cases} \tag{6-8}$$

其中（6-6）式为结构方程，变量意义与（6-5）式相同。（6-7）式中 a_j^* 为个体 i 选择转移的净收益，是不可观测的潜在变量。S_i 为影响个体转移决策的解释变量向量，并且可以与 Z_i 包含相同的变量。θ 为未知的参数向量，ε_{ij} 为随机误差项，且与 e_{ij} 的联合分布为二元正态分布，相关系数为 ρ。a_j 是指示变量，当 $a_j^* \geqslant 0$ 时为 1，代表个体 i 选择从农村转移到城市打工；否则为零，代表个体 i 选择在农村就业。（6-7）式和（6-8）式共同称为选择方程。

由于 ε_{ij} 与 e_{ij} 相关，且服从二元正态分布，则 $E(e_{ij}|\varepsilon_{ij}) = \rho\sigma\varepsilon_{ij}$，结合结构方程（6-6）式，此时[①]：

$$\begin{aligned} E(\log(w_{ij})|a_j = 1, Z_i) &= \beta_0 + Z_i\beta + E(e_{ij}|a_j = 1, Z_i) \\ &= \beta_0 + Z_i\beta + \rho\sigma E(\varepsilon_{ij}|\varepsilon_{ij} \geqslant -S_i\theta) \\ &= \beta_0 + Z_i\beta + \rho\sigma\frac{\phi(S_i\theta)}{\Phi(S_i\theta)} \end{aligned} \tag{6-9}$$

与之相对应的，$a_j = 0$ 的收入方程为：

$$\begin{aligned} E(\log(w_{ij})|a_j = 0, Z_i) &= Z_i\beta + E(e_{ij}|a_j = 0, Z_i) \\ &= \beta_0 + Z_i\beta + \rho\sigma E(\varepsilon_{ij}|\varepsilon_{ij} < -S_i\theta) \\ &= Z_i\beta + \rho\sigma\frac{\phi(S_i\theta)}{1 - \Phi(S_i\theta)} \end{aligned} \tag{6-10}$$

值得注意的是，如果 ε_{ij} 与 e_{ij} 相关，也就是说劳动力对于区位的选择对其收入有影响，则直接估计结构方程（6-6）式会出现遗漏解释变量偏

---

① （6-9）式和（6-10）式计算中使用的公式为：假设 $\xi \sim N(0,1)$，则 $E(\xi|\xi > c) = \phi(c)/(1-\Phi(c))$，$E(\xi|\xi < c) = \phi(c)/\Phi(c)$，其中 ϕ 和 Φ 分别为标准正态分布的概率密度函数和分布函数。

误。具体的，若相关系数 ρ 为 0，说明农村剩余劳动力区位选择决策的自选择问题可以忽略。若 ρ 不为 0，则采用最小二乘法估计（6-6）式得到的参数估计值是有偏的。

（三）处理效应模型的估计过程

（6-6）式至（6-8）式一般采用两阶段法估计（Gabriel 和 Rosenthal，1999），估计过程为：第一步，首先采用标准的 probit 模型估计（6-7）式和（6-8）式，然后根据估计结果计算风险系数[①]（Hazard）h_i，计算公式为：

$$h_i = \begin{cases} \dfrac{\phi(S_i\hat{\theta})}{\Phi(S_i\hat{\theta})} & a_j = 1 \\[3mm] \dfrac{-\phi(S_i\hat{\theta})}{1-\Phi(S_i\hat{\theta})} & a_j = 0 \end{cases} \tag{6-11}$$

其中 ϕ 和 Φ 与（6-9）式的意义相同；$\hat{\theta}$ 为（6-7）式中未知参数 θ 的估计值。此时，

$$\log(w_{ij}) = \beta_0 a_j + Z_i\beta + \beta_h h_i + \tilde{e}_{ij} \tag{6-12}$$

其中 $\tilde{e}_{ij}$ 为 e_{ij} 中除去 h_i 的影响后的剩余部分；$\beta_h = \rho\sigma$ 是 ε_{ij} 与 e_{ij} 的协方差。

第二步，采用最小二乘法估计（6-12）式可以得到参数 β_0、β 以及 β_h 的一致估计量。

三、劳动力流动对于收入处理效应模型的估计结果

（一）数据来源及处理

本章的研究数据来源于中国健康与营养状况调查（CHNS）。采用该调查中 1993 年、1997 年、2000 年、2004 年、2006 年和 2009 年的数据，其中变量向量 S={年龄，年龄的平方，性别，婚姻状况，家庭中 60 岁以上老人数，家庭中劳动力个数，6 岁及 6 岁以下儿童数，6 岁以上 16 岁以下

---

① 与农村剩余劳动力的转移概率相关。

儿童数}，Z={年龄，年龄的平方，性别，婚姻状况，小学，初中，高中，职中，区位特征，风险系数}。模型估计结果中的所有变量及其定义见表6-1。

表6-1　　　　　　　　　　模型中所用的变量及其解释

变量名	变量解释	数据处理方法
a	区位特征	调查期间户口在农村而调查地点在城市的样本和 调查期间户口在农村而调查地点也在农村的样本； 1=转移，0=不转移
$\ln w$	对数工资	年实际收入的对数
G	性别	1=男性，0 =女性
A	年龄	
A_2	年龄的平方	
M	婚姻状况	1=受存在婚姻关系，0=其他
E_1	小学	1=受教育程度为小学，0=其他
E_2	初中	1=受教育程度为初中，0=其他
E_3	高中	1=受教育程度为高中，0=其他
E_4	职中	1=受教育程度为职业中学及以上，0=其他
h	风险系数	（6-9）式的值

（二）劳动力流动对于收入处理效应模型估计结果分析

根据处理效应模型的估计方法，首先采用probit模型估计了（6-6）式和（6-7）式，并计算风险系数（h），随后估计了（6-12）式，其估计结果由表6-2给出：

表 6-2   处理效应模型估计结果（因变量为 lnw）

变量名称	参数	1993年	1997年	2000年	2004年	2006年	2009年
年龄（A）	β_1	0.115***	0.125***	0.103***	0.0719***	0.0485***	0.0690***
		(14.00)	(17.97)	(13.24)	(5.87)	(4.65)	(7.06)
年龄的平方（A^2）	β_2	−0.00137***	−0.00146***	−0.00121***	−0.000941***	−0.000735***	−0.000848***
		(−14.99)	(−18.98)	(−13.90)	(−7.29)	(−6.94)	(−8.47)
性别（G）	β_3	0.0846***	0.167***	0.175***	0.317***	0.493***	0.237***
		(2.26)	(5.41)	(5.01)	(5.97)	(11.21)	(5.54)
婚姻状况（M）	β_4	0.260***	0.0745	−0.0187	−0.0302	−0.0338	−0.0189
		(4.55)	(1.17)	(−0.34)	(−0.36)	(−0.46)	(−0.26)
小学（E_1）	β_5	0.0594	0.0813**	0.181***	−0.0752	0.0666	−0.0161
		(1.02)	(1.65)	(3.10)	(−0.90)	(1.03)	(−0.27)
初中（E_2）	β_6	0.297***	0.317***	0.428***	0.133*	0.130**	0.128**
		(5.79)	(6.80)	(8.01)	(1.65)	(2.04)	(2.08)
高中（E_3）	β_7	0.342***	0.424***	0.599***	0.363***	0.480***	0.496***
		(4.63)	(5.88)	(7.78)	(3.36)	(5.85)	(5.60)
职中（E_4）	β_8	0.853***	0.760***	0.827***	0.863***	0.674***	0.850***
		(2.87)	(3.56)	(4.00)	(3.61)	(4.49)	(5.04)
区位特征（a）	β_0	−0.681	−0.165	−1.115*	−2.858***	−0.686	−1.870***
		(−0.77)	(−0.15)	(−1.67)	(−3.88)	(−1.56)	(−3.25)
风险系数（h）	β_h	0.598	0.173	0.649*	1.631***	0.531**	1.116***
		(1.23)	(0.28)	(1.77)	(4.11)	(2.20)	(3.56)
常数项	β_9	2.817***	2.874***	3.501***	4.709***	5.185***	5.376***
		(15.65)	(11.94)	(21.60)	(15.64)	(20.28)	(20.99)
样本量	N	5 075	5 107	5 161	3 959	3 831	4 257

说明：1.***、**和*分别表示在1%、5%和10%的显著性水平下显著。小括号中的值为 t 值；
2.分别采用各调查年份的数据估计截面方程，表中每列为一个截面方程。

从表6-2中可以看出，2000年、2004年、2006年和2009年模型的估计结果中风险系数（h）前的参数估计值均是显著的，同时显著性不断增强，说明实证研究农村剩余劳动力的区位选择理论时考虑自选择偏误的必要性。此外，1993年和1997年的自选择效应不显著，说明20世纪90年代初期我国剩余劳动力的数量多，城乡之间对于劳动力资源的争夺不明显，此时劳动力对于区位决策在整个剩余劳动力大样本中表现为一种随机现象，劳动力的自选择效应并不明显。随着劳动力的城乡转移进程不断加快，农村剩余劳动力转移规模逐渐扩大，劳动力对于区位的选择效应对收入的影响作用开始逐渐凸显。

1.农村剩余劳动力区位选择对收入的影响显著

表6-2中模型的估计结果中风险系数（h）前的参数估计值均为正，说明较高的转移概率有利于提高劳动力的收入。而区位特征（a）前的参数估计为负，则劳动力转移对收入的直接影响为负。除1993年和1997年的估计结果外，其他年份的风险系数（h）和区位特征（a）的估计值显著。农村剩余劳动力务工的区位选择对农村居民收入的直接影响是负的，而是否转移决策的自选择性对于收入的间接影响是正的，因此有必要进一步分析劳动力转移对于农村居民收入的综合影响。

2.受教育水平对于农村劳动力收入影响显著

从各调查年份的估计结果看，教育对于农村劳动力收入的影响为正，说明我国农村的教育回报是正的，体现了通过增加农村教育投入提高农村居民收入的重要性。其中受教育水平越高，对增加收入的效应越大。值得注意的是，随着我国九年义务教育制度的实施，农村居民的受教育水平也不断提高，小学（E_1）和初中（E_2）教育水平对于收入的影响逐渐下降，但是高中（E_3）和职中（E_4）对于收入的提高效应依然较大。

3.个体特征影响农村居民收入水平

年龄（A）对于农村居民收入的影响为正，但是随着年龄的增加，收入增加的速度会下降，也就是年龄和收入之间表现为倒"U"形关系。性别（G）前的系数为正，说明农村居民收入中存在性别差异，也就是说男性的收入较高，同时性别收入差异存在逐渐增加的趋势。此外，婚姻状况（M）对于农村居民收入的影响基本不显著。

4.农村剩余劳动力转移对收入差距的综合影响及变迁

从表6-2中仅能观察到劳动力区位决策对于农民收入的直接影响的大小和间接影响的方向，因此需要进一步分析劳动力区位决策对于收入的综合影响。从（6-12）式可以看出，模型中考虑了劳动力转移的自选择效应后，变量区位特征（a）前面的参数 β_0 仅仅度量劳动力转移的部分收入差距，本部分研究了农村剩余劳动力是否转移对收入的综合影响。根据（6-12）式，劳动力转移（$a_j = 1$）后的预期收入为：

$$E(\log(w_{ij})|a_j = 1, Z_i) = \beta_0 + Z_i\beta + \sigma\rho\frac{\phi(S_i\hat{\theta})}{\Phi(S_i\hat{\theta})} \tag{6-13}$$

农村劳动力中非转移者（$a_j = 0$）的预期收入为：

$$E(\log(w_{ij})|a_j = 0, Z_i) = Z_i\beta + \sigma\rho\frac{-\phi S_i\hat{\theta}}{1 - \Phi(S_i\hat{\theta})} \tag{6-14}$$

从（6-13）式和（6-14）式可以看出，劳动力转移前后的对数收入差距的预期值为：

$$DIFF = E(\log(w_{ij})|a_j = 1, Z_i) - E(\log(w_{ij})|a_j = 0, Z_i) = \beta_0 + \sigma\rho\frac{\phi(S_i\hat{\theta})}{\Phi(S_i\hat{\theta})1 - \Phi(S_i\hat{\theta})} \tag{6-15}$$

从（6-15）式可以看出，劳动力转移前后的差异由两部分构成，一部分为劳动力转移对对数收入差距的直接影响（β_0），另一部分为农村剩余劳动力对转移概率的影响而造成的对收入差距的间接影响。图6-1给出了转移前后对数收入差距 $DIFF$ 的估计值，其中 r 表示转移者与未转移者收入的比[①]。

从图6-1中可以看出，修正自选择后，劳动力转移前后收入的总差距与我国总体农民工转移历程基本一致，说明我国劳动力转移在转移前后收入差距相关性较高。其中，$DIFF$ 在1993年最高，为

---

① 计算过程为：$\log(W_{i1}) - \log(W_{i0}) = DIFF$，则 $r = W_{i1}/W_{i0} = \exp(DIFF)$。

0.415，也就是转移后的收入约是转移前收入的 1.5 倍。城市中的高收入吸引了大批农民工进城务工，外出务工的农村劳动力数量徒增，形成了壮观的"民工潮"现象。然而城市中农民工的供给不断上升，农民工的工资水平长期增速缓慢，转移前后的收入差距逐渐下降，到 2000 年下降到 0.0725，也就是转移后的收入约为转移前收入的 1.075 倍。逐渐下降的转移前后对数收入差距不能弥补劳动力从农村转移到城市的各种成本，"民工潮"后仅十几年，从 2002 年下半年开始，城市中出现了"民工荒"现象，最初表现为"技工荒"，随后普通工人出现短缺，特别是 2005 年后全国范围的"民工荒"全面爆发。农民工工资随之不断上升，转移前后的对数收入差距上升到 2006 年的 0.301，也就是说转移后的收入是未转移收入的 1.351 倍。然而 2008 年的国际金融危机使得对数收入差距下降到 0.199。

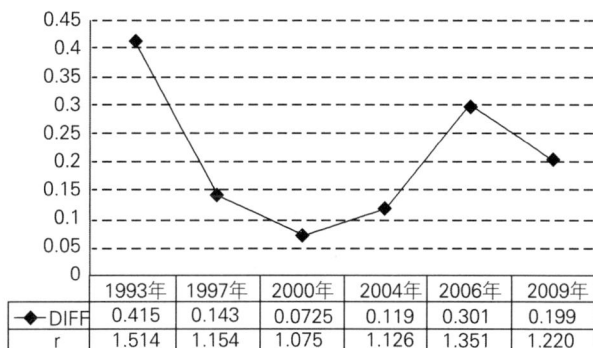

	1993年	1997年	2000年	2004年	2006年	2009年
DIFF	0.415	0.143	0.0725	0.119	0.301	0.199
r	1.514	1.154	1.075	1.126	1.351	1.220

图 6-1 劳动力转移前后收入差距的时间趋势图

四、农村劳动力转移对收入影响的综合分析

现阶段我国正处于二元经济结构转换的关键时期，劳动力城乡转移是经济体的重要特征。一般而言，劳动力从落后部门向先进部门转移会降低两部门劳动力报酬差距，从而缩小两个部门之间的收入差距。然而我国却出现了劳动力转移规模和城乡收入差距同时扩大的现象，由于农民工的收入计入农村居民收入，因此有必要研究劳动力转移对于农村居民收入的影响。

基于劳动力区位选择理论，采用中国营养健康调查微观数据，通过修正劳动力区位选择的自选择的处理效应模型实证研究了劳动力转移对于农村居民收入的影响，结论为：第一，劳动力转移增加了农村居民的收入。然而转移增收的效应1993年最高，转移者的收入约为未转移者收入的1.5倍。随后增收效应出现了下降趋势，2004年转移者的收入仅为转移者收入的1.07倍。2004年大范围爆发"民工荒"后，劳动力转移的增收效应开始逐渐上升，体现了劳动力供求关系与收入差距的互动关系。

第二，随着我国农村剩余劳动力总量的逐渐下降，农村劳动力是否进城务工决策的自选择效应不断增强，也就是说进城务工已经成为农村居民提高收入的方式之一，是农村居民分配家庭劳动力资源的重要选项，从侧面反映了劳动力转移对农村居民收入提高的重要性。

第三，农村劳动力的受教育程度是影响收入的关键因素。随着九年义务教育制度的实施，小学和初中等初等教育对农村居民收入的影响出现了下降的趋势，而高中和职中教育是影响农村居民收入的重要因素，且对于收入的影响稳步提高。

城乡收入差距扩大是多种力量综合作用的结果，劳动力流动可以通过降低城乡之间劳动力边际收益之差，从而降低城乡收入差距。从估计结果中可以看出，劳动力转移提高了农村劳动力的收入，同时，提高劳动力的转移概率有利于进一步提高转移劳动力的收入。然而，由于我国存在户籍制度等限制劳动力流动的制度性障碍，使得农村劳动力在城市中仅能选择低收入工作，从而对于城市劳动力的边际收入影响微乎其微，劳动力流动抑制收入差距的作用较小，需要采取以下几项措施：

首先，改革户籍制度，逐渐减弱其对劳动力流动的限制，同时消除由于户籍制度带来的用工选择歧视，平等地赋予农业转移人口享受城市各种公共服务的权利，进而提升农业转移人口城市隐性收入水平，逐步构建城乡统一的劳动力市场，从而最大限度地发挥劳动力转移对消除贫困和平衡城乡收入差距的积极作用。

其次，由于农村大量优质劳动力为了较高的收入向城市地区转移，农村务农劳动力整体素质偏低，甚至一些地区务农劳动力仅剩下老人、妇女和儿童，这可能会严重威胁我国农业安全生产，因此应该大幅度增加农业科学技术的投入，提高农业现代化水平，建设现代化农业，进而保障农业健康发展和食品安全。

最后，重视职中教育以及高等教育在农村居民收入中的重要作用，教育不仅能提高劳动力的收入，还能提高劳动生产率进而保障经济持续增长，因此，应该大力提高农村职中教育和高等教育投入水平，在增加农民收入、缩小城乡收入差距的同时，为我国二元经济转型提供人才支持。

第七章

市民化与经济增长：影响机理和理论建模

随着我国改革开放的不断深入和经济的快速发展，农村人口将源源不断地进入城镇中谋求工作机会，大量农民工已经成为我国经济快速发展、城镇规模不断扩大、现代化程度不断提高的主要动力之一。现有的制度和政策会给农业转移人口市民化带来一定的制约作用，大量农民工的市民化也可能会给城镇发展带来一定的负面影响，如何有效衡量农业转移人口市民化对经济发展的影响已经成为相关研究的专家学者们以及政府相关部门重点关心的问题。因此我们试图通过本章和下章的研究，论证市民化对经济发展产生的促进作用，不仅从理论上分析了市民化对经济发展产生影响的机理，并且使用CGE模型模拟仿真的方法对比到2020年时市民化的不同程度给经济发展带来的影响，以此更有力地说明市民化的重要意义。

一、市民化对经济增长的影响

目前我国正处于经济快速发展、城镇化水平快速提升的阶段，大量农村劳动人口进入城镇并且已经成为我国城镇建设的重要力量。这种人口大量迁移的现象对我国的经济发展和社会稳定都带来了非常重要的影响。根据《国家新型城镇化规划（2014—2020年）》中的相关精神，我国要在2020年实现常住人口中城镇化比例达到60%的目标，为了实现该目标，农业转移人口的市民化是非常重要的一步，但是部分城镇管理者以及政策制定者们对市民化的重要性认识不足，对农业转移人口市民化对经济发展带来的影响还存在疑虑，担心市民化不能推动整体的经济发展，反而对城镇经济发展带来负面影响。这类认识问题可能会制约未来我国农业转移人口市民化和城镇化的发展。本章结合市民化政策现状，提出了完善和推动我国市民化政策的建议，为相关政策制定者提供参考，因此具有一定的实践意义。

（一）市民化与城镇化

从世界范围来看，大城市的城镇化进程的开始都是农村剩余劳动力大量向城市转移。在工业革命时期的英国，农村地区破产农民大量进入城市寻找就业机会，使得城市开始繁荣。在美国，大量移民和农村地区失地农民涌入城市，使得城市发展速度大大加快。在中国，从改革开放到20世纪末的20年时间中，有超过1.7亿的农村人口从农村进入城市，带来的是城市人口的爆炸式增长以及城市规模不断扩大，同时不断地促进着我国城镇化的发展。

刘军（2009）等对农村人口迁移进入城市的过程进行了分析和研究，认为农村人口市民化可以促进城镇化进程。大量农村人口进入城镇为城镇的建设和发展带来了大量的劳动力，同时城镇为了容纳这些劳动人口也开始不断进行扩张与建设，不断完善社会基础配套设施，新建住房，完善社会保障制度，从而有利于加快城镇化。张车伟（2008）等认为农村劳动力大量进入城镇，为城镇的产业机构调整、城镇经济发展、城镇生产力发展带来了巨大的动力。城镇中的产业发展，尤其是第三产业中轻工业、手工业以及制造业的发展，都离不开农村人口大量进入城市带来的廉价的劳动力。文军（2012）对城镇化和市民化之间的关系进行了研究，他认为城镇化和市民化是两个相辅相成的概念，大量农村人口向城镇迁移，为城镇的发展带来了充足的劳动力，而城镇化的发展也为容纳更多的农村人口提供了空间和保障。城镇化的最终结果和根本目标是市民化，而市民化已经成为城镇化最核心的内容之一。因此城镇化和市民化互相促进，不可分割。

陈广桂（2009）对我国大中型城市的房价、农业转移人口市民化过程中需要的成本以及我国城镇化进度之间的关系进行了分析和研究，指出我国房价普遍偏高导致目前农业转移人口市民化过程成本过高，对城镇化发展速度有明显的负面作用。王春光（2011）指出由于我国经济发展的不平衡性的存在，导致大量人口涌入东南沿海发达城市，以至于这些城市超负荷运转，城镇化速度过快，在快速的城镇化过程中发生了很多发展中的问题，"大城市病"日益突出。竹林（2009）重点关注了在市民化不断推进的前提下，城镇化遇到的问题和未来的解决方案。他认为对于农村转移人口无法享受到和城市人口一样的福利和待遇，以及城镇化发展不平衡和某些城镇的过度扩张现象，需要分门别类地推进城镇化进程：一方面要建设功能健全、保障有力的大中型城镇群，提升区域总体的竞争力和吸收劳动力的能力；另一方面要大力发展中小型城镇，发挥小型城市对农村剩余劳动能力的吸纳能力。

从上述文献中不难看出，市民化对城镇化有明显的促进作用，在经济发展、社会进步的过程中，市民化为城镇化的发展提供了充足的劳动力，城镇化的发展为市民化提供了居住空间、就业机会和社会福利等前提条件。

（二）市民化与人力资本

市民化过程的实质是人口迁移的过程，农村人口从农村地区迁移到城市，会对整个经济体系中的人力资本水平提升有极大的促进作用。列宁同志对这种人口迁移的过程的积极作用有如下的描述，"人口流动的过程将人们从偏僻的落后的农村中解放出来，让他们有机会可以进入现代文明和社会的生活中，使得人们的文化程度和思想觉悟极大地提升，并且将他们的生活方式转化为现代化的生活方式"，同时列宁也认为，"人口迁移过程是防止农民生活方式日益落后的最重要方式之一，历史和文化积累在农民身上的苔藓已经过多，如果不能及时实现人口的迁移，就不能实现更加持续的发展"。人口市民化也是实现对人力资本投资的具体实现形式，对人口质量的提升和社会的发展都有很大的帮助，在市民化的过程中，人口的生活环境和生活质量有了极大的提高，同时，对迁移的人口来说，其思想方法、行为习惯、工作能力等方面都将有不同程度的提升，这种潜移默化的改变将会对地方经济的发展产生深远的影响。

张呈琼（2008）认为，农村人口向城市迁移，并且实现市民化，有利于农村人口思想观念的变化，现代化的生活方式和物质文明会促使他们的观念开放和思想境界提升。刘福成（2010）认为人口的迁移过程和农村人口市民化的过程是提高下一代人口质量的最好方式之一。人口市民化的过程让农村人口进入城市，有更多的机会带来婚姻关系上的变化，人口交流和活动范围增大，远距离通婚比例的增加和通婚范围的扩大将从根本上促进我国人口素质整体的提升。蒋国和（2010）认为在市民化的过程中，农村人口需要在城市中寻找到合适的工作机会并且在城市中得到长期的发展，就必须提升自身能力，从而努力提高对人力资本的投资水平，特别是对子女教育的投资。另外，相关部门和机构成立的专门培训班提供一定的基本知识的教育、法律知识的教育、道德素质方面的教育以及工作技能的培训，以有效提高新型农民工的法律意识、劳动技能等，而企业单位也会对其员工进行必要的劳动技能培训。这些培训将提升农村劳动力转移人口的人力资本的价值。

从更加深远的角度来看，推动农业转移人口市民化的过程还促使我国的人口增长方式从数量型向着质量型的方式转化。在过去很长一段时间内，我国人口总量提升较快，导致我国劳动力市场中出现了阶段性的劳动力数量激增，适龄劳动力占总人口比例提升，劳动力市场不断扩大，劳动力数量不断上升，社会总产值不断扩大的过程。这种劳动力数量上的提升是我国人口红利形成的劳动力数量型优势，这种趋势为我国的经济建设和社会发展提供了充足的劳动人口，使得我国经济快速发展、城市规模不断扩大、社会生活不断进步。但是随着人口总量上升速度的放缓，我国人口的年龄结构发生了一定的变化，社会老龄化程度不断提高，人口红利的数量型优势已经利用完结。而随着人口增长速度的放缓，市民化速度的加快，对劳动力的投资开始进一步上升，使得劳动人口整体素质开始提高，这样就使得我国劳动力人力资本的发展从数量型开始向着质量型转变。根据相关研究数据，1985 年至 2007 年，我国平均每年人力资本增长率为6.5%，其中 1994 年之后平均每年人力资本的增长率为 7.5%，增长速度明显加快。同时调查研究还发现，近几年来我国人力资本的增长越来越依赖于人口整体素质的提高，而其中，农村人口、农民工、新兴农民工等人口素质的提升尤为明显。因此在未来一段时间内，农村人口向着城市迁移以及农民工的市民化进程将会继续促进我国整体人力资本的提升，并且发展潜力难以估量。

从上述研究中我们不难看出，市民化对人力资本的提升有明显的促进作用，由于在劳动力从农村转移到城市的过程中，农村转移人口需要在城镇中获得工作机会、生存并发展，需要提升自身知识水平、劳动技能和思想意识，因此市民化的过程将会极大地促进社会整体劳动力资本的提升。

（三）市民化与居民消费

我国在很长一段时间内都主张以扩大内需为主要方式的经济增长策略。同时由于宏观调控在城市的发展和市民化的进程中起到了很大的影响，政府不断地加大对大型工程建设与城市发展和规划的资金投入，这就导致在我国经济中由投资对经济发展的刺激作用明显大于居民消费对经济的贡献。其中很重要的原因是我国居民消费水平整体较低。而市民化作为一种促进居民消费的重要方式，将在未来越来越受到重视。

梁冰（2007）分析了农村转移劳动力市民化促进居民消费的影响因素。一是原有的农村经济的消费与生活方式转变需要一定的时间；二是现有的福利制度对市民的保障力度相对较低，对刚完成市民化转变的农村人口的保障力度更小；三是农村转移人口的家人可能还会在很长时间内在农村地区生活，因此部分刚完成市民化的劳动力的消费需求无法被释放，必须使用储蓄的方式来保证家庭需求。孔祥利等（2006）重点分析了城乡之间消费的差异对农业转移人口市民化的影响，发现就长期来看，扩大我国城市地区农民工消费水平对提升我国市民化水平有明显的促进作用。严翅君（2008）发现目前农业转移人口以及完成市民化的农业转移人口的日常生活方式、消费方式以及休闲娱乐方式正在向着城市人口的生活方式转变。伴随着身份的变化和居住环境的变化，这种转变是明显的，并且消费习惯也在逐渐由农村地区的消费方式转变为城市消费方式，消费能力提升较为明显并且消费结构中用于休闲娱乐比例明显提高。但是和城市人口相比，休闲娱乐消费占总生活开销的百分比还是较低，用于看书学习、个人培训等精神层面的消费差距更加明显。梁晨（2009）对市民化之后农民工与城市居民的日常生活方式、消费方式和闲暇生活习惯等进行了对比，发现农村人口、市民化后的农业转移人口以及城市人口之间消费水平、消费结构以及消费欲望等方面的差异的根本因素在于收入水平。赵俊超（2010）等认为目前我国存在农业转移人口市民化的不完全现象，户籍分割严重压制了消费需求，其收入很大一部分被转移到农村地区，而由于农村地区的消费习惯和需求不同，大部分的收入无法转换为对商品的真实需求，因此无法带动经济的进一步发展。

相关研究和统计表明，在城市务工的农民工平均消费指数为 0.53，相对的，城市人口的消费指数为 0.81，而农村地区人口的消费指数为 0.77。从这个角度来看，城市中农民工的消费需求被严重抑制。农业转移人口需要承担城市中的高消费，但是却有着更低的消费倾向，他们生产并创造了大量的商品和价值，却没有能力去消费，这就导致了城市中生产和消费的不平衡，也抑制了我国城市经济的进一步发展。统计数据也表明，2003年，我国城市居民的年平均消费量为 8 471 元/人，而农村人口年平均消费量为 2 316 元/人，如果将一个农村人口完全转化为城市人口，将会极大地提升消费需求。而在未来的发展中，如果农业转移人口不断增多，其消费需求总量将会继续不断地扩大。更进一步的，市民化之后的农民工需要在城市中拥有自己的住房，还有子女教育、养老、医疗等需求，这样就会对城市中的生活服务、基本消费、休闲娱乐等形成极其旺盛的消费需求。所以完成充分的农业转移人口的市民化并且将农民工消费需求完全释放，将会极大地提升我国居民消费水平，并且对经济发展产生更强大的促进作用。

从上述研究中我们不难得出结论，市民化对居民消费有明显的促进作用，由于城镇地区平均消费水平明显高于农村地区平均消费水平，农村转移劳动力在城市生活和发展必将产生更多消费，同时农村转移劳动力可以在城市中获得更高的劳动收入，需要提升就业竞争力就要付出更多的学习投资，这些都将会促进居民消费的增长。

在本研究中，我们从市民化对城镇化、人力资本以及居民消费三个方面的作用进行了文献回顾，从现有的研究成果中我们可以总结出，市民化对城镇化、人力资本以及居民消费都有明显的促进作用，而这三个方面又可以推动经济的发展。因此我们可以认为城镇化、人力资本以及居民消费是市民化最终推动经济发展的三个路径，但是在现有的文献中缺乏从该角度论述市民化对经济促进作用的机理的相关研究，同时也缺乏使用经济学模型对该作用机制进行推导和仿真研究的文献，因此在下节中我们将使用经济学模型来分析和模拟市民化和经济发展之间的关系与作用机理，更加深刻地剖析市民化对经济发展的影响方式。

二、市民化对经济增长的理论推导

我们使用CGE模型对市民化对经济增长的影响进行分析，首先需要对市民化和经济增长之间的关系建立模型。在本模型中，我们根据对产业的传统划分将所有的生产单位和部门划分为农业、工业和服务业。使用 I 来表示在一个特定的经济体系中所有的生产部门的集合，使用 J 来表示在一个特定的经济体系中所有的商品部门的集合。在本研究中，为了简化模型，我们认为每一个部门生产且只生产一种产品，也就是说在本模型的经济体系中一共会出现3种商品。

在客观的经济体系中，会存在多个生产厂家生产同样的产品，并且都会放在市场上进行流通，这些厂家在市场中会形成复杂的竞争关系，并且会影响到市场价格的波动和企业利润的升降。在本模型中，由于研究重点是市民化对经济的影响，不涉及企业之间的竞争和价格波动，因此我们在本模型中假设在经济体中所有的产品生产厂家都是价格的接受者，并且在市场上所有的厂家都可以实现充分的竞争。此时可以认为当模型达到均衡时每个企业的利润都是零，并且商品的价格等于商品生产的成本。

根据目前我国经济城乡二元化的现状，以及有大量农村人口进入城市务工的现状，我们将经济体系中所有劳动力的集合分为三大类，分别为农村劳动力、城市劳动力以及农民工劳动力。其中，农民工劳动力专门指和农村中的土地分离，在城市中通过工资收入来保障自身生活，并且在人口统计中已经被计入城镇人口，但是却因为户籍等政策的原因不能和城市劳动力一样享受城市的住房、教育、保险、医疗、养老等社会福利的特殊劳动力群体。同时也将经济体系中所有的居民分为农村居民、城市居民和新兴城市居民，其中新兴城市居民对应农民工劳动力，由于他们在城市中长期居住，并且已经被计入城市人口中，和农村居民已经存在较大的差异，但是在收入水平、社会福利、消费模式等方面和城市居民还有较明显的差异，因此在本研究中对这个特殊的人群进行区分。

在由于在本研究中不涉及商品的具体生产过程，因此在本模型中假设整个经济系统中存在两种产品，分别是城市生产的工业产品和农村生产的农业产品，并且城市生产的工业产品足够满足整个经济体系的需要，农村需要的工业产品是由城市供给并且需要通过购买获得，同样的，农村生产的农业产品可以满足整个经济体系的需要，城市需要的农业产品是由农村供给并且需要通过购买来获得。

在本研究中，我们首先设定在整个经济体系中的劳动力的总量为：

$$L = l_a + l_u \qquad\qquad\qquad (7-1)$$

其中 l_a 为农村中的劳动力总量，l_u 表示城市中的劳动力总量，并且 $l_u = l_1 + l_2$，l_1 表示城市中农民工劳动力数量，l_2 表示城市中城市人口劳动力数量。并且我们假设，农村劳动力可以自由地在城市和农村之间进行流动，这也可以认为，农村劳动力可以自由地在农村劳动力和城市中的农民工劳动力之间进行转化，但是转化为城市劳动力则需要具备一定的条件。

（一）生产模块

在 CGE 模型的生产模块中，我们使用方程对经济体系中的农业部门和城市部门分别进行描述，重点来确定劳动力和生产力之间的关系。

1.农业部门

在农业部门的模型中，我们假设在农村地区虽然已经有一部分劳动力转化为城市劳动力或者转化为农民工劳动力，但是仍然存在足够多的农村劳动力，并且由于农村劳动力正在向城市转移，表明农村中有剩余劳动力。在这样的前提下，在农业部门生产商品的产出只取决于在农村地区的农村劳动力自身所拥有的人力资本水平。可以用生产函数来描述农村劳动力个体的劳动产出：

$$Y_{a,i} = A_a l_a^\varepsilon h_{a,i}^\delta \qquad\qquad (7\text{-}2)$$

其中 Y 表示在农村地区个体劳动者劳动产出，a 指代与农村地区相关的变量，i 代表单个个体劳动者，A 代表农村生产规模，l 代表农村生产部门中平均的人力资本水平，ε 代表农村生产部门中平均人力资本生产数量的弹性参数，h 代表在农村生产部门中劳动者个体的人力资本水平，δ 代表在农村生产部门中的劳动力个体的人力资本产出弹性系数。

在模型达到均衡时，在农村生产部门中所有的劳动力都可以达到相同的人力资本水平，也就是：

$$h_{a,i} = h_a \qquad\qquad (7\text{-}3)$$

所以此时在农村生产部门中总的产出就是所有农村劳动力个体产出的综合，如（7-3）式所示：

$$Y_a = \sum_i Y_{a,i} = A_a l_a h_a^{\varepsilon+\delta} \qquad\qquad (7\text{-}4)$$

从该式可以看出，农业生产部门的总产出值在均衡状态下，农村地区劳动力数量和劳动人口数量对于农业生产部门总产品的产出数量总数没有影响。

2.城市部门

根据现有的城市经济学相关知识和理论，我们可以知道，随着城市中人口的增加，城市劳动人口也会增加，城市规模也会相应地扩大，同时也会伴随着城市生产部门总产出产品的增加。因此在本研究中我们假设城市生产部门产出产品的数量取决于两个因素，分别是城市中劳动力的人力资本水平和城市中劳动力总数。并且在本研究中，为了简化起见，也假设城市中农民工劳动力和城市劳动力在生产过程中生产相同的工业产品，产品质量和价格没有差异。在这样的假设条件下，我们可以得出城市生产部门生产函数：

$$Y_{u,j} = A_u l_u^\beta h_u^\beta h_{u,j}^\gamma \qquad\qquad (7\text{-}5)$$

其中 Y 为城市劳动力个体在城市生产单位生产过程中的单位产出，A

为城市生产部门生产规模参数，h_u 为城市生产单位中劳动力整体的平均人力资本水平，$h_{u,i}$ 为城市生产单位中劳动力个体的人力资本水平，α 表示城市生产单位中劳动力产出弹性指数，使用 β 表示城市生产单位中平均的人力资本弹性参数，使用 γ 来表示城市生产单位中劳动力个体人力资本产出弹性。

当模型达到均衡时，也就是城市生产单位中每个劳动力都具有一样的人力资本水平，也就是：

$$h_{u,i} = h_u \tag{7-6}$$

此时城市生产单位中总的产出就等于城市中劳动力个体生产的商品的总和，使用下式对该均衡状态下的城市生产商品总数进行计算：

$$Y_u = \sum_i Y_{u,i} = A_u l_u^{\alpha+l} h_u^{\beta+\gamma} \tag{7-7}$$

从上式中我们不难看出，在本模型中的城市生产部门产出的总商品的产出函数可以表明，在城市劳动力数量增加的情况下，城市生产部门的总产出数量也会不断地增加。

（二）政府行为

在本模型中，城市中生产活动的具体分布形态对研究市民化和经济发展之间的关系没有直接作用，因此我们可以对城市中劳动人口的居住分布形态进行简化。我们假设城市中所有的生产行为都发生在城市的中心，产业非常集中，形成一个中心点。而城市居民的居住地在生产地点的外围，以城市中心为圆心，均匀地分布在周围的同心圆中。城市居民中有一部分人口没有自己的住房，必须租住在政府提供的房屋中，并且周期性地将收入的一部分作为房屋租金上交。由于市场的作用，城市中心房屋的租金较高，周边房价较低，以市中心为最高点，向外呈梯度递减，距离市中心越远的房屋租金越低。同时劳动力从居住地到工作地点每天都需要往返，往返需要支付交通费用，居住位置离工作位置越远，每天往返的交通费用就越高，这样就形成了通勤交通费用和房屋租金之间的权衡选择的问题。我们通过理论推导来求出城市居民生活成本计算公式，以及相应的通勤成本和房屋租赁成本计算公式。

　　在本模型中我们假设每个居民的房屋住宅面积均为1，并且当均衡时，所有的居民在每天上班通勤上的消费和在住房方面的消费总和相等，在模型中我们将其设为一个常数，此时就有在该城市中所有的劳动人口在交通上的总花费为：

$$\int_0^{u_1} 2\pi u(\tau u)\mathrm{d}u = \frac{2}{3}\pi\tau u_1^3 \qquad\qquad (7-8)$$

　　同时在该城市中所有的劳动人口在住房上的总花费为：

$$\int_0^{u_1} 2\pi u R(u)\mathrm{d}u = \int_0^{u_1} 2\pi u(\tau u_1 - \tau u)\mathrm{d}u = \frac{1}{3}\pi\tau u_1^3 \qquad (7-9)$$

　　因为我们已经假设了所有居民的住房面积都是1，所以可以得到在城市中劳动力数量和住房总面积之间的关系为：

$$l_u = \pi u_1^2 \qquad\qquad (7-10)$$

　　通过上述三式的综合运算，就可以得到在该城市中劳动人口在住房和交通方面的总的消费数量为：

$$\text{总交通成本} = b l_u^{3/2}$$
$$\text{总房屋成本} = \frac{1}{2} b l_u^{3/2} \qquad\qquad (7-11)$$
$$b = \frac{2}{3}\pi^{-\frac{1}{2}}\tau$$

　　从推导的公式中我们不难看出，在城市的劳动力中，不管是城市居民还是在城市居住的农民工，他们的生活成本、通勤成本和房屋租赁成本都会随着城市人口规模的扩大而上升。

　　在实际的城市经济体系中，由于农业转移人口在城市工作和生活，但是不能和城市人口一样获得城市居民的福利，因此在社会公共服务和生活保障方面会遭遇到各种不平等的情形，包括就业、教育、社会保障、养老、医疗等方面。因此在模型中也需要体现出政府对居民生活补贴的差异，以区分城市居民和在城市务工的农业转移人口之间的差异。在本研究中，我们对模型进行简化，假设政府补贴只集中在住房补贴和交通补贴这两块，并且城市中农民工没有任何政府补贴，城市人口享受所有的政府补贴已经城市化，获得城市人口身份的人口和城市人口一样享受政府补贴。这样我们就可以计算出政府的补贴总金额。在这里我们先假设政府分配给每个城市人口的补贴金额一致，都为 T，这样就可以得到政府在补贴方面的总开销为：

$$G = \theta l_1 T + l_2 \tag{7-12}$$
$$\theta \subseteq [0, 1]$$

其中，θ 表示在该经济体系中的农业转移人口的市民化程度，并且该值越大表示市民化程度越高，如果为 1，表示所有的农民工均完成市民化，而等于 0 表示没有农民工完成市民化。

当模型达到均衡状态时，对政府来说其收支数量相等，此时：

$$\theta l_1 T + l_2 T = \frac{3}{2} b l_u^{\frac{3}{2}} \tag{7-13}$$

因此就可以推算出政府给予每个市民的补贴金额为：

$$T = \frac{3 b l_u^{3/2}}{2(\theta l_1 + l_2)} \tag{7-14}$$

（三）居民行为

在本节中我们主要对模型中居民的收入和消费情况以及相关参数进行设定。

1. 居民收入

对于一般的劳动者来说，其收入等于其劳动付出，因此收入决定于劳动的生产效率。劳动者收入的计算公式为：

$$W_{ji} = p_j Y_{i,j} \tag{7-15}$$

这里 W_{ji} 表示在行业 j 中特定的劳动者个体 i 的劳动报酬收入；p_j 表示该劳动者生产的商品在市场上的价格；$Y_{i,j}$ 表示该劳动者生产商品的数量。

对农村地区劳动者来说，假设农业产品的市场销售价格为 1，所以农村劳动力的收入为：

$$W_{a,i} = p_\gamma Y_{a,i} = A_a h_a^\varepsilon h_{a,i}^\delta \tag{7-16}$$

由于在农村地区劳动者的实际劳动地点靠近劳动者的居住地点，不存在生产单位位置集中分布的现象，所以农村劳动力不需要消耗日常的通勤费用，这样农村劳动力实际可支配收入就等于其全部收入：

$$W_a = A_a h_a^{\varepsilon + \sigma} \tag{7-17}$$

城市劳动人口的名义收入为：

$$W_{u,i} = p_c Y_{u,i} = p_c A_u l_u^\alpha h_u^\beta h_{u,j}^\gamma \tag{7-18}$$

我们在模型中假设城市中劳动力的人力资本水平完全一样，所以在模型达到均衡状态时，城市中劳动力的名义收入如（7-18）式所示。并且城市中所有的劳动力，包括城市人口劳动力和在城市中工作的农民工劳动力的收入水平相等。

$$W_u = p_c A_u l_u^\alpha h_u^\beta h_u^\gamma \tag{7-19}$$

但是，由于城市劳动人口在工作中需要付出每日的交通通勤费用和房屋租赁费用，所以城市劳动人口的实际收入如（7-19）式所示。由于没有获得政府补贴，因此该收入也是在城市务工的农民工的所有实际收入。

$$W_1 = W_u - \frac{3}{2} b l_u^{\frac{1}{2}} \tag{7-20}$$

由于在模型中我们已经假设农业转移人口自由地在城市和农村之间进行迁移，所以这部分人群一定会向着收入高的一方流动，当模型达到均衡时，也就是人口流动相对稳定，城市中流出人口和城市中流入人口相同，我们可以将模型简化为此时不发生人口流动现象，也就是说此时农民工在城市中的收入水平和在农村中的收入水平相等：

$$W_1 = W_a = A_a h_a^{\varepsilon+\delta} \tag{7-21}$$

对城市人口来说，由于还有政府对城市人口的财政补贴，包括住房补贴和城市交通通勤费用补贴，所以城市人口的实际收入部分还要加上政府补贴。这样城市人口的实际收入为：

$$W_2 = W_u - \frac{3}{2} b l_u^{1/2} = A_a h_a^{\varepsilon+\delta} + \frac{3 b l_u^{\frac{3}{2}}}{2(\theta l_1 + l_2)} \tag{7-22}$$

从中我们就可以推导出城市中生产的工业商品的销售价格为：

$$p_c = (A_u l_u^\alpha h_u^{\beta+\gamma})^{-1}(A_a h_a^{\varepsilon+\delta} + 3/2 b l_u^{\frac{1}{2}}) \tag{7-23}$$

2.居民消费

在本模型中，由于整个经济体系中仅存在两种商品，分别是工业商品和农业商品，因此居民的消费也只能用于购买这两种商品，可以将居民的消费分为农业产品消费和工业产品消费。

（1）农业产品消费。

从实际的消费状态来看，农产品价格的高低不会直接影响到居民对农产品消费的数量。所以我们在模型中引入了居民效用函数：

$$U = (x_c + x_r^\rho)^\sigma \tag{7-24}$$

其中，x_c 表示居民当期对农业产品的消费量；x_r 表示居民当期对工业产品的消费量；ρ 和 σ 分别反映了两种消费品间的替代弹性。我们设农产品价格为 1，这样人口对农产品供给的需求表达式可以用下式描述：

$$x_r = (\rho p_c)^{\frac{1}{1-\rho}} \tag{7-25}$$

上式中，p_c 表示工业产品的价格。居民对各类产品的消费需求主要取决于相对价格，由于农产品价格为 1，因此，（7-24）式中只有工业产品的价格。

（2）工业产品消费。

人口对工业产品的消费额度为其总消费额度减去对农产品的消费额度，而人口的总消费额度等于其实际收入值减去其储蓄额度。由于农村人口、城市人口和农业转移人口的实际收入值不一样，因此这三种人口对工业产品消费的计算公式分别为：

$$
\begin{aligned}
p_c x_{a,c} &= (1-s_a)W_a - p_\gamma x_{a,\gamma} \\
p_c x_{1,c} &= (1-s_1)W_1 - p_\gamma x_{1,\gamma} \\
p_c x_{2,c} &= (1-s_2)W_2 - p_\gamma x_{2,\gamma} \\
s_1 &\subseteq [s_a, s_2]
\end{aligned}
\tag{7-26}
$$

其中，x 分别代表不同类型的劳动人口对某种商品的需求；W 代表不同类型劳动人口的实际收入；s 代表不同类型劳动人口的储蓄率，a、1、2 分别代表农村人口、农业转移人口和城市人口。

三、市民化对经济增长的机理分析

（一）市民化对城市规模影响理论分析

从上文对模型中生产模块的推导和计算可以知道，在本模型所描述的经济体系中农村生产的农产品总数为 $A_a l_a h_a^{\varepsilon+\sigma}$，同时已经推导得出在本模型描述的经济体系中每个人在购买农产品时的消费支出为 $(\rho p_c)^{1/(1-\rho)}$。假设每个人口购买的农产品都被用于消费，并且在当时就消耗完不做农产品的存储，这样就可以得到在本经济体系中所有农产品的消耗量为 $L(\rho p_c)^{1/(1-\rho)}$。

当模型达到均衡状态时，农产品市场达到市场出清状态，此时农产品的产量和总消耗量相等，就有：

$$A_a l_a h_a^{\varepsilon+\sigma} = L(\rho p_c)^{1/(1-\rho)} \qquad (7-27)$$

并且我们也可以推导出农村人口数量占本经济体系中总人口的比例：

$$
\begin{aligned}
\left(\frac{l_a}{L}\right)^{(1-\rho)} &= \rho p_c (A_a h_a^{\varepsilon+\sigma})^{\rho-1} \\
&= \rho (A_a h_a^{\varepsilon+\sigma})^{\rho-1} (A_a l_u^{\alpha} h_a^{\beta+\gamma})^{-1} (A_a h_a^{\varepsilon+\sigma} + \frac{3}{2} b l_u^{\frac{1}{2}})
\end{aligned}
\qquad (7-28)
$$

从该公式中我们不难看出，随着在城市务工的农业转移人口市民化的进程，农村劳动人口占总人口数量的比例将会不断地下降。又由于在某个固定的时间段内，特定的经济体系中劳动力总数是不变的，所以提升市民化水平将会有助于增加城市劳动力的总数，并且城市规模以及城市经济发展速度也会不断加快。

（二）市民化对人力资本影响理论分析

在本模型中我们假设在经济体系中农村地区人口和城市地区人口对教育、培训等自我增值方面的投资和消费支出对整个经济体系中的人力资本的提高有决定性的作用。所以就可以得到在本经济体系中人力资本积累的方程为：

$$H = \nu[(1-s_a)l_a W_a + (1-s_1)(1-\theta)l_1 W_1 + (1-s_2)(\theta l_1 + l_2)W_2] \qquad (7-29)$$

其中，H 为经济体系中所有的人力资本量；ν 表示在经济体系中的劳动力对于自身教育、技能、卫生、培训等方面的支出比例。

设 $h = H/L$，h 是在本经济体系中的平均人力资本量，使 n 为本经济体系中平均劳动力增长率。这样就可以推算出人力资本积累表达式：

$$
\begin{aligned}
\frac{\dot{h}}{h} &= \frac{H}{Lh} - n \\
&= \frac{\nu[(1-s_a)l_a W_a + (1-s_1)(1-\theta)l_1 W_1 + (1-s_2)(\theta l_1 + l_2)W_2]}{Lh} - n \\
&= \frac{\nu\{(1-s_a)l_a A_a h_a^{\varepsilon+\sigma} + (1-s_1)(1-\theta)l_1 A_a h_a^{\varepsilon+\sigma} + (1-s_2)(\theta l_1 + l_2)(A_a h_a^{\varepsilon+\sigma} + \frac{3b l_u^{3/2}}{2(\theta l_1 + l_2)})\}}{Lh} - n
\end{aligned}
$$

$$(7-30)$$

当模型达到均衡时，农村地区劳动力的人力资本和城市地区劳动力人力资本相等，同时也和平均人力资本相等，这样就有

$$h_a = h_u = h \tag{7-31}$$

并且此时的平均人力资本存量积累值等于零，这样就可以推导出

$$[L - s_a l_a - (1-\theta)s_1 l_1 - s_2(\theta l_1 + l_2)]A_a h_a^{\varepsilon+\sigma} + 3/2(1-s_2)b l_u^{3/2} = \frac{Lhn}{\nu} \tag{7-32}$$

当 θ 为 0 时，也就是在城市地区务工的农民工完全不进行市民化的前提下，此时农民工的储蓄和农村地区劳动力的储蓄相等，此时公式就演化成：

$$[L - s_a l_a - s_a l_1 - s_2 l_2)]A_a h_a^{\varepsilon+\sigma} + 3/2(1-s_2)b l_u^{3/2} = \frac{Lhn}{\nu} \tag{7-33}$$

当 θ 值为 1 时，也就是在城市地区务工的农民工完全市民化的前提下，此时农民工收入的储蓄率和城市人口的储蓄率相等，此时公式就会演化成：

$$[L - s_a l_a - s_2 l_1 - s_2 l_2)]A_a h_a^{\varepsilon+\sigma} + 3/2(1-s_2)b l_u^{3/2} = \frac{Lhn}{\nu} \tag{7-34}$$

分析两种情况下经济体系中的人力资本水平不难看出，当城市中的农民工完全市民化后和完全不市民化相比，人力资本水平有了明显的提升。所以可以认为，市民化对整个经济体系中的人力资本水平有很明显的促进作用。

（三）市民化对消费水平影响理论分析

从上文中我们已经推算出，在模型所研究的经济体系中所有的人口需要消耗的农业产品的价值为：

$$P_a Q_a = l_a p_\gamma x_{a,\gamma} + (1+\theta)l_1 p_\gamma x_{1,\gamma} + (\theta l_1 + l_2)p_\gamma x_{2,\gamma} = 3(\rho p_c)^{\frac{1}{1-\rho}} \tag{7-35}$$

其中 P 为农业产品在市场上的销售价格；Q 表示整个经济体系中对农业产品的消费总量。

我们同样可以推算出在该经济体系中所有的人口需要消耗的工业产品的总价值为：

$$\begin{aligned}
P_u Q_u &= l_a p_c x_{a,c} + (1-\theta)l_1 p_c x_{1,c} + (\theta l_1 + l_2)p_c x_{2,c} \\
&= (1-s_a)l_a W_a + (1-s_1)(1-\theta)l_1 W_1 + (1-s_2)(\theta l_1 + l_2)W_2 - 3(\rho p_c)^{\frac{1}{1-\rho}}
\end{aligned} \tag{7-36}$$

由于在本模型中，只有工业产品和农业产品两种商品在市场上进行交易，而人口的总消费额度就是所有消费额度的总和，因此在本模型中消费的总量为对农业产品的消费量和对工业产品的消费量之和：

$$
\begin{aligned}
PQ &= P_a Q_a + P_c Q_c \\
&= (1-s_a)l_a W_a + (1-s_1)(1-\theta)l_1 W_1 + (1-s_2)(\theta l_1 + l_2)W_2 \\
&= (1-s_a)l_a A_a h_a^{\varepsilon+\sigma} + (1-s_1)(1-\theta)l_1 A_a h_a^{\varepsilon+\sigma} + (1-s_2)(\theta l_1 + l_2)\left(A_a h_a^{\varepsilon+\delta} + \frac{3b l_u^{3/2}}{2(\theta l_1 + l_2)}\right)
\end{aligned}
\tag{7-37}
$$

其中，P 为复合商品在市场上的销售价格；Q 为复合商品在市场上销售的总数。进一步的，我们可以推出，当在城市务工的农民工劳动力完全没有发生市民化时的消费总额：

$$
\frac{PQ}{L} = \frac{[L - s_a l_a - s_a l_1 - s_2 l_2]A_a h_a^{\varepsilon+\sigma} + 3/2(1-s_2)b l_u^{3/2}}{L}
\tag{7-38}
$$

同时也可以计算出当所有的城市农民工都转化为城市人口，也就是完全的市民化之后的消费总额为：

$$
\frac{PQ}{L} = \frac{[L - s_a l_a - s_2 l_1 - s_2 l_2]A_a h_a^{\varepsilon+\sigma} + 3/2(1-s_2)b l_u^{3/2}}{L}
\tag{7-39}
$$

观察上述两式不难得出，当在城市务工的农业转移人口完全实现市民化时，消费总额要远高于农民工完全未实现市民化时的消费总额。因此我们可以得出结论：实现市民化可以有效提高经济体系中的消费水平。

（四）市民化对经济总量的影响研究

在本研究中，社会总产出只有农业产品和工业产品两种，并且我们设定农业产品价格和工业产品价格都是1，这样就可以得出社会生产的总价值为：

$$
Y = A_a l_a h_a^{\varepsilon+\delta} + A_u l_u^{\alpha+l} h_u^{\beta+\gamma}
\tag{7-40}
$$

从上述的论述中我们已经推导出了市民化对人力资本水平的提升有明显的促进作用，在此我们继续推导人力资本的提升对经济总量的提升作用。

当模型达到均衡状态时，农村地区劳动力的平均人力资本水平和城市地区劳动力的人力资本水平相等，同时也等于整个经济体系中的人力资本水平。这样就可以推导出：

$$Y = A_a l_a h_a^{\varepsilon+\delta} + A_u l_u^{\alpha+l} h^{\beta+\gamma}$$ (7-41)

并且在此方程中对 h 求导，就可以得到：

$$\frac{\partial Y}{\partial h} = (\varepsilon + \delta) A_a l_a h^{\varepsilon+\delta-1} + (\beta + \gamma) A_u l_u^{\alpha+l} h^{\beta+\gamma-1}$$ (7-42)

在该方程中我们不难看出，社会经济的总产出值对社会劳动力的人力资本导数值恒大于零成立，因此就可以得出结论：随着劳动力人力资本的提升，经济的总量会得到提高，也就是说人力资本对经济的发展有促进作用。

在上文的论证中我们已经推导出了人口市民化对城市的规模增大有促进的作用，也就是说市民化的进程可以推动城市化的进程，使用公式：

$$L = l_a + l_u$$

代入经济总量表达式，就可以得到经济总量和城市地区劳动力数量之间的关系：

$$Y = A_a h_a^{\varepsilon+\delta}(L - l_u) + A_u l_u^{\alpha+l} h_u^{\beta+\gamma}$$ (7-43)

对该式求导，就可以得到：

$$\frac{\partial Y}{\partial l_u} = -A_a h^{\varepsilon+\delta-1} + (\alpha + 1) A_u l_u^{\alpha} h_u^{\beta+\gamma}$$ (7-44)

从上式中不难看出，若：

$$(\alpha + 1) A_u l_u^{\alpha} h_u^{\beta+\gamma} > A_a h_a^{\varepsilon+\delta}$$ (7-45)

则经济总量会随着城市地区劳动力总数的增加而上升，从中我们可以看出，在一定范围内，城市化的进程可以促进经济总量的上升。当模型达到均衡状态时，经济体系中的总消费额度和该经济体系的总产出相等，因此居民消费的总额和经济总量相等，从这不难看出，居民消费的增加可以直接促进经济总量的增加。

从上述的推导中我们可以得出结论，城镇化速度的提升、人力资本水平的提升和居民消费水平的提升对经济总量的提升都有促进作用。在本章中我们主要研究了市民化对经济增长的影响机理，使用CGE模型对市民化和经济发展之间的关系进行建模，并且从理论上推导出了市民化对经济增长的作用机理，分别从市民化水平影响城市规模、人力资本以及消费水平三个路径进行阐述，最终推导出市民化对经济总量的促进作用。通过本章的研究，我们可以得出结论，市民化通过促进城市规模的扩大，人力资本的提升以及消费水平的提升三个角度促进经济总量的增长。

第八章

市民化与经济增长：政策模拟与仿真研究

在上一章中，我们已经通过理论推导的方法研究了市民化与城市化之间、市民化与居民消费之间、市民化与人力资源水平之间以及市民化与经济总量之间的关系，并且得出结论，随着市民化水平的不断提升，城市化水平、人力资源水平、居民消费水平以及经济总量都会随之提升。接下来，我们通过建立模型，并且使用实际经济体系中的统计数据对市民化和经济发展之间的关系进行研究，使用仿真模拟的方法对模型进行计算，模型仿真研究的重点是研究市民化水平和城市化水平、人力资源水平、居民消费水平以及经济总量之间的关系。

一、市民化与经济增长关系的仿真模型建立

在本章模型中，我们根据传统上对产业的划分将所有的生产单位和部门划分为农业、工业和服务业。使用 I 来表示在一个特定的经济体系中所有的生产部门的集合，使用 J 来表示在一个特定的经济体系中所有的商品的部门的集合。在本研究中，为了简化模型，我们认为每一个部门生产且只生产一种产品，也就是说，在本模型的经济体系中一共会出现3种商品。

在客观的经济体系中，会存在多个生产厂家生产同样的产品，并且都会投放到市场上进行流通，这些厂家在市场中会形成复杂的竞争关

系，并且会影响到市场价格的波动和企业利润的升降。在本模型中，由于研究重点是市民化对经济的影响，不涉及企业之间的竞争和价格波动，因此我们在本模型中假设在经济体系中所有的产品生产厂家都是价格的接受者，并且在市场上所有的厂家都可以实现充分的竞争。此时可以认为当模型达到均衡时每个企业的利润都是零，并且商品的价格等于商品生产的成本。

根据目前我国经济城乡二元化的现状，以及有大量农村人口进入城市务工的现状，我们将经济体系中所有劳动力的集合分为三大类，分别为农村劳动力、城市劳动力以及农民工劳动力。其中农民工劳动力专门指和农村中的土地分离，在城市中通过工资收入来保障自身生活，并且在人口统计中已经被计入城镇人口，但是却因为户籍等政策的原因不能和城市劳动力一样享受城市的住房、教育、保险、医疗、养老等社会福利的特殊劳动力群体。同时也将经济体中所有的居民分为农村居民、城市居民和新兴城市居民，其中新兴城市居民对应农民工劳动力，由于他们在城市中长期居住，并且已经计入城市人口中，和农村居民已经存在较大的差异，但是在收入水平、社会福利、消费模式等方面和城市居民还有较明显的差异，因此在本研究中对这个特殊的人群进行区分。

（一）生产模块模型

在上文的理论推导过程中，我们为了简化模型，对生产过程做了简化，将所有的生产产品只分为农业产品和工业产品，也就是说所有的生产厂家都生产相同内容相同质量的产品。但是在实际的经济运行中，不可能出现这样的现象，每个厂家在生产过程中投入的资源都是不同的，并且会投入多种类型的资源，比如劳动力、土地、资金、技术等。由于各种生产要素之间都具有不可互相替代的特性，因此不能像在理论推导时一样使用简单的方法对模型进行简化，也不能使用一个生产函数就覆盖整个经济体系中的生产行为。因此在对模型进行仿真研究时，我们根据实际的生产状况，选择了多层嵌套的模型对生产者在生产过程中的选择进行模拟。该多层选择方式构建的多层嵌套模型如图8-1所示。

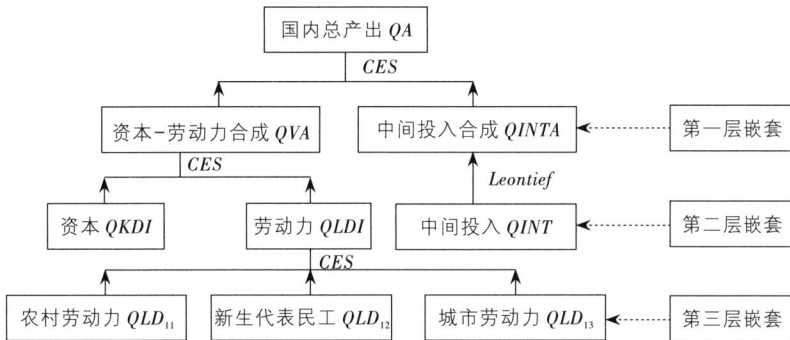

图 8-1 多层嵌套模型图

图 8-1 对经济体系中商品的生产选择进行了分解，从图中不难看出，整个生产选择被分成了三层嵌套关系。在第一层嵌套关系中，生产商品的厂家将所有生产过程中投入的生产要素分为增加值投入和合成中间投入两大块。到了第二层嵌套关系中，增加值又被划分为劳动力投入和资金投入，合成中间投入按照投入资源的类型分成了农业商品投入、工业商品投入和服务业商品投入三大类。到了第三层嵌套关系中，劳动力投入继续被划分成为农村劳动力、城市劳动力和新生代农民工。

通过这样三层细致的划分，就可以将经济体系中生产厂家在生产商品过程中的选择进行细化，从中得到的生产函数将更加接近于实际生产过程中的选择行为，也使得模型计算和仿真的结果可以更加符合实际。

1.第一层嵌套

在实际的经济生活中，企业或者工厂进行生产行为，其主要目的是获取最大化的利润，当然在追求最大化利润的过程中会受到技术和资金等条件的限制，因此企业在生产中进行选择的根本目的是在当前具备的技术条件、资金、人力资源的约束情况下，对投入生产资料的增加值和中间投入产品两个部分的比例进行调整，实现最优化组合，以达到企业产出的最大化和收入的最大化。所以对一个特定的生产部门来说，在第一层嵌套中进行生产选择的问题就可以转化为一个最优问题，如下式所示：

$$Max:PA_i \times QA_i - (PVA_i \times QVA_i + PINTA_i \times QINTA_i)$$

$$st:QA_i = (\delta_i^{qa} \times (QVA_i)^{\rho_i^{qa}} + (1-\delta_i^{qa}) \times (QINTA_i)^{\rho_i^{qa}})^{\frac{1}{\rho_i^{qa}}}$$

$$(8-1)$$

在该式中，QA 表示在该经济体系内部某个生产部门的生产商品数量，PA 表示该生产部门生产商品的市场价格，PVA 表示该部门生产过程中附加的价格，QVA 表示该部门需要在生产过程中增加的价值，$PINTA$ 表示该部门在生产过程中投入的中间产品的价格，$QINTA$ 表示在该部门生产过程中所需要投入的中间产品的售价，σ 表示在该生产部门生产过程中增加的百分比参数值，ρ 表示替代参数。

使用拉格朗日方程对该最优问题进行求解，可以得到：

$$L = PA_i \times QA_i - (PVA_i \times QVA_i + PINTA_i \times QINTA_i) - \lambda\{QA_i - (\delta_i^{qa}(QVA_i)^{\rho_i^{qa}} +$$

$$(1-\delta_i^{qa})(QINTA_i)^{\rho_i^{qa}})^{\frac{1}{\rho_i^{qa}}}\}$$

$$(8-2)$$

分别对各个参数求导数并且使一阶导数公式等于 0，就可以得到如下方程组：

$$PVA_i = \lambda\delta_i^{qa}(QVA_i)^{\rho_i^{qa}-1}$$

$$PINTA = \lambda(1-\delta_i^{qa})(QINTA_i)^{\rho_i^{qa}-1}$$

$$QA_i = (\delta_i^{qa}(QVA_i)^{\rho_i^{qa}} + (1-\delta_i^{qa})(QINTA_i)^{\rho_i^{qa}})^{\frac{1}{\rho_i^{qa}}}$$

$$(8-3)$$

进行化简和变化后就可以得到需求函数：

$$QA_i = (\frac{\delta_i^{qa}PA_i}{PVA_i})^{\delta_i^{qa}}QA_i$$

$$QINTA_i = (\frac{(1-\delta_i^{qa})PA_i}{PINTA_i})^{\delta_i^{qa}}QA_i$$

$$(8-4)$$

$$PA_i = [(\delta_i^{qa})^{\delta_i^{qa}}(PVA_i)^{1-\delta_i^{qa}} + (1-\delta_i^{qa})^{\delta_i^{qa}}(PINTA_i)^{1-\delta_i^{qa}}]^{\frac{1}{1-\delta_i^{qa}}}$$

2.第二层嵌套

到了第二层的嵌套就会出现两个部分的分解，分别是增加值的分解和合成中间投入的分解。由于这两个部分各自独立，我们可以分别对这两个部分进行研究。

（1）增加值的计算

在实际的经济生活中，生产厂家进行增加值的投入时，会涉及劳动

力、资金等多个方面的投入。但是在本研究中不涉及其他资源和资金投入
变化对生产活动以及经济发展的影响，所以为了简化模型起见，假设土地
和其他方面的资源的增加值为零，只研究劳动力和资金投入，并且对厂家
来说根本目的也是获得最大化的生产产出以及最大化的利润，所以该分解
问题同样可以被描述为一个最优解问题：

$$Max:PVA_i \times QVA_i - (WLI \times QLDI_i + WKI \times QKDI_i)$$

$$st:QVA_i = \alpha_i^{va}(\delta_i^{va}(QLDI_i)^{\rho_i^{va}} + (1-\delta_i^{va})(QKDI_i)^{\rho_i^{va}})^{\frac{1}{\rho_i^{va}}} \tag{8-5}$$

在该式中，WLI 表示在该经济体系中某个特定的劳动生产部门的工资水
平，$QLDI$ 表示该部门对劳动力的需求数量，WKI 表示该劳动生产部门中的
资本价格，$QKDI$ 表示该部门需要的资本的总量，α 表示通过生产增加的价
值的总量参数，σ 表示在该劳动部门中的劳动力份额，ρ 表示弹性指数。

我们同样使用拉格朗日最优解的方法对上述最优解问题进行求解，
可以得到在生产中某一个生产部门对于增加值的需求量的表达公式为：

$$QLDI_i = (\alpha_i^{va})^{\delta_i^{va}-1}(\frac{\delta_i^{va}PVA_i}{WLI_i})^{\alpha_i^{va}}QVA_i$$

$$QKDI_i = (\alpha_i^{va})^{\delta_i^{va}-1}(\frac{(1-\delta_i^{va})PVA_i}{WLI_i})^{\alpha_i^{va}}QVA_i$$

$$PVA_i = \frac{1}{\alpha_i^{va}}[(\delta_i^{va})^{\delta_i^{va}}(WLI_i)^{1-\delta_i^{va}} + (1-\delta_i^{va})(WKI_i)^{1-\delta_i^{va}}]^{\frac{1}{1-\delta_i^{va}}} \tag{8-6}$$

$$\delta_i^{va} = \frac{1}{1-\rho_i^{va}}$$

（2）合成中间投入的计算

在生产的过程中，除了像劳动力、资金、土地等原始生产要素的投入
之外，还要投入其他一系列中间产品，较为常见的是半成品、电力、燃料
等，在生产某种产品的过程中对中间投入产品的需求种类和需求量为固定
值，并且各种中间产品之间不可以互相替代，所以在本研究中我们可以使
用里昂惕夫函数对各种中间投入产品进行计算，公式如下：

$$QINT_{j,i} = \alpha_{i,j}QINTA_i$$

$$i \in I, j \in J \tag{8-7}$$

在该式中，$QINT$ 表示在经济体系中特定的生产部门在生产过程中使
用的某种特定的中间产品的需求量，$QINTA$ 表示某个特定的部门中的中

间产品的投入量，α 表示投入的中间产品之间的比例关系。其中，第 i 个生产部门中需要投入的中间产品的市场销售价格为：

$$PINTA_i = \sum_j (a_{j,i} PQ(j)) \tag{8-8}$$

3.第三层嵌套

在本层的嵌套关系计算中，重点是将劳动力的组成成分进行分解，按劳动力来源分成农村劳动力、城市劳动力和农民工劳动力。对生产厂家来说该问题同样是一个最优解问题，目标是获得最大生产产出和最大收益，所以该问题可以表述如下：

$$Max: WLI_i \times QLDI_i - (\lambda_{i,h_1} \times WL_{i,h_1} \times QLD_{i,h_1} + \lambda_{i,h_1} \times WL_{i,h_2} \times QLD_{i,h_2} + WL_{i,h_3} \times QLD_{i,h_3})$$

$$st: QLDI_i = \alpha_i^h \{\delta_i^{h_1}(\lambda_{i,h_1} \times QLD_{i,h_1})^{\rho_i^h} + \delta_i^{h_2}(\lambda_{i,h_2} \times QLD_{i,h_2})^{\rho_i^h} + \delta_i^{h_3}(QLD_{i,h_3})^{\rho_i^h}\}^{\frac{1}{\rho_i^h}} \tag{8-9}$$

在该式中，WL 表示某个特定的劳动生产部门给劳动者的工资，其下标表示对各个种类的劳动力给予不同水平的工资，QLD 表示对某种类型的劳动力的需求量，α 表示不同种类的劳动力的规模参数，表示某一种类劳动力占总劳动力人口的百分比。λ 表示不同种类的劳动力的有效劳动力参数。

对上述最优问题进行求解，就可以计算出某个特定的生产部门中对各种来源的劳动力的需求数量：

$$QLD_{i,h_1} = \frac{1}{\lambda_{i,h_1}}(\alpha_i^h)^{\delta_i^h - 1}\left(\frac{\delta_i^{h_1} WLI_i}{WL_{i,h_1}}\right)^{\delta_i^h} QLDI_i$$

$$QLD_{i,h_2} = \frac{1}{\lambda_{i,h_2}}(\alpha_i^h)^{\delta_i^h - 1}\left(\frac{\delta_i^{h_2} WLI_i}{WL_{i,h_2}}\right)^{\delta_i^h} QLDI_i$$

$$QLD_{i,h_3} = (\alpha_i^h)^{\delta_i^h - 1}\left(\frac{\delta_i^{h_3} WLI_i}{WL_{i,h_3}}\right)^{\delta_i^h} QLDI_i \tag{8-10}$$

$$\delta_i^h = \frac{1}{1 - \rho_i^h}$$

$$WLI_i = [(\delta_i^{h_1})^{\delta_i^h}(WL_{i,h_1})^{-(\delta_i^h - 1)} + (\delta_i^{h_2})^{\delta_i^h}(WL_{i,h_2})^{-(\delta_i^h - 1)} + (\delta_i^{h_3})^{\delta_i^h}(WL_{i,h_3})^{-(\delta_i^h - 1)}]^{\frac{1}{-(\delta_i^h - 1)}}$$

（二）贸易模块模型

在实际的经济运行过程中，国内市场和国际市场之间的商品交易会对一个经济体系的发展产生巨大的影响，同样的，在使用 CGE 模型对市民化对经济发展影响的仿真和计算研究过程中，也需要特别重视国际贸易对本国经济带来的影响。在本研究中，我们选择采用小国假设，对于世界经济来说，受到本国经济的影响作用很小，几乎不会受到国内经济变化的影响，因此在本国内部市场价格的变化不会影响到世界经济体系中的价格，也不会在进出口贸易中对价格产生影响，国内经济仅仅是国际经济体系中价格的接受者。因此在该假设的前提下，商品的进口价格和商品的出口价格是外生变量。

并且我们也在研究中使用了 *armington* 假设，该假设认为，对于国内销售的同一种商品来说，进口商品和国内生产的商品之间存在不完全替代关系，所以可以使用 CET 方程对某种商品在国内的销售情况进行描述。在这样的假设下我们可以对商品的国内销售情况进行分解，分解后的结果如图 8-2 所示。

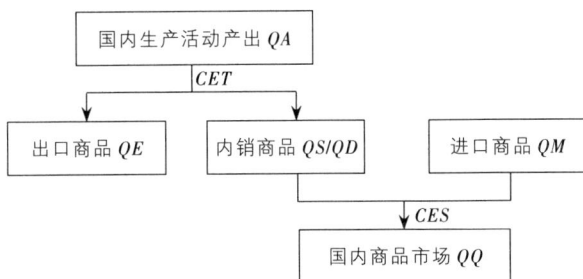

图 8-2 国内销售情况分解图

1. 国内商品生产

在实际的生产过程中，由于各地对商品的需求不同，当地消费者的购买习惯和消费能力也各不相同，因此商家在生产和销售某一件特定的产品时，会根据销售目的地的市场特点对该产品进行改良。也就是说，同一种商品与被销售到不同地区的实际商品都存在一定程度上的不同，包括价格、包装、性能等。商家在进行这样的差异化生产的过程中需要消耗掉一些成本，但是同时也会得到附加的利润。而商家进行选择的根本目的同样是得到最大化的收益。这样就可以使用 CET 方程对商家在生产和销售过程中做出的最优化选择进行描述。

$$Max:(PS_i \times QS_i + PE_i \times QE_i) - (1 + ta_i)PA_i \times QA_i$$

$$st:QA_i = \alpha_i^s[\delta_i^s(QS_i)^{\rho_i^s} + (1 - \delta_i^s)(QE_i)^{\rho_i^s}]^{\frac{1}{\rho_i^s}}$$

（8-11）

在该式中，QS 表示某种商品的国产商品在国内市场上的销售数量，QE 表示该商品的出口总量，PS 表示该商品的国内商品在国内市场上的销售价格，PE 表示该商品的出口商品在国外市场上的销售价格。

对上述最优问题进行求解，就可以得到某个特定的国内产品生产商家生产的产品在国内外市场上的供给关系：

$$QS_i = (\alpha_i^s)^{-(\delta_i^s+1)}(\frac{\delta_i^s(1 + \tau a_i)PA_i}{PS_i})^{-\delta_i^s}$$

$$QE_i = (\alpha_i^s)^{-(\delta_i^s+1)}(\frac{\delta_i^s(1 + \tau a_i)PA_i}{PE_i})^{-\delta_i^s}$$

（8-12）

$$\delta_i^s = \frac{1}{\rho_i^s - 1}$$

2.国内市场需求

根据之前对模型的假设，同样一种商品，从国外进口和在国内生产的在市场销售过程中具有不同的特性，并且具有一定的价格差，在消费者选择商品的时候也会存在差异。这就表明，国内生产的商品和国外进口的商品不可以完全互相替代，也就是具有不完全替代性。所以在一定的价格水平下和一定范围内的替代关系下，消费者对产品的选择根本目标是消费最低，这样就形成了一个对国内商品和国外商品选择中的最优化问题。该问题描述如下：

$$Min:PD_j \times QD_j + PM_j \times QM_j$$

$$st:QQ_j = \alpha_j^d[\delta_j^d(QD_j)^{\rho_j^d} + (1 - \delta_j^d)(QM_j)^{\rho_j^d}]^{\frac{1}{\rho_j^d}}$$

（8-13）

在该式中，QQ 表示某种商品在国内市场上的总需求量，QD 表示该商品的国产商品的总需求量，QM 表示该商品的进口商品的需求量，PD 表示该商品的国产商品在市场上的销售价格，PM 表示该商品的进口商品在市场上的销售价格。

对该最优化问题进行求解，就可以计算出在国内市场中对于某种商品的国内生产商品和国外进口商品的需求函数：

$$QD_j = (\alpha_j^d)^{\delta_j^d - 1} (\frac{\delta_j^d PQ_j}{PD_j})^{\delta_j^d} QQ_j$$

$$QM_j = (\alpha_j^d)^{\delta_j^d - 1} (\frac{(1 - \delta_j^d)PQ_j}{PD_j}) QQ_j$$

$$PQ_j = [(\delta_j^d)^{\delta_j^d} (PD_j)^{(1 - \delta_j^d)} + (1 - \delta_j^d)^{\delta_j^d} (PM_j)^{(1 - \delta_j^d)}]^{\frac{1}{1 - \delta_j^d}}$$

$$\delta_j^d = \frac{1}{1 - \rho_j^d}$$

（8-14）

由于在本模型中我们使用了小国假设，所以在需求函数的基础上就可以得到两个价格函数：

$$PE_i = pwe_i \times \overline{EXR}$$

$$PM_j = pwm_j \times \overline{EXR} \times (1 + \tau m_j)$$

（8-15）

在该式中，pwe 表示某种产品出口过程中在国际上的价格，EXR 表示汇率，pwm 表示某种商品在进口时的价格。

并且我们可以得到国内商品 j 的国内市场总需求量和国内厂家总供给量之间的关系：

$$QD_j = \sum_i (index(i,j) \times QS(i))$$

$$index(i,j) = \begin{bmatrix} 1 & 0 & 0 \\ 0 & 1 & 0 \\ 0 & 0 & 1 \end{bmatrix}$$

（8-16）

某种国内生产商品 j 的国内市场需求价格和国内生产厂家销售价格之间的关系为：

$$PD_j = \sum_i (index(i,j) \times PS(i))$$

（8-17）

（三）主体行为模块模型

1.个人行为

（1）个人收入

在实际的经济运行体系中，个人收入的组成有多个来源，包括工资收入、资本增值收入、转移收入等，在此收入基础上个人还需要根据相关税率缴纳个人所得税。在这里，我们用 h 表示劳动力个人的类型，可能是农村劳动力、城市劳动力或者城市中的农民工劳动力，就可以计算出该类劳

动人口的劳动报酬收入，或者说是工资收入为

$$YWH_h = shlh_h \times WLA \times QLSA \qquad (8-18)$$

在该式中，YWH 表示在经济体系中某种类型的居民的工资收入，$shlh$ 表示某种类型的劳动力在总收入中的占比，WLA 表示在劳动力市场上的劳动力价格，$QLSA$ 表示在该经济体系中的劳动力的总数量。

同样的，我们可以计算出个人资本增值获得的收入，该收入是个人因为拥有资本，对资本进行合理利用，包括个人投资、资本利息等获得的收入，收入表示为：

$$YKH_h = shkh_h \times WKA \times QKSA \qquad (8-19)$$

在该式中，YKH 表示某种类型居民因为拥有资本而获得的收入，$shkh$ 表示该种类型的居民在总的社会资本收入中所占据的百分比，WKA 表示在资本市场上的资本价格，$QKSA$ 表示在该经济体中市场上的资本总量。

在实际的经济运行中，由于各种不同的原因，政府会对个人进行经济方面的补贴，或者提供财政优惠政策，比如为了保障生活困难家庭的日常生活而发放的财政补贴，或者为了保障市民消费不受到价格波动的影响而发放的价格补贴等。由于这类补贴会随着劳动力来源和类型的不同而有所区别，为了在模型中对这种区别加以区分，我们将该种补贴的值设定为政府的转移支付值 $tranhg$。

同样的，很多企业为了保障员工生活质量，吸引优秀劳动力，会给员工提供福利，这种福利也是通过补贴的形式进行发放，类型可以包括员工交通补贴、住房补贴、饮食补贴、通信补贴等。这种补贴也会根据劳动力的类型和来源做出变化，为了体现这种差异，我们在模型中使用 $tranhe$ 来表示这种企业对劳动力的补贴情况。

因此我们可以计算出劳动力的实际可支配收入，该收入等于该劳动力的劳动所得工资，加上其资本收益，减去个人所得税，加上政府财政补贴，最后加上企业对劳动力的补贴，如下式所示：

$$YH_h = (YLH_h + YKH_h)(1 - \tau l_h) + tranhg_h + treanhe_h \qquad (8-20)$$

在该式中，YH 表示某一类型的劳动力实际可支配收入值。

（2）个人消费

对于在经济体系中的个人消费部分，在本模型中使用了效用函数对 h 类劳动力对于 j 类商品的需求，表达式如下：

$$PQ_j \times QH_{j,h} = shrh_h \times mpc_h \times YH_h \tag{8-21}$$

在该式中，QH 表示 h 类人口对 j 种商品的总需求，$shrh$ 表示 h 类人口对 j 种商品的消费占总消费金额的比例，mpc 代表 h 类人口的消费趋势。

2.企业行为

对于一个企业来说，其收入包括企业资本的投资收益，以及企业拥有资金进行储蓄得到的利息收入，具体表达式为：

$$YKE = shke \times WKA \times QKSA \tag{8-22}$$

在该式中，YKE 表示企业资本的投资收益，$shke$ 表示企业拥有资金在总投资金额中所占据的比例。从而可以得到企业的储蓄金额，计算方式是企业总资本的收入，减去企业需要交纳的税费，减去企业对职工进行的补贴：

$$SE = (1 - \tau e) \times shke \times WLA \times QLSA - tranhe_h \tag{8-23}$$

对一个经济体系来说，总的投资金额是由多个生产部门的投资综合构成的，表达式如下：

$$EI = \sum_j (PQ_j \times \overline{QI_j}) \tag{8-24}$$

3.政府财政

（1）政府财政收入

政府的财政收入是由多种类型的税收组成的，包括在商品生产过程中收取的间接税，对于劳动者收入征收的个人所得税，对企业销售所得征收的企业所得税，对商品进口和出口过程中征收的关税。所以可以对政府的财政收入进行描述，表达式如下：

$$TA = \sum_i (\tau a_i \times PA_i \times QA_i) \tag{8-25}$$

在该式中，TA 表示政府对企业征收的间接税的总额，QA 表示各个生产部门的总的劳动生产产出，PA 表示在市场上销售的商品的复合商品价格，τ 表示政府规定的间接税的税率。

政府对劳动者的劳动收入征收的个人所得税和该经济体系中所有劳动者的总劳动工资收入、资本增值所得到的总收入、个人所得税税率之间具有一定的关系，如下式所示：

$$TH = \sum_h \tau l_h \times (YWH_h + YKH_h) \tag{8-26}$$

在该式中，TH 表示政府对劳动者收取的个人所得税的总量，YWH 表示在该经济体系中所有的劳动人口的劳动收入总额，YKH 表示劳动者拥有的资本所带来的收入的综合，τ 表示政府规定的个人所得税的税率。

同样的，政府对企业征收的税费和企业实际生产销售所得以及对应税率之间的关系如下式所示：

$$TE = \tau e \times YE = \tau e \times shke \times WKA \times QKSA \tag{8-27}$$

在该式中，TE 表示在生产过程中政府对企业收取的所得税的总额，YE 是企业销售产品所得到的收入总额，τ 表示政府规定的企业所得税的税率。

政府在进出口关税上的收入和国内市场中销售的各种商品的进口量、进口价格、货币汇率以及进口关税税率之间的关系如下式所示：

$$TM = \sum_j TM_j = \sum_j (\tau m_j \times pwm_j \times QM_j \times \overline{EXR}) \tag{8-28}$$

在该式中，TM 表示政府向进口商品收取的关税的总额，pwm 表示进口商品的价格，QM 表示该商品的进口数量，EXR 表示两种货币之间的汇率，τ 表示政府规定的关税的税率。

因此可以得出政府财政收入总数的表达式为：

$$\begin{aligned}
YG &= TA + TH + TE + TM \\
&= \sum_i (\tau a_i \times PA_i \times QA_i) + \sum_h \tau l_h \times (YWH_h + YKH_h) + \tau e \times shke \times WKA \times QKSA + \\
&\quad \sum_j (\tau m_j \times pwm_j \times QM_j \times \overline{EXR})
\end{aligned} \tag{8-29}$$

（2）政府财政支出

从一般的经济运行情况来看，政府支出包括对商品的消费以及政府对劳动力进行财政补贴的部分，在本模型中我们假设政府在购买商品时的消费总额为固定值，这样政府的总财政支出可以表示为：

$$EG = \sum_j (PQ_j \times \overline{QG_j}) + \sum_h tranhg_h \qquad (8-30)$$

（3）政府财政储蓄

政府财政储蓄值（ SG ）的计算方式为政府财政收入的总数减去政府支出的总数，计算方程为：

$$SG = YG - EG \qquad (8-31)$$

如果政府储蓄值大于零则表明政府财政有盈余，而如果政府储蓄值小于零则表示政府财政出现赤字。

（四）均衡模块模型

1.劳动力市场

对于经济体系中的劳动力市场来说，我们首先假设对于劳动力付出劳动的报酬是由经济体系内部决定的，是内生变量，而当劳动力市场达到均衡时，市场中的劳动力供给量和社会对劳动力的需求量相等，此时均衡的公式为：

$$\sum_i QLDI_i = QLSA \qquad (8-32)$$

2.资本市场

对于经济体系中的资本市场，在模型中我们认为对于资本的价格是由模型内部确定的，因此为内生变量，在模型的资本市场达到均衡时，也就是资本市场中资本的供给量和资本的需求量相等，此时得到的均衡公式为：

$$\sum_i QKDI_i = QKSA \qquad (8-33)$$

3.商品市场

对某种特定的商品来说，市场的总需求量等于其他商品在生产过程中的中间需求量和总消费量，包括一般市民的消费量、政府消费量以及企业消费量。所以当模型达到均衡状态时，某种商品的产量和市场的需求量相等，这样就可以得到：

$$\sum_i \overline{QINT_{j,i}} + \sum_h \overline{QH_{j,h}} + \overline{QI_j} + \overline{QG_j} = QQ_j \qquad (8-34)$$

4.储蓄行为

在本模型中，我们认为所有的投资行为是通过储蓄行为实现的，在当前经济体系中的储蓄额度在下一个经济周期内会全部转化为投资，这样当模型达到均衡时就可以得到储蓄和投资之间的关系。

$$EI = \sum_h (1 - mpc_h)YH_h + SE + SG + SF \qquad (8-35)$$

（五）动态模块模型

1.劳动力动态计算模型

在实际的经济运行过程中，劳动力具有一定的流动性，也就是说劳动力会向着报酬较高、劳动力价格高、福利较好、发展前景较好的企业移动，而报酬相对较低、发展前景不明的企业会流失优秀劳动力，因此在模型中需要有动态模型对劳动力在不同企业和不同行业之间的流动进行描述。劳动力动态模型如下式所示：

$$\vartheta_i = \varphi_i \times \frac{(\frac{WLI_i}{\overline{WL}})^{w_i}}{\sum_i (\varphi_i (\frac{WLI_i}{\overline{WL}})^{w_i})} \qquad (8-36)$$

在该式中，φ 表示劳动力在各个企业和生产部门之间分配的百分比，WLI 表示某个行业中的劳动力的价格，$\overline{WL}$ 表示在该行业中的劳动力的平均收入，w 表示在该经济体中的劳动力流动参数。

由于在城市地区劳动力收入水平和农村地区相比较高，并且福利和生活水平都较高，所以农村和城市之间会存在劳动力的流动现象。用方程来描述在第 t 年从农村流向城市的劳动力数量，也就是该年新增的农民工数量为：

$$\Delta QLS_t^{h_{12}} = \phi^{h_{12}}(\frac{(1-\tau)WL_t^{h_2}}{WL_t^{h_1}})^{w_h}QLS_t^{h_1} \qquad (8-37)$$

在该式中，ϕ 表示在农村地区的劳动人口向城市转移的意愿强度，τ 表示当劳动力从农村地区向城市转移时所需要的成本，$WL_t^{h_1}$ 表示在农业生产部门中第 t 年对劳动力的报酬，$WL_t^{h_2}$ 表示在城市中的农村人口的工资水平，w 表示农村劳动力发生转移的弹性系数。

在此基础上我们可以计算出第 t 年时该城市新增的农民工劳动力中，进入到某个行业的新增农民工劳动力人口数量，如下式所示：

$$\Delta QLS_{i,t}^{h_{1,2}} = \vartheta_i^{h_2} \times \Delta QLS_i^{h_2} \tag{8-38}$$

在城市中新增劳动力数量在不同行业之间的分布比例关系为：

$$\Delta QLS_{i,t}^{h_{1,2}} = \vartheta_i^{h_2} \times (\gamma^l \times \Delta QLS_{t-1}^{h_3} + \theta \times QLSA_t^{h_2}) \tag{8-39}$$

在该式中，$QLS_{i,t}^{h_1}$ 表示对 i 个生产部门来说在时间 t 年中新增的城市劳动人口的数量，$QLS_{i,t-1}^{h_1}$ 表示对 i 生产部门来说第 $t-1$ 年中新增加的城市劳动人口数量，θ 表示在城市中务工的农村劳动人口城市化水平。

所以我们就可以计算出第 t 年时存在于农村地区的劳动力人口数量为：

$$QLS_{i,t}^{h_1} = (1 + \gamma^l) QLS_{i,t-1}^{h_1} - \Delta QLS_t^{h_{1,2}} \tag{8-40}$$

第 t 年时的某一个生产部门中所拥有的农民工劳动力数量为：

$$QLS_{i,t}^{h_2} = (1 + \gamma^l - \theta) QLS_{i,t-1}^{h_2} + \Delta QLS_{i,t}^{h_{12}} \tag{8-41}$$

当 t 年时的某一个生产部门中所拥有的城市劳动力数量为：

$$QLS_{i,t}^{h_3} = QLS_{i,t-1}^{h_3} + \Delta QLS_{i,t}^{h_{32}} \tag{8-42}$$

2.资本动态计算模型

由于在经济运行过程中资本会随着每年的运营不断增值，因此对资本进行计算时需要考虑到资本总量和时间之间的关系，将时间作为变量纳入到模型的考虑范围内，得到如下的计算方程：

$$WKA_{i,t+1} = (1 + \gamma^k) WKA_{i,t} = (1 + \gamma^k)^{(t-t_0)} WKA_{i,t_0} \tag{8-43}$$

在该式中，$WKA_{i,t+1}$ 表示第 i 行业在 $t+1$ 年的时间自身的资本存储量，$WKA_{i,t}$ 表示对 i 行业来说 t 年时间中自身资本的存储量。

3.汇率动态计算模型

货币之间的汇率是在不断变化中的，所以在模型的计算中应该体现这种浮动的汇率计算方式：

$$EXR_{t+1} = (1 + \gamma^{exr}) EXR_t = (1 + \gamma^{exr})^{(t-t_0)} EXR_{t_0} \tag{8-44}$$

该式表示在基准汇率基础上按照一定的年增长率进行变化时，到 $t+1$ 年时的汇率。

4.政府补贴动态计算模型

由于我国社会目前存在城乡二元分割、贫富差距较为明显、社会人口老龄化等一系列社会问题，并且在较短的时间内不能通过社会制度的改革和市场经济的发展来彻底解决,所以需要通过政府进行财政补贴的方式来部分解决这类问题。由于我国现有社会保障的覆盖面和制度设计都有较大的提升空间，因此在未来一段时间内，政府开展财政补贴和社会援助所占政府财政收入的比例在一定程度上会继续上升，加强对种地收入人群的基本生活保障投入，改善这些人群的基本生活质量。所以也需要将时间因素考虑到模型中。政府补贴额度计算公式如下：

$$tranhg_{h,t+1} = (1 + \gamma^{tran})tranhg_{h,t} = (1 + \gamma^{tran})^{(t-t_0)} tranhg_{h,t_0} \tag{8-45}$$

在该式中， $tranhg$ 表示针对 h 类劳动人口政府给予的补贴数量，该公式表示在某年基准补贴数量的基础上按照一定的增长率进行发展， t 年之后政府给予 h 类劳动人口的补贴数量。

5.技术发展动态模型

从较长时间的经济发展动态来看，技术的进步和发展对经济有极大的促进作用，在这里，我们将各种技术的发展，包括技术的进步、理论知识的提升、技术经验的积累、技术应用水平的提高等都作为技术发展的一部分放入到模型中进行模拟和计算。这样就可以得到技术发展动态模型：

$$\alpha_{i,t+1}^{va} = (1 + \gamma^{va})\alpha_{i,t}^{va} = (1 + \gamma^{va})^{(t-t_0+1)} \alpha_{i,t_0}^{va} \tag{8-46}$$

该公式表示在某年的基准数据上按照一定的百分比进行增长， t 年之后某个劳动部门的劳动生产效率。

二、市民化与经济增长关系模型的数据来源和参数设置

（一）社会核算矩阵设计

社会核算矩阵（ SAM ）是一种描述经济系统运行的、矩阵式的、以单式记账形式反映复式记账内容的经济核算表，它将描述生产的投入产出表与国民收入和生产账户结合在一起，全面地刻画了经济体系中生产创造收入、收入引致需求、需求导致生产的经济循环过程，清楚地描述了特定年份一国或一地区的经济结构和社会结构。作为目前最常用的组织核算数

据的工具之一，它以表格的形式给决策者提供了详细一致的信息。从第一个 SAM 建立至今，有关 SAM 的应用研究领域不断延伸，几乎遍及经济和社会的所有领域。

　　社会核算矩阵可以被认为是在一定的核算周期（一般都是将一年作为一个周期）内，对一个完整的经济体系（比如一个国家或者一个特定的地区）中各种经济行为和各个经济活动中的主体之间产生的经济关系进行描述，更是对经济体系中各个财富账户进行详尽的财产核算，除了计算投入和产出之外，社会核算矩阵在应用中还将非生产部门纳入考量，这样就可以使得模型除了描述经济行为和生产行为之外，还可以描述主体行为、社会收入分配等具体状况。社会核算矩阵没有特定的组成，可以根据实际的需要决定，但是一般来看，需要包括经济活动、生产要素、生产商品、经济体系中的人口、生产企业、政府行为、投资与储蓄账户、国外进出口贸易这八项主要的内容。

　　由于本章的研究重点是市民化对经济发展的影响，涉及一个特殊的群体，就是在城市中务工的农民工劳动力。这部分人口已经脱离土地，在城市中工作和生活，和农村劳动力在收入上、劳动产出上和生活消费上都有明显的不同，但是这个人群又没有获得城市居民的身份，在社会保障、教育、医疗等方面和城市居民也有明显的差异。这是我国现有的城乡二元化经济结构下特有的经济现象。所以在本书中需要对农民工劳动力这个特殊的人群有所体现，将所有的劳动力分为农村劳动力、城市劳动力和农民工劳动力三种。同时也将所有的人口划分为城市人口、农村人口和新兴城市人口。在此基础上，根据实际经济运行情况以及各个人群的劳动力价格特点等，将其收入情况、消费情况、资本收入情况等都进行了单独的计算，保证模型中对各个人群的实际经济活动特点有所体现。

　　对于模型描述的经济体系中的产品生产活动，在本书中将其按照一般的划分方法分为农业、工业和服务业。所以在本模型中构建的社会核算矩阵账户有九个，包括生产、商品、社会劳动力、社会人口、企业行为、政府行为、投资和储蓄账户、国际进出口贸易以及资金。

（二）社会核算矩阵形成

对于社会核算矩阵中各项的值标识的含义和数据获得的来源分别介绍如下：

1.生产账户

在社会核算矩阵的账户中，生产账户和商品账户互相结合，就可以表示在国内市场上销售的商品中本国生产的商品的总价值。在表格中该项数据可以使用生产产出数据减去商品出口价值获得。

在社会核算矩阵中，生产账户和国外账户互相结合，就可以代表国内生产的产品中出口到国外市场的商品的总价值。该价值的数值可以通过出口项目的数字得到。

2.商品账户

在社会核算矩阵中，商品账户和生产账户互相结合，就可以表示在生产商品的过程中投入的中间产品的需求总数，该值就是中间需求项目上的数字。

在社会核算矩阵中，商品账户和居民账户互相结合，就可以获得居民在日常生活中对于各种商品和服务的总需求。在本书中，由于对居民和人口进行了分类，因此不同种类居民和商品账户互相结合，就可以分别得到城市人口、农村人口和新兴城市人口对于产品和服务的不同需求。该数字可以从居民消费值中得到，并且也可以针对不同类型的人口分别使用农村人口消费支出、城市人口消费支出以及新兴城市人口消费支出三项。

在社会核算矩阵中，商品账户和政府账户之间的互相结合，表示政府对于社会生产的商品的总需求量。

在社会核算矩阵中，商品账户和投资与储蓄账户互相结合，就可以表示在社会总产出中用来作储蓄的商品的额度，该部分可以用于作为商品的存货或者可以被看作社会的固定资产。由于本模型中达到均衡状态时本经济周期中的储蓄额度会在下一个周期中全部作为生产投资，所以该数据可以从资产投资和存货增加部分得到。

3.生产要素账户

在社会核算矩阵中，生产要素账户和生产账户之间的互相结合，表示在生产过程中劳动力付出劳动所得到的报酬，该报酬包括该劳动力的资金报酬、实务报酬、社会保障以及补贴等。在实际的经济活动中，这个数字是从劳动报酬中获得。在本书中，由于将劳动力的种类进行区分，因此就可以细分为农村劳动力劳动报酬、城市劳动力劳动报酬以及新兴城市劳动力劳动报酬三部分。

在社会核算矩阵中，生产要素账户和资本账户互相结合，就可以表示资产的拥有者使用资本进行投资所获得的收益，其中已经包括了固定资产的折旧或者增值的收益以及营业的收益。这两个数字可以从收入产出表中的盈余以及折旧费用中获得。

4.居民账户

在社会核算矩阵中，居民账户和生产要素账户之间的互相结合，可以表示居民通过提供生产过程中必需的生产要素所获得的回报，其中也包括劳动报酬和拥有的资本进行投资的回报。其中居民的劳动回报在投入产出表中可以获得，但是该表中的数据不能够区分出不同种类劳动力所获得劳动报酬的差别。如果社会核算矩阵需要对不同类型居民的劳动报酬值进行细分，就需要更多的信息。

在获取数据时，我们可以将农业部门的劳动力劳动付出的报酬作为农村劳动力的劳动报酬，将非农业生产部门所给出的劳动力劳动付出的报酬作为城市劳动力的劳动报酬，但是因为在现有的统计中没有就新兴城市劳动力和城市劳动力做出区分，因此就不能获得农民工劳动力在劳动付出上所获得的劳动报酬。

在社会核算矩阵中，居民账户和企业账户之间的互相结合，就可以表示企业对于各种类型的居民进行的补贴，也是企业给出的转移支付量。本数据可以通过每列其他一些项目和总量之间的差额获得。

在社会核算矩阵中，居民账户和政府账户之间的互相组合，就可以表示政府对于不同类型居民的财政补贴，因为在统计过程中没有获得直接可以参考的数据，因此我们就通过价格补贴、就业补贴、社会保障补贴等项目进行计算，并且根据总账户的额度进行必需的调整。

5.企业账户

在社会核算矩阵中，企业账户和生产要素账户之间的互相结合，就可以表示企业通过资本的投资获得的收益，该数据是通过企业现有资产的折旧损失和日常产品销售所获得的盈余以及扣除对劳动力进行的企业补贴之后获得。

6.政府账户

在社会核算矩阵中，政府账户和生产账户之间的互相结合，就代表在生产过程中政府向各个生产企业收取的税费，并且这个数字可以通过生产税一栏得到。

在社会核算矩阵中，政府账户和社会商品账户之间的互相结合，就表示政府在商品进口过程中收入的关税，该值可以直接从政府财政收入报告中的关税收入部分获得。并且该项目是按照商品的不同产业类型，也就是农业、工业和服务业各自进行计算。

在社会核算矩阵中，政府账户和居民个人账户之间的互相结合，表示政府对所辖范围内的居民收取的个人所得税。该项数字可以从政府收入中的个人所得税收入部分获得。

在社会核算矩阵中，政府账户和企业账户之间的互相结合，就可以表示政府对企业征收的税费，主要包括企业所得税和增值税等。该数据的来源是政府收入中企业所得税部分。

7.投资和储蓄账户

在社会核算矩阵中，投资和储蓄账户与居民账户之间的互相结合，可以表示经济体系中的个人所获得的储蓄，该值可以从资金流动报告中的居民储蓄部分获得。

在社会核算矩阵中，投资和储蓄账户与企业账户之间的互相结合，就可以表示企业所得到的储蓄，该值可以从表格其他项目中的差额中推算得到。

在社会核算矩阵中，投资和储蓄账户与政府账户之间的互相结合，就可以表示政府的储蓄，也可以认为是政府的盈余，这个数字是通过表格中其他列的余额和差额进行计算得到。

8.国外账户

在社会核算矩阵中，国外账户和商品账户之间的互相结合，可以表示在本经济体系中支付给某一项国外进口商品的总价值。并且这个数字可以从进出口价值栏中获得。

通过以上对社会核算矩阵结构的分析以及数字的来源分析，我们在本书中选择了我国经济统计的相关数据，包括投入产出表、国家统计年鉴、中国商品进出口统计相关数据、对于我国城乡市民生活情况的调查数据、中国税务年鉴等相关权威资料。为了使社会核算矩阵中计算的值更加接近于实际经济运行和发展的情况，我们选择了2007年的相关统计数据作为基准数据，并且使用2008年和2009年的相关统计数据对社会核算矩阵中的数据进行校验，得到社会核算矩阵的最终结果。如表8-1所示。

表8-1　　　　　　　　　　　　　社会核算矩阵

	商品	劳动	资本	居民	企业	政府	投资储蓄	国外	汇总
活动	—	723 318	—	—	—	—	—	95 541	818 859
商品	552 815	—	—	96 553	—	35 191	112 780	—	797 339
劳动要素	110 047	—	—	—	—	—	—	—	110 047
资本要素	117 478	—	—	—	—	—	—	—	117 478
居民	—	—	110 047	8 980	—	30 649	7 226	—	156 952
企业	—	—	—	108 498	—	—	—	—	108 498
政府	38 519	7 586	—	3 186	8 779	—	—	—	58 066
投资储蓄	—	—	—	57 213	69 070	15 602	—	−29 106	112 780
国外	—	66 435	—	—	—	—	—	—	66 435
汇总	818 859	797 339	110 047	117 478	156 952	108 498	58 019	112 780	66 435	—

（三）模拟参数设置

1.弹性参数

弹性参数取值的方法和最终使用的值会对模型的仿真和计算结果产生较大的影响，因此对于弹性参数的设置和选择必须慎重。

在之前的关于 *CGE* 模型中弹性参数的研究中，有很多研究人员进行了大量的工作，并且获得了很多的成果，目前在模型仿真方面已经有了一些结论性的弹性参数值。

在对现有的 *CGE* 模型中弹性指数的计算和选择研究成果进行整理和归纳的基础上，结合本书中对于我国经济特性和实际运行情况的掌握和调查，我们将农业、工业和农民工劳动力弹性指数设置为0.7，其他一些模型中的弹性指数选择如表8-2所示。

表8-2　　　　　　　　　　　　　各个函数中的弹性系数值

行业 i	α_i^{qa}	α_i^{va}	α_i^{h}	α_i^{d}	α_i^{t}
农业	0.3	0.5	0.7	3	5
工业	0.3	0.9	0.7	3	4
服务业	0.3	1.4	0.7	2	4

2.份额参数

（1）*CES* 函数参数

通过对 *CES* 函数的份额参数进行理论公式计算和推导，我们就可以得到最终的份额参数。

根据上文中对生产函数的三层嵌套的分析，我们就可以计算出在第一层嵌套中，增加值参数对应的 *CES* 函数份额参数计算公式为：

$$\delta_i^q = \frac{PVA_i(QVA_i)^{\frac{1}{\delta_i}}}{PVA_i(QVA_i)^{\frac{1}{\delta_i}} + PINTA_i(QINTA_i)^{\frac{1}{\delta_i}}} \qquad (8-47)$$

用同样的方法进行推导，在生产函数的第二层嵌套中，增加值参数部分中的劳动力 *CES* 函数份额参数为：

$$\delta_i^{va} = \frac{WL_i(QLD_i)^{\frac{1}{\delta_i^{va}}}}{WL_i(QLD_i)^{\frac{1}{\delta_i^{va}}} + WK_i(QKD_i)^{\frac{1}{\delta_i^{va}}}} \qquad (8-48)$$

用同样的方法进行推导，在生产函数的第三层嵌套中，各种不同类型

的劳动力的 *CES* 函数份额参数为：

$$\delta_i^{h_1} = \frac{WL_{i,h_1}(\lambda_{i,h_1} \times QLD_{i,h_1})^{\frac{1}{\delta_i^h}}}{WL_{i,h_1}(\lambda_{i,h_1} \times QLD_{i,h_1})^{\frac{1}{\delta_i^h}} + WL_{i,h_2}(\lambda_{i,h_2} \times QLD_{i,h_2})^{\frac{1}{\delta_i^h}} + WL_{i,h_3}(\lambda_{i,h_3} \times QLD_{i,h_3})^{\frac{1}{\delta_i^h}}}$$

$$\delta_i^{h_2} = \frac{WL_{i,h_2}(\lambda_{i,h_2} \times QLD_{i,h_2})^{\frac{1}{\delta_i^h}}}{WL_{i,h_1}(\lambda_{i,h_1} \times QLD_{i,h_1})^{\frac{1}{\delta_i^h}} + WL_{i,h_2}(\lambda_{i,h_2} \times QLD_{i,h_2})^{\frac{1}{\delta_i^h}} + WL_{i,h_3}(\lambda_{i,h_3} \times QLD_{i,h_3})^{\frac{1}{\delta_i^h}}} \quad (8-49)$$

$$\delta_i^{h_3} = 1 - \delta_i^{h_1} - \delta_i^{h_2}$$

同样的，我们可以推导出在社会生产的商品的需求函数中，对国内生产的商品的 *CES* 函数份额参数为：

$$\delta_i^d = \frac{PD_i(QD)^{\frac{1}{\delta_i^d}}}{PD_i(QD)^{\frac{1}{\delta_i^d}} + PM_i(QM)^{\frac{1}{\delta_i^d}}} \quad (8-50)$$

（2）*CET* 函数参数计算

根据上文中的分析，企业会根据各地消费习惯、风俗以及当地社会环境特点，将自己的商品生产进行区分，以满足各地不同的消费需要，因此也是一个最优化问题。在这个问题中，我们需要使用 *CET* 函数来描述在企业生产商品的过程中对不同类型的商品的生产选择的最优化问题，所以我们就可以得出企业生产的商品在国内市场上进行销售的商品份额参数表达式为：

$$\delta_i^s = \frac{PS_i(QS_i)^{\frac{1}{\delta_i^s}}}{PS_i(QS_i)^{\frac{1}{\delta_i^s}} + PE_i(QE_i)^{\frac{1}{\delta_i^s}}} \quad (8-51)$$

（3）*Leonitef* 函数参数计算

在生产过程中，我们需要掌握某一个部门生产的商品是不是被另一个行业或者公司作为中间产品投入到生产过程中，因此设定某一个部门对另一个部门的中间投入值和第二个部门所有的中间投入值之间的比例作为直接消耗参数，计算表达式如下所示：

$$\alpha_{j,i} = \frac{QINT_{j,i}}{QINTA_i} \quad (8-52)$$

3.规模参数

在模型中，我们除了对经济体系中各个具体的行为和参数进行模拟之外，还需要获得经济体系中的规模参数，通过对生产函数的变换以及贸易函数的相关推导，我们可以得到规模参数的具体表达式为：

$$\alpha_i = \frac{Q_i}{[\delta_i(X_{i,1})^{\rho_i^t} + (1-\delta_i)(X_{i,2})^{\rho_i^t}]^{\frac{1}{\rho_i^t}}} \tag{8-53}$$

使用同样的推导方式对不同的嵌套层的规模参数进行推导，也可以得到不同部分的规模参数。

在第二层的嵌套关系中，我们可以计算出增加值部分的规模参数表达式为：

$$\alpha_i^{va} = \frac{QVA_i}{[\delta_i^{va}(QLD_i)^{\rho_i^{va}} + (1-\delta_i^{va})(QKD_i)^{\rho_i^{va}}]^{\frac{1}{\rho_i^{va}}}} \tag{8-54}$$

在第三层的嵌套关系中，可以计算出劳动力需求函数中的规模参数表达式为：

$$\alpha_i^h = \frac{QLD_i}{\{\delta_i^{h_1}(\lambda_{i,h_1} \times QLD_{i,h_1})^{\rho_i^h} + \delta_i^{h_3}(\lambda_{i,h_3} \times QLD_{i,h_3})^{\rho_i^h} + \delta_i^{h_2}(\lambda_{i,h_2} \times QLD_{i,h_2})^{\rho_i^h}\}^{\frac{1}{\rho_i^h}}} \tag{8-55}$$

在模型的贸易模块中，我们也可以对规模函数进行计算，对某种商品的需求函数中的规模参数表达式为：

$$\alpha_i^d = \frac{QQ_i}{[\delta_i^d(QD_i)^{\rho_i^d} + (1-\delta_i^d)(QM_i)^{\rho_i^d}]^{\frac{1}{\rho_i^d}}} \tag{8-56}$$

同样的对某种商品的供给函数中的规模参数表达式为：

$$\alpha_i^t = \frac{QA_i}{[\delta_i^t(QS_i)^{\rho_i^t} + (1-\delta_i^t)(QE_i)^{\rho_i^t}]^{\frac{1}{\rho_i^t}}} \tag{8-57}$$

对其中的关键参数进行赋权，赋权的结果如表8-3所示。

表8-3   i部门参数值

行业 i	α_i^{va}	α_i^h	α_i^d	α_i^t
农业	1.436	454.193	8 886 902.876	8 871 881.601
工业	32 070.905	747.286	923 400 000	2 790 000 000
服务业	1 937 838.161	657.909	14 324 400	238 909 830

4.税率参数

在政府对企业征收的税收中，其中很重要的一项是间接税，其税率是某个特定生产部门的生产税和该生产部门总的生产产出的比例值，通过查询社会核算矩阵中的相关参数就可以计算得出该值，间接税税率的计算公式是：

$$ta_i = \frac{TA_i}{PA_i \times QA_i} \times 100\% \tag{8-58}$$

对于经济体系中的进出口行为来说，影响较大的是进出口关税的税率，该税率是某种特定的商品进口时所征收的交易关税占商品总进口额度的比例，通过查询社会核算矩阵中的相关参数就可以计算得出该值，关税税率的计算公式如下所示：

$$tm_j = \frac{TM_j}{pwm_j \times QM_j \times \overline{EXR}} \times 100\% \tag{8-59}$$

对于经济体系中的个人消费者和生产者来说，政府对其征收的个人所得税是影响其收入水平的重要参数之一，个人所得税是居民需要交纳的个人所得税款总额度和该个人在一个缴费周期内的劳动收入的比值，通过查询社会核算矩阵中的相关参数可以得到需要的计算参数，个人所得税计算公式如下所示：

$$tl_h = \frac{TH}{YWH_h + YKH_h} \times 100\% \tag{8-60}$$

企业在销售产品过程中还需要交纳企业所得税，其税率等于企业缴纳的所得税的总额和企业在经营过程中由于拥有资本而获得的收入的比值，该值的计算公式以及最终的取值结果为：

$$te = \frac{YKE}{shife \times WKA \times QKSA} \times 100\% = 8.09\% \tag{8-61}$$

5.动态参数估算

（1）劳动力的动态增长

对我国来说，由于人口呈现逐年增长的态势，所以在经济体系中的劳动力总量也会随之不断地上升，因此在模型中需要体现出劳动力增长对经济发展的影响。目前已经有大量的研究人员对我国的人口增长和劳动力增长趋势进行研究和分析，我们选择的劳动力增长的相关参数也是根据这些研究进行分析得来的。比如，联合国对我国未来的劳动力构成的年龄、层次、结构进行研究和分析，其研究报告认为我国20~30周岁的劳动人口会逐渐呈现出下降的趋势，而从劳动力总量上来看，15~64周岁的劳动力人口将不断地上升，并且在2015年左右达到劳动力数量的顶峰。但是在实际的生产过程中，只有在劳动力市场上进行充分活动的人口才能被计算为劳动力人口，才能算是对社会真正有贡献的劳动力市场供给。根据相关研究表明，劳动力参与市场竞争的程度将呈继续上升趋势，但是增长幅度会开始逐年收窄，对市场中的有效劳动力供给量来说，在2015年左右达到峰值，并且过了这个峰值之后，劳动力市场中的有效劳动力供给量将会出现一定程度的下降。

根据上述研究结果和分析数据，我们就可以在仿真模型中设定模型中的劳动力增长量的动态参数，我们设定劳动力增长速率在2010年之前为每年0.9%，2011年到2015年间增长率为0.5%，2015年以后一直到2020年增长率为-0.3%。

（2）资本的动态增长

对一个独立的经济体系来说，随着经济的不断发展，该经济体系中存在的资本也会随之不断地增值，对于我国的经济体系来说，还没有固定的资本存量以及资本增长速度的统计。为此，国内外很多研究人员以及专家学者都在对我国现有的经济体系中的资本总量进行分析和研究，并且对资本增长速度进行了预测。在前人研究的基础上我们进行归纳和整理，选择了模型中需要的资本增长速度的值，我们选择资本总量的增长速率在2010年之前为每年11.5%，2011年到2015年间增长率为5%，2015年以后一直到2020年增长率为6.5%。

（3）汇率的动态估计

对于一个经济体系来说，难免和国外经济体系之间发生交易关系，进行进出口交易，在交易过程中货币之间的汇率对交易过程会产生较为明显的影响，对我国经济来说，人民币在过去很长一段时间中对美元的汇率都在很小的范围内浮动。在2005年之后，人民币开始实现有管理的汇率浮动体系，开始有较大幅度的变化。

有很多研究人员和专家学者就人民币未来的汇率变化进行了研究和预测，根据相关研究我们总结了人民币兑美元汇率变化趋势与预测图，如图8-3所示。

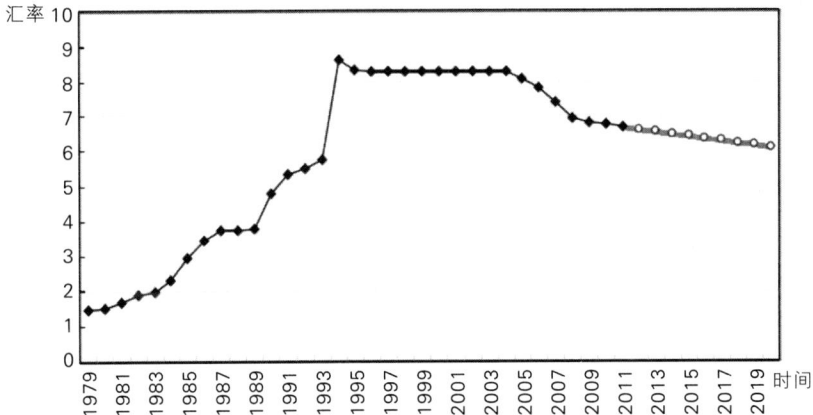

图8-3 人民币汇率预测走势图

虽然人民币汇率的变化趋势在一定程度上可以被预测，并且从整体上呈现升值的趋势，但是具体的人民币汇率升值速度以及某一时间段的汇率值却是难以准确计算的，在本书中，我们假设未来一段时间内人民币仍然呈现稳定上升的趋势，但是升值速度在不断放缓，根据图8-3中的读数选择人民币汇率值。

（4）政府补贴动态变化

目前，由于我国在发展过程中遇到了一系列的社会问题，比如城乡二元经济发展差距不断拉大、不同地区之间经济发展不平衡、劳动力失业问题、人口老龄化问题等，这些问题无法使用市场的方式去解决，需要政府在适当的时候给予足够的支持才能在我国经济发展的同时保持社会的稳定和人民生活的安定。因此政府给予人民一定程度的补贴是必不可少的。

近年来，我国政府越来越重视对生活困难人口的财政补贴以及对公共服务如教育、卫生、就业、养老等事业的补贴，从整体上来看，我国社会保障制度正在不断地发展，对于低收入和无收入者及其家庭的帮扶力度也在不断地加大。因此从长期来看，我国政府对居民生活和公共事业的财政补贴力度在不断地加大，财政补贴占政府财政收入的比例也将不断地加大。但是就补贴增长的幅度来看，不会出现明显的变化，应该会在长期内保持持续稳定增长的态势。因此在本书中我们选择政府财政补贴的年增长率为3.6%。

（5）技术进步动态参数估计

在实际的生产过程中，技术进步对社会生产力的发展和劳动力人力资本水平的提高有明显的促进作用，对国家的经济发展和人民生活水平提高也有显著的推动作用。在本书中，我们使用了CGE模型对我国经济未来的发展态势进行仿真，在该模型中我们设定了技术进步参数来模拟未来一段时间内技术进步对社会经济发展和生产力水平提高的影响。但是在我国，没有一个现成的统计参数来表明我国技术进步的量化速度，并且很多研究人员和专家学者在对经济增长的原因进行研究和分析时将重点放在全社会的劳动生产效率方面。研究劳动力自身的生产技术进步和发展的速度的相对较少，并且仅有的研究结果对技术进步估计得到的增长幅度差异也较大。在本书中，我们在前人研究的基础上进行归纳和总结，将劳动力技术水平增长的速率暂定为2.53%。

6.辅助参数

（1）有效劳动力参数

由于我国城乡二元经济发展的现状，农村地区的发展水平和城市地区的发展水平有较为明显的差距，同样的，农村地区的教育水平和培训水平均相对较低，因此农村地区的劳动力人力资本发展水平和城市相比也相对较低，二者在劳动技能和劳动产出方面存在着一定的差异。所以说，当农村地区的一个劳动力转移到城市后，实际上增加的劳动力不到一个，也就是说虽然城市人口增加了一个单位，但是这个单位增加的人口不能表现出和城市人口一样的劳动力产出。所以我们将这种劳动力之间的差异称为有效劳动力比值。我们设定农村劳动力和城市劳动力之间的比例关系为0.7。同时由于时代的发展和技术的进步，新一代的劳动力有机会得到更好的教育，接触到更加先进的技术以及使用更加成熟的劳动工具，因此下一代劳动力有机会比上一代劳动力有更加高效的劳动产出，我们将上一辈的劳动力和下一代的劳动力之间的比值设定为0.8。另外由于新兴劳动力和城市劳动力之间也有一定的差异，但是这种差异和农村劳动力和城市劳动力之间的差异相比没有那么明显，所以我们将新兴城市劳动力和城市劳动力之间的比例设置为0.9。

（2）劳动力报酬比例参数

在实际的生活和生产过程中，由于劳动力个人受教育水平不同、生活背景不同、技能培训的程度不同、劳动经验不同，其劳动产出和劳动效率会有明显的差异。在充分成熟的劳动力市场上，劳动者得到的劳动报酬是和其付出的劳动力和劳动成果密切相关的。因此不同的劳动力在实际劳动和生产过程中所应该获得的报酬也是不同的。为了在模型中表示出这种个体之间的差异，我们在模型中引入了劳动力劳动收入比例参数，该参数用来表示不同类型的劳动力在劳动过程中应该获得的劳动报酬所占据的比例。该参数的计算公式如下所示：

$$shlh_h = \frac{YWH_h}{WLA \times QLSA} \tag{8-62}$$

（3）居民资本收入比例参数

在实际的经济运行过程中，居民可以凭借自己拥有的资本和储蓄等获得收入，并且由于居民自身所拥有的资本数量不同、资本投资方式不同、储蓄比例不同以及消费习惯和生活方式不同等可能会造成其拥有资本构成的类型以及各种类型资本数量的不同，同时又由于在经济生活中各种行业投资回报率不同，就会使得居民拥有的资本所得到的回报数量不同。计算公式如下所示：

$$shkh_h = \frac{YKH_h}{WKA \times QKSA} \tag{8-63}$$

（4）企业资本收入比例参数

企业所拥有的资本在经济发展过程中很可能会由于投资回报不断地增值，但是每个企业所拥有的资本的构成以及数量存在差异，投资的方案和时机也有所不同，并且不同行业之间还存在投资回报率差异，所以对每个企业来说，资本收入的具体值会有所不同，在模型中使用企业资本收入比例参数来表示这种差异性，具体的计算公式如下所示：

$$shkh_h = \frac{YKH_h}{WKA \times QKSA} = 0.92 \tag{8-64}$$

三、市民化与经济增长关系的仿真模拟场景设计

在上文中我们已经使用CGE模型对我国经济生活中市民化对经济发展的影响进行了建模，并且根据我国经济生活中的相关统计参数和研究结果对模型中的各个关键参数进行了赋值，同时也给出了模型中动态参数的定义和变化趋势，并给出了具体的赋值方式。因此我们现在就可以设计不同的仿真场景对我国经济的运行状态进行模拟计算，通过对经济发展状况的模拟就可以研究在不同的场景设定状态下，农业转移人口市民化的进程对我国经济的发展会产生哪些方面的影响以及影响的机理是什么。

在本书中，我们设定四种不同的情景进行仿真计算，下面先对这四种仿真场景进行描述。

（一）仿真场景1

为了模拟农民工以及新生代农民工的城市化程度对经济发展和社会生产力提升的影响，我们首先需要对仿真场景中的基准场景进行设定，该场景是模型分析和对比的基础，所有后续其他仿真数据都是在本基准场景的基础上进行计算和模拟的。在本书中我们设定的基准场景的基本思路为：农民工以及新兴农业转移人口的市民化程度为零。也就是说，在城市务工的农村劳动人口完全没有进行任何的市民化，农民工作为劳动力迁移进入城市务工，按照农民工的薪酬水平获得报酬，保持原有的农村户籍，无法享受到任何城市人口的福利和保障，并且其家人都留在农村地区，不具备进入城市生活和学习的条件。在该场景下，为了对模型进行仿真研究，我们还可以做出以下的假设。

首先，在模型研究和仿真对象中的劳动力增长速度为外生变量，可以被人为设定。模型中需要用到的劳动力增长速度我们通过其他研究中的结

果来设定，而非通过模型自身的计算结果给出。

其次，政府对个人以及企业征收的各种税率值恒定。在本书中，由于我们仿真和模拟的重点是市民化程度和经济发展之间的关系，并不涉及政府税率之间的关系，而政府的税率政策会对经济整体的发展水平和发展速度都有影响。因此在模型中我们假设在仿真过程中所有政府税率保持不变，这样就减少了模型的影响因素，使得仿真结果更加能够说明问题。

再次，政府对城市居民、农村居民以及农业转移人口的财政补贴水平均为外生变量，可以通过人为设定的方式确定，在本书中，我们使用其他研究中的结果来设定，而非通过模型自身的计算结果给出。

最后，由于研究模型对象之间存在城市和农村之间的收入差距以及福利待遇等方面的差距，农村劳动力不断被吸引并向城市转移，并且由于非农业部门劳动生产报酬超过农业部门，因此劳动力会不断地向非农业部门转移。该假设符合我国现有经济发展和人口迁移的基本趋势，由于我国城乡之间的生产效率、生产报酬以及福利等方面的差距，在未来很长一段时间内农村人口将会不断往城市迁移，城市规模不断扩大，市民化水平不断提高。

（二）仿真场景2

在基准场景的基础上，我们设定了部分市民化情景，也就是每年在城市中务工的农村劳动人口会有一定的比例完成市民化，该比例值我们设置为2%。但是由于该场景是不完全市民化场景，因此我们假设这部分市民化的人口是不完全的市民化状态，也就是获得城市户籍的农业转移人口可以将自己的父母和儿女等家人一起带到城市来生活，并且可以享受到和普通城市市民一样的待遇。但是因为市民化的不完全，该部分人口的生活方式和消费方式没有发生转化，不会对自身人力资本等方面进行投入，不会有目的地提升自己的劳动技能、教育水平以及思想意识等。因此该部分劳动人口的人力资本水平没有发生变化。

根据经济学理论的有关知识，劳动人口的边际生产率会因为劳动人口总数量的下降而提升，因此，这就会导致农村中的剩余劳动力尤其是年轻一代的劳动力大量进入城市转化为农民工以及新兴农民工劳动人口。这样，农村劳动力的边际生产率就会不断提升，对应地也会提高农村劳动人口的劳动报酬收入，并且最终提升农村人口整体的收入水平。

一般来说，政府进行宏观调控以及提供福利政策保障可以在很大程度上影响居民的消费需求和消费潜力，从而推动经济发展。从这个角度来看，政府对完成市民化之后的农民工以及新兴农民工提供各方面的支持，比如提供就业培训、法律援助、生活指导，解决子女教育问题，提供养老保障和失业保障，提供价格优惠的住所等，都可以帮助市民化之后的农业转移人口更加快速地完成身份和生活方式的转换，并且极大地释放他们的消费潜力，促进社会经济的增长。

（三）仿真场景3

在仿真场景2的基础上，对应农业转移人口市民化程度不完全的情况，我们设计了农民工完全市民化的场景。在该场景中，每年在城市中务工的农业转移人口以及新兴农业转移人口按照一定的比例获得城市户籍，并且可以将其父母和子女等举家迁徙到城市生活和工作，该比例值设定为2%。与此同时，这部分人口都可以享受到和城市人口一样的社会保障、劳动保障、生活补贴、教育、医疗以及住房福利等待遇，并且这部分人口已经完全市民化，会按照城市人口的生活方式和消费方式进行生活和消费。这样他们就会有更多的欲望对自己的人力资本进行投入，比如参加职业技能培训对自身劳动技能进行提升，以追求获得再教育的机会，提升自身知识水平和思想意识。这样一来，这部分转化的人口可以达到和城市人口一样的人力资本水平，在劳动力市场上具有较强的竞争力，并且可以获得和城市劳动人口相当的劳动报酬。

从相关研究对年轻一代农民工包括新兴农民工的人口思想观念、消费水平、消费观念等进行的研究和分析结果中我们不难看出，年轻一代具有和他们的上一辈完全不一样的思想观念和生活状态。他们的消费欲望相对较强，消费观念相对积极，消费能力和消费水平都相对较高，并且有一定的边际消费和超前消费的倾向。在城市中务工的新兴农业转移人口的消费观念在很大程度上都符合这种特点，并且由于在城市中打工的收入要比他们在农村中务农的收入高，增加的这部分收入会直接转化为消费需求，并且由于这部分年轻劳动人口受到城市生活方式和消费理念等的熏陶，其消费意愿和消费方式更加贴近城市人口的消费模式，这样就会形成巨大的消费潜力，如果将这部分消费需求完全释放出来，将会极大地促进我国经济的快速发展。

同时，当农村人口发生完全市民化，转化为城市人口时，其下一代子女可能会永久地在城市中生活和发展，重新回到农村的概率很小。这种情况会导致农村人口不断减少，同时降低的是农村地区的消费能力和消费水平。但是对应地，会造成城市中人口数量的不断增加，又由于城市中劳动人口的消费水平和消费能力都远远超出农村地区人口的消费能力，这就会使得整个经济体系中的消费能力和消费水平高于原先的状态。我国《中国统计年鉴》中的相关数据可以表明，我国农村地区劳动人口的抚养系数一般都在0.3到0.5之间，也就是当一个农村人口完全转化为城市人口之后，也就会对应地转化0.3到0.5个下一代农村人口。随着农村总人口数量的减少以及适龄适婚总人口数量的减少，农村地区抚养系数将会不断地降低。

（四）仿真场景4

在仿真场景3的基础上，我们研究在不同的市民化率并且其他环境因素都相同的情况下，市民化率的变化会对经济发展产生什么影响。在本仿真场景中，我们设定每年在城市中务工的农业转移人口转化为当地城市户口市民的比例为4%，这部分人口可以将其父母子女等举家迁徙到城市生活和工作，并且这部分人口都可以享受到和城市人口一样的社会保障、劳动保障、生活补贴、教育、医疗以及住房福利等待遇，这部分人口已经完全市民化，会按照城市人口的生活方式和消费方式进行生活和消费。

在这样四个仿真场景设定的基础上，我们可以使用数学模型对市民化和我国经济之间的关系进行仿真计算和研究，重点分析市民化的进程对经济中城镇化、人力资本水平以及消费水平的影响，通过对得到的仿真结果的分析可以最终得出市民化对经济发展的影响。

四、市民化与经济增长关系的计算结果与分析

（一）市民化对城镇化影响仿真结果分析

1.静态仿真分析

基于上述模型分析、获取的数据以及设定的场景，我们对模型进行静态仿真分析研究，重点就市民化对城镇化的影响进行仿真。仿真计算到2020年时我国城镇人口数量在不同仿真场景下的变化情况，仿真结果如图8-4所示。

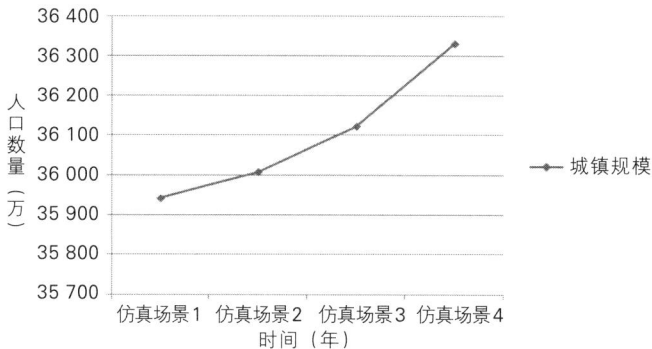

图8-4　仿真结果图（1）

从图8-4中我们不难看出，将仿真场景1和仿真场景2进行比较，当出现农业转移人口市民化的现象时，城镇规模将会扩大，因为有更多的人口获得了城镇户籍，城市中总人口数量增多，城镇规模不断扩大，同时日益增多的人口对城市中居住条件、工作环境、生活环境等提出了更高的要求，这将会极大地促进我国城镇的建设与发展。将仿真场景2和仿真场景3进行比较，由于在仿真场景3中的农业转移人口实现了完全的市民化，这样他们就会把自己的家人等带到城市中生活，因此在该仿真场景中城市规模和仿真场景2相比将会进一步扩大。将仿真场景4和仿真场景3进行对比我们发现，在仿真场景4中城市规模进一步扩大，并且规模扩大的速

度比仿真场景3和仿真场景1的速度更快。从这个角度来看，市民化对城镇规模扩大产生的影响具有一定的规模效应，在血缘关系和社交关系的带动下，城镇的人口数量将会以更快的速度增加，由此带来的是城镇规模的急速扩大。

通过模型的静态仿真计算，我们可以得到的结果是市民化程度越高，城镇规模越大，当地的城镇化程度也就越高；市民化越完全，城镇化的程度也会提高。因此市民化对城镇化水平有明显的正向促进作用。

2.动态仿真分析

基于上述模型分析、获取的数据以及设定的场景，我们对模型进行动态仿真分析研究，重点就市民化对城镇化的影响进行仿真。仿真计算从2012年到2020年时每年我国城镇人口数量在不同仿真场景下的变化情况，仿真结果如表8-4所示。

表8-4　　　　　　　　　仿真结果对比表（1）　　　　　单位：万

时间	仿真场景1	仿真场景2	仿真场景3	仿真场景4
2012	36 093.57	36 175.69	36 227.8	36 364.53
2013	36 273.45	36 355.88	36 408.68	36 546.41
2014	36 454.28	36 536.42	36 588.55	36 725.32
2015	36 637.37	36 720.39	36 773.09	36 911.31
2016	36 527.18	36 610.3	36 659.63	36 794.58
2017	36 417.56	36 499.99	36 551.01	36 686.96
2018	36 308.28	36 390.95	36 442.51	36 579.24
2019	36 234.43	36 317.55	36 369.1	36 506.27
2020	36 198.23	36 281.34	36 330.37	36 465.01

由于动态仿真所获得的数据以表格的形式不容易观察其变化特点和相互之间的关系，因此我们将该动态仿真得到的数据转化成图的形式，转化后的动态仿真结果如图8-5所示。

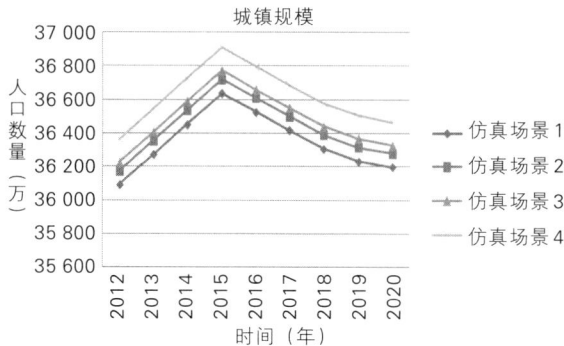

图8-5　仿真结果图（2）

　　从图8-5中我们很明显地看出，城镇规模存在先扩大后缩小的发展状况，出现这种现象的主要原因是由于受市民化水平的影响，有越来越多的人口进入城市，当这种聚集达到一定的规模，超出城市现有承载能力时，城市的发展就会出现明显的外部效应。城市居住环境质量下降、就业压力增大、周边环境受到污染、社会不稳定等负面现象的出现，就会使得城市中人口居住的意愿降低，生活和发展成本加大，进而造成农村劳动力进入城镇的意愿降低，流动人口开始流出城镇，以至于出现城镇中有效劳动力减少、人力成本上升等问题。这些问题的出现在很大程度上影响着我国经济的持续发展以及城镇化水平的持续提升。因此从城市发展的一开始就需要考虑到大量农村劳动人口进入城市所产生的影响，提前做出城市发展和设计规划，保证城镇规模的扩张速度与物质生产的发展速度可以跟得上人口增长与市民化水平的发展速度，并且从源头上控制人口的流动速度，避免在短时间内有大量的人口涌入城市，从源头上将劳动人口进行分流，从而减轻城市发展与建设的压力。

　　从图8-5中我们也可以看出，将仿真场景1和仿真场景2之间进行比较，发现当出现农业转移人口市民化的现象时，城镇规模将会扩大，因为有更多的人口获得了城镇户籍，城市中总人口数量增多，城镇规模不断扩大，同时日益增多的人口对城市中居住条件、工作环境、生活环境等提出了更高的要求，这将会极大地促进我国城镇的建设与发展。在仿真场景2和仿真场景3之间进行比较，由于在仿真场景3中的农业转移人口实现了完全的市民化，这样他们就会把自己的家人等带到城市中生活，因此在该仿真场景中，城市规模和仿真场景2相比将会进一步扩大。在仿真场景4和仿真场景3之间进行对比我们发现，在仿真场景4中城市规模进一步扩大。从该趋势中可以看出，市民化程度的提升将会对城镇发展与城镇规模的扩大起到推动作用，从而对城镇化产生明显的促进作用，这样必然会促进城镇的经济发展并且带动整体经济发展水平的提升。

通过模型的动态仿真计算，我们可以得到的结果是市民化程度越高，城镇规模越大，当地的城镇化程度也就越高；市民化越完全，城镇化的程度也会提高。因此市民化对城镇化水平有明显的正向促进作用。

（二）市民化对人力资本影响仿真结果分析

1.静态仿真分析

基于上述模型分析、获取的数据以及设定的场景，我们对模型进行静态仿真分析研究，重点就市民化对人力资本水平发展变化的影响进行仿真。在本次仿真中我们得到了到2020年时我国人力资本水平总价值在不同仿真场景下的计算结果。仿真结果如图8-6所示。

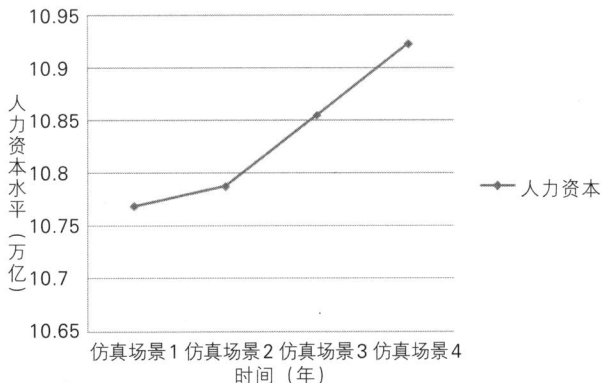

图8-6　仿真结果图（3）

从图8-6中我们不难看出，将四个仿真场景进行比较，人力资本水平呈现不断上升的趋势，将仿真场景1和仿真场景2进行比较，由于出现了农业转移人口市民化，整体人力资本水平会出现一定程度的上升，但是由于在仿真场景2中市民化是不完全的，因此上升幅度不明显。将仿真场景2和仿真场景3进行相比时，由于在仿真场景中实现了完全的市民化，这部分人口都可以享受到和城市人口一样的社会保障、劳动保障、生活补贴、教育、医疗以及住房福利等待遇，并且这部分人口已经完全市民化，会按照城市人口的生活方式和消费方式进行生活和消费，这样他们就会有更多的欲望对自己的人力资本进行投入，比如参加职业技能培训对自身劳动技能进行提升，以追求获得再教育的机会提升自身知识水平和思想意识。这样一来，这部分转化的人口可以达到和城市人口一样的人力资本水平，在劳动力市场上具有较强的竞争力，并且可以获得和城市劳动人口相当的劳动报酬。因此在仿真场景3中的人力资本水平和仿真场景2中的相比出现了较为明显的上升。在仿真场景4和仿真场景3进行比较的过程中我们也可以看出，随着市民化程度的提升，人力资本水平也会出现明显的提升。

因此通过模型的静态仿真计算，我们可以得到的结论是市民化程度越高，整体的人力资本水平也就越高，市民化越完全，人力资本水平也会因此提升，随着人力资本水平的不断提高，经济水平也会随之不断地提升，从而推动经济的发展。因此市民化对人力资本水平有明显的正向促进作用。

2.动态仿真分析

我们对模型进行动态仿真分析研究，重点就市民化对人力资本水平发展变化的影响进行仿真。在本次仿真中我们得到了到2020年时我国人力资本水平总价值在不同仿真场景下的计算结果。仿真结果如表8-5所示。

时间	仿真场景1	仿真场景2	仿真场景3	仿真场景4
2012	5.26	5.381	5.4657	5.5867
2013	5.841	5.972	6.0637	6.1947
2014	6.201	6.353	6.4594	6.6114
2015	6.451	6.652	6.7927	6.9937
2016	7.943	8.123	8.249	8.429
2017	8.251	8.441	8.574	8.764
2018	8.992	9.158	9.2742	9.4402
2019	10.127	10.31	10.4381	10.6211
2020	11.076	11.187	11.2647	11.3757

表8-5　　　　　　　仿真结果对比表（2）　　　　　单位：万亿

由于动态仿真所获得的数据以表格的形式不容易观察其变化特点和相互之间的关系，因此我们将该动态仿真得到的数据转化成图的形式，转化后的动态仿真结果如图8-7所示。

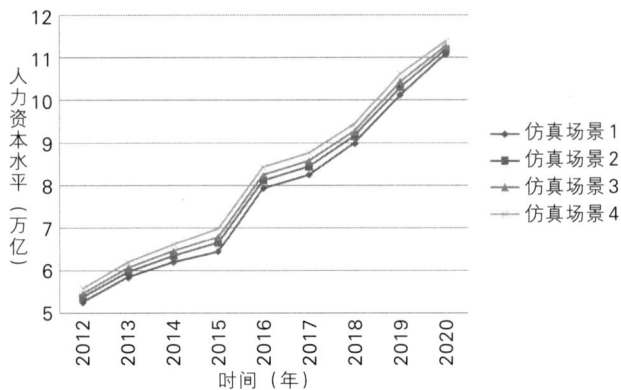

图8-7　仿真结果图（4）

从图8-7中我们不难看出，从2012年到2020年期间，根据仿真计算结果显示，我国人力资本水平将会呈现持续上升的趋势，虽然其中存在着增长幅度的变化，但是从整体上看上升速度较快。从曲线的高度和相互之间的关系来看，四个仿真场景之间的关系和在静态仿真中给出的结果相同，也就是仿真场景2中人力资本水平高于仿真场景1中的人力资本水平，这是由于仿真场景2中存在部分农业转移人口市民化的情况，但是由于仿真场景2中的市民化是不完全的，这就导致仿真场景2的人力资本水平要低于仿真场景3中的人力资本水平。而仿真场景4和仿真场景3中的情况一样，存在部分农民工完全市民化，而在仿真场景4中的市民化比例要更高，这就使得该仿真场景中的人力资本水平要高于仿真场景3中的人力资本水平。

从市民化对人力资本影响的动态仿真结果中我们不难看出，市民化对经济体系中的人力资本水平有明显的提升作用。并且市民化越完全，市民化比例越高，人力资本水平提升越明显，而更高的人力资本水平意味着劳动力的教育水平、劳动技能、道德水平等方面的提升，社会人力资本水平的提升必然会对整个经济的发展有促进作用。

（三）市民化对居民消费影响仿真结果分析

1.静态仿真分析

基于上述模型分析、获取的数据以及设定的场景，我们对模型进行静态仿真分析研究，重点就市民化对居民消费水平发展变化的影响进行仿真。在本次仿真中我们得到了到2020年时我国居民消费水平在不同仿真场景下的计算结果。仿真结果如表8-6所示。

表8-6　　　　　　　　　　仿真结果对比表（3）　　　　　　　　　单位：元

	仿真场景1	仿真场景2	仿真场景3	仿真场景4
农村	77 338.03	77 452.12	77 498.86	77 562.37
农民工	49 889.63	49 821.32	50 099.84	50 113.49
城镇	122 355.1	122 972.1	122 984.2	122 992.2
平均	86 700.75	87 049.41	87 095.21	87 162.34

从表8-6中我们不难看出，三类劳动人口——农村人口、农业转移人

口以及城镇人口的消费水平有明显的差异，并且城镇人口的消费额度大于农村人口的消费额度，大于农业转移人口的消费额度。由于城镇人口的收入水平较高，并且享受到城镇人口的福利和财政补贴，因此消费水平明显高于其他两类人口。而农业转移人口由于在城市务工，受到自身知识水平和劳动技能的限制，在劳动力市场上竞争力较低，一般从事技术含量低、工资水平较低、劳动力密集型的工作，并且在市民化的过程中需要承担一定的转化成本，同时在城镇中生活还需要承担城镇中的高物价，因此农业转移人口的消费水平较低，甚至低于农村人口的消费水平。对农业转移人口来说，仿真场景2中的消费水平甚至要低于仿真场景1中的消费水平，这是因为有部分农业转移人口已经市民化，但是这种市民化是不完全的，他们的劳动力资本没有发生变化，在劳动力市场上的劳动报酬也没有发生变化，又因为他们的家人等依旧在农村生活，需要将部分收入作为储蓄补贴家用，这使得仿真场景2中的农民工消费水平比仿真场景1中的农民工消费水平更低。对于农村劳动人口来说，由于大量农村劳动力进入城市务工，因此留在农村的劳动力数量不断减少，根据经济学相关理论，劳动总人口数量的减少将会引起劳动力价格的上升，因此在这样的情况下，农村人口的平均收入将会上升，这也就解释了为什么在这四个仿真场景下农村人口的消费水平呈现不断上升的趋势。

排除仿真场景1和仿真场景2之间农业转移人口消费水平变化的特殊情况，从横向对比来看，仿真场景4中各类人口的消费水平都要高于仿真场景3中的消费水平，仿真场景3中各类人口的消费水平都要高于仿真场景2中的消费水平，仿真场景2中各类人口的消费水平都要高于仿真场景1中的消费水平。因此我们可以得出结论，就市民化对居民消费水平发展变化的影响进行静态仿真的结果来看，农业转移人口市民化有利于居民消费水平的提升，并且市民化越完全，市民化比例越高，那么各类居民的平均消费水平也越高。农业转移人口市民化可以有效促进我国居民消费水平。

2.动态仿真分析

基于上述模型分析、获取的数据以及设定的场景，我们对模型进行动态仿真分析研究，重点就市民化对居民消费水平发展变化的影响进行仿真。在本次仿真中我们计算了到2020年时我国居民消费水平在不同仿真场景下的结果。为了计算全国总居民人口的消费水平变化情况，我们在动态仿真模拟的计算过程中没有对居民类型进行区分，给出的结果是全国居民平均消费情况。仿真结果如表8-7所示。

表8-7   仿真结果对比表（4）   单位：元

时间	仿真场景1	仿真场景2	仿真场景3	仿真场景4
2012	91 411.469	91 700.849	91 789.7	91 900.91
2013	91 277.56	91 575 87	91 656.88	91 778.09
2014	91 138.33	91 439.78	91 516.56	91 659.77
2015	90 998.34	91 309.79	91 369.56	91 501.68
2016	90 134.19	90 459.17	90 521.41	90 645.62
2017	89 322.13	89 658	89 689.36	89 822.8
2018	88 467.21	88 801.33	88 864.44	88 996.57
2019	87 642.12	87 975.68	88 041.35	88 176.47
2020	86 700.76	87 035.97	87 099.1	87 243.1

由于动态仿真所获得的数据以表格的形式不容易观察其变化特点和相互之间的关系，因此我们将该动态仿真得到的数据转化成图的形式，转化后的动态仿真结果如图8-8所示。

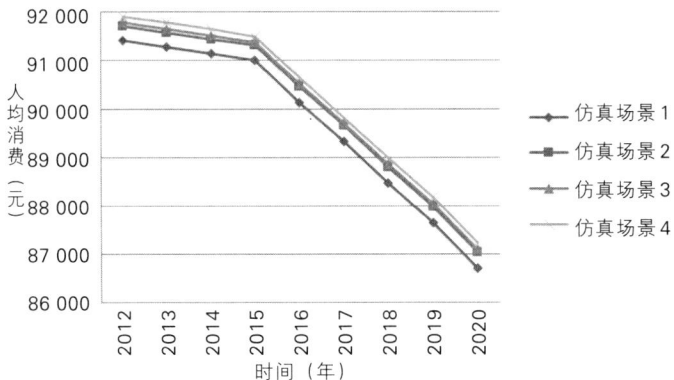

图8-8　仿真结果图（5）

　　图8-8中的发展趋势存在很明显的特点，也就是我国的人均消费水平出现逐年下降的现象，从相关研究和分析的结果中可以找到原因，这是因为我国人口增长速度较快，而在仿真过程中涉及的时间范围内，经济整体状况不会出现跨越式的发展，居民收入情况、消费模式、生活习惯等都不会发生明显的变化，因此消费总量也不会出现跨越式的上升。这就导致了我国在未来一段时间内消费水平上升速度要低于人口增长速度，这样就导致了人均消费水平的下降。

　　将仿真场景1和仿真场景2互相对比，仿真场景2中的居民人均消费水平有一定的提升，从静态仿真结果中我们已经分析得到，不完全市民化情形下农业转移人口的消费水平会有一定的下降，但是同时在该场景下农村地区居民由于劳动力价格的提升而产生收入的提升，城镇人口由于社会总生产力的提升收入也会提升，从而农村人口和城镇人口的消费水平都会上升。因此从整体来看，市民化的过程有利于劳动力的合理有效配置，从而实现全社会范围内劳动力报酬水平与生产效率的提高，所以全国范围内的居民消费水平依然会上升。将仿真场景3和仿真场景2进行对比，由于实现了完全市民化，因此在仿真场景3中的居民消费水平有了进一步的提升，这是因为完全市民化之后的人口会加大对自身劳动力资本的投入，不断提升自己的劳动技能、知识水平，在劳动力市场上的竞争力和劳动报酬也会随之提高，同时生活方式和消费理念也和城镇人口相同，所以其消费水平会呈现明显的增加。而仿真场景4和仿真场景3进行比较时，由于在仿真场景4中市民化比例更高，并且同样是完成了完全的市民化，此时仿真场景4中整体的收入水平会进一步地上升，这样就使得消费额度上升。因此我们可以得出结论，就市民化对居民消费水平发展变化的影响进行动态仿真的结果来看，农业转移人口市民化有利于居民消费水平的提升，并且市民化越完全，市民化比例越高，那么各类居民的平均消费水平也越高。所以，农业转移人口市民化可以有效促进我国居民消费水平。

（四）市民化对经济总量影响仿真结果分析

1.静态仿真分析

基于上述模型分析、获取的数据以及设定的场景，我们对模型进行静态仿真分析研究，重点就市民化对经济总量发展变化的影响进行仿真。在本次仿真中我们得到了到2020年时我国经济总量在不同仿真场景下的计算结果。仿真结果如表8-8所示。

表8-8	仿真结果对比表（5）			单位：亿元
	仿真场景1	仿真场景2	仿真场景3	仿真场景4
GDP总量	886 045.43	886 433.49	887 092.12	887 629.12

2.动态仿真分析

基于上述模型分析、获取的数据以及设定的场景，我们对模型进行动态仿真分析研究，重点就市民化对经济总量发展变化的影响进行仿真。在本次仿真中我们得到了到2020年时我国经济总量在不同仿真场景下的计算结果。仿真结果如表8-9所示。

表8-9	仿真结果对比表（6）			单位：亿元
时间	仿真场景1	仿真场景2	仿真场景3	仿真场景4
2012	444 224.987	444 703.221	445 076.244	445 978.6
2013	482 819.234	483 331.568	483 731.189	484 697.9
2014	523 415.125	523 949.248	524 365.864	525 373.6
2015	572 382.124	572 974.666	573 436.849	574 554.9
2016	631 234.542	631 470.475	632 022.783	632 858.3
2017	688 493.213	688 796.444	689 372.565	690 304.7
2018	741 239.343	741 579.588	742 097.641	743 007.4
2019	812 345.532	812 711.766	813 322.666	814 358.4
2020	847 242.234	847 632.357	848 277.357	849 374.6

从以上仿真计算和模拟结果中我们不难看出，在仿真场景1中我国国民经济总量呈现不断上升的态势，将仿真场景2和仿真场景1比较，我们可以看出在实现了部分市民化之后我国经济发展势头更好，除了保持不断上升的趋势之外，其发展速度还高于仿真场景1。将仿真场景3和仿真场景2进行比较，在完全市民化之后经济发展速度进一步加快，和仿真场景2之间的差距不断扩大。将仿真场景4和仿真场景3进行比较，也可以得出结论，较高的市民化比例将会极大地促进我国经济的发展。因此我们不难看出，农业转移人口市民化对我国经济的发展和国民经济总量的提升有明显的促进作用，并且市民化越完全，市民化比例越高，这种促进作用越明显。

农业转移人口市民化促进我国经济发展的原因可以从多个角度来解释，首先是劳动力合理配置的结果。农村地区存在大量的剩余劳动力，使得农村地区平均劳动生产率低，劳动力报酬较低，而农业生产的效率、投资回报率和工业生产相比都较低，如果大量劳动力聚集在农村地区，会使得整个经济体系的劳动力分配不均匀。通过农业转移人口市民化，将原有的在农村地区大量的剩余劳动力转移到城镇中，为城镇地区的发展和建设提供了充足的劳动力资源。同时使得农村地区从事农业生产的劳动力转移到效率较高、劳动回报率较高的工业生产和第三产业生产部门，不仅可以通过在非农业生产部门的劳动获得更高的劳动报酬，同时也使得农村地区的农业生产边际生产效率得到提高，使得农业部门和非农业生产部门的生产效率同时提升，极大地促进整体的经济发展。

其次，在农业转移人口实现了完全的市民化之后，这部分人口都可以享受到和城市人口一样的社会保障、劳动保障、生活补贴、教育、医疗以及住房福利等待遇，并且这部分人口已经完全市民化，会按照城市人口的生活方式和消费方式进行生活和消费，这样他们就会有更多的欲望对自己的人力资本进行投入，比如参加职业技能培训对自身劳动技能进行提升，以追求获得再教育的机会提升自身知识水平和思想意识。这样一来，这部分转化的人口可以达到和城市人口一样的人力资本水平，在劳动力市场上具有较强的竞争力，并且可以获得和城市劳动人口相当的劳动报酬。这就使得社会整体的人力资本水平上升，极大地促进生产力的发展。

再次，农业转移人口实现完全的市民化之后，收入水平随之提升，并且可以享受到和城市人口一样的社会福利和劳动保障，因此其消费能力和消费需求可以被更大程度地释放，这使得社会平均消费水平提升，促进社会生产和消费周期的循环，这样就可以推动经济的持续发展。

最后，农业转移人口市民化促进了我国城镇化建设。由于农业转移人口市民化，在城镇中长期居住、工作和发展，势必会引起城镇人口的增加，使得城镇规模扩大，产业结构更加完善，劳动力更加充足，也促使政府相关部门完善城镇基础设施建设，提高社会保障力度，完善城市规划，这样就推动了我国经济的发展。

在上文中我们分别就市民化对经济的影响进行了仿真模拟，分别就农业转移人口市民化对我国城镇化、人力资本水平、居民消费水平以及我国经济总量这几个方面进行仿真研究，并且每个方面都从动态和静态两个角度分别进行了研究。从仿真结果来看，我们可以得到以下结论：

首先，市民化和非市民化相比，城镇规模有明显的提升，并且市民化比例越高，城镇规模越大，当地的城镇化程度也就越高；市民化越完全，城镇化的程度也会提高。因此市民化对城镇化水平有明显的正向促进作用。

其次，市民化和非市民化相比，人力资本水平有明显的提升，并且市民化比例越高，人力资本水平越高；市民化越完全，人力资本水平提升越明显。而更高的人力资本水平意味着劳动力的教育水平、劳动技能、道德水平等方面的提升，因此市民化对人力资本水平有明显的正向促进作用。

再次，市民化和非市民化相比，居民消费水平有明显的提升，并且市民化比例越高，居民消费水平也就越高；市民化越完全，居民消费水平越高，因此市民化对居民消费水平的提升有明显的正向促进作用。

最后，市民化和非市民化相比，经济总量有明显的提升，并且市民化比例越高，经济总量也就越高；市民化越完全，经济总量越高，因此市民化对经济总量的提升有明显的正向促进作用。

从上述仿真模拟结果中我们不难看出，市民化对我国城镇化、人力资本水平、居民消费水平以及我国经济总量这几个方面都有明显的提升作用。因此我们可以得出结论，市民化对经济增长有促进作用，同时市民化越完全，市民化比例越高，这种促进作用越明显。

　　本部分就市民化对经济增长的促进作用进行仿真研究，我们设计了四种仿真场景分别使用模型进行仿真，并且对仿真结果进行分析。仿真研究结果表明，市民化对城镇化、人力资本以及居民消费都有明显的促进作用，并且市民化比例越高、市民化越完全，这种促进作用就越明显。通过本部分的研究，已经可以证明市民化对经济发展的促进作用，因此在实际经济发展过程中需要重视市民化过程对经济发展产生的影响，制定行之有效的政策推动市民化进程。

第九章

农民工流向与市民化成本

《国家新型城镇化规划（2014—2020年）》提出，到2020年要实现1亿左右农业转移人口和其他常住人口在城镇落户，鉴于原有户籍制度下城市没有给予非户籍人口市民化待遇，因此这项政策引发了人们对市民化改革背景下城市公共服务成本大幅提升的担忧。尽管已有研究表明，这些市民化成本的测算可能存在一定程度的高估，但高昂的市民化成本依然让有些地方政府望而却步，使得市民化进程面临巨大阻力。在这种背景下就引出了一个重要的问题，即人口向哪种类型的城市集聚更能节约公共成本。这不仅关系到未来市民化战略的实施成本和推进难度，也将影响中国的城镇化发展战略和人口空间分布结构，对中国改革发展全局具有较强的理论和现实意义。因此，本章主要探讨农民工向哪里流动更节约公共成本的问题。

一、人口向哪里流动更节约成本

一种常识性的判断是大城市公共服务水平较高，因此增加人口带来的边际公共成本也相对较高，而中小城市公共服务水平较低，因此将人口向中小城市集聚能够节约市民化的公共成本。而大小城市间的人均公共支出差异也似乎支撑这一观点，以第六次人口普查地级以上城市的市辖区常住人口来划分，2014年人口规模前50%的大中型城市户籍人口的人均公共支出为12 885元，而人口规模后50%的中小城市仅为9 467元，前者为后者的近1.4倍。不少学者也依据不同地区及城市规模分别测算了差异化的市民化成本，结论是东部大城市的市民化成本要普遍高于中西部地区的中小城市（建设部调研组，2006；张国胜，2009）。尽管这种成本差异并没有考虑大小城市间在公共服务水平和质量方面存在的异质性，并不能直接反映大小城市间真实的市民化成本差异，但仍使得社会舆论以及政府决策更多倾向于限制大城市人口流入，而鼓励人口向中小城市聚集。《国家新型城镇化规划（2014—2020年）》就明确提出，要有序、合理放开城区人口50万~300万的城市落户限制，而严格控制城区人口500万以上的特大城市人口规模，其中除了交通拥堵、社会管理、空气污染、高房价等所谓"大城市病"的因素外，大城市人均公共成本偏高可能也是一个十分重要的原因。那么，人口及公共服务资源向小城市集聚是否真的能够节约公共成本？在吸纳外来人口方面，大城市是否真的比小城市更不经济？这些问题需要进行规范的经验研究来加以验证。

在已有关于农业转移人口市民化成本测算的研究中，普遍忽视了公共支出规模效应及其在不同规模城市间存在的异质性。由于公共产品的人口弹性小于1，也就是说新增加一个人的公共服务其成本远小于现有的人均成本，表明在公共服务和市政基础设施领域存在明显的规模效应，而且规模越大，公共产品的人口弹性就越小，其规模效应也就越强。众所周知，政府提供的公共服务中有相当部分属于公共产品或准公共产品，如公共医疗、基础教育、市政建设等，这些领域均存在较强的规模效应，城市吸纳外来人口并不需要等比例地增加学校、医院等公共设施。因此在核算市民化成本时，并不需要将个人市民化成本进行简单加总，而应考虑其内在规模和集聚效应。因此本章认为，在考虑城市公共支出规模效应的基础上，人口向小城市集聚未必比大城市更经济。本章将基于中国城市数据，通过比较不同规模城市增加人口时公共支出弹性的大小，来考察城市规模对城市公共支出规模效应的影响，进而验证大城市是否真的比小城市具有更高的市民化成本，我们可以据此判断人口向哪里集聚更节约公共成本，进而对我国人口流向及其政策选择做出更客观的评价。

1.城市规模的正面经济效应

关于城市规模的经济效应问题，在学术界有着广泛而深入的研究。对于是否应当限制大城市人口增长，也始终存在着较为激烈的争论。其背后的原因是，大城市的优点与缺点都十分鲜明，从不同视角来看待大城市，必然会得出不同的结论。从大城市的负面效应来看，伴随着城市规模的不断扩大，其外部成本会不断上升，交通拥堵、环境污染、犯罪率上升、高房价等"大城市病"逐渐凸显，这也是政府决策及社会舆论限制大城市人口增长的重要依据。与人们可以切身感受到的"大城市病"相比，大城市的优点似乎并不容易被直接察觉。理论研究和经验研究表明，城市规模的扩大会带来规模经济、降低交易成本、推高劳动生产率、分摊基础设施成本、带来人力资本外部性，以及促进技术、知识、人力资本的外溢，进而为大城市带来更高的经济效应并注入更多的经济活力。由于城市规模扩大的正负两种效应的同时存在，学术界对此分别展开了深入的研究。

经济学者历来关注城市规模带来的正面经济效应。从城市规模对劳动生产率的影响看，已有研究普遍认为城市规模有助于提高城市劳动生产率，大城市的劳动生产率比小城市更高（Ciccone 和 Hall，1996；Rosenthal 和 Strange，2004）。具体而言，城市规模每扩大1倍，劳动生产率会提高 2%~10%（Sveikauskas，1975；Combes 等，2012）。而事实上，Marshall（1890）早在19世纪就分析了城市规模影响劳动生产率的传导机制，他认为城市规模的增长能带来包括基础设施在内的中间投入品和专业化劳动力的共享以及隐性的知识外溢，使得当地厂商和劳动力可以获得集聚外部性，进而提高劳动生产率。基于中国数据的研究也得出了相似的结论，认为地级市中城市规模与劳动生产率呈现倒"U"形关系（王业强，2012；梁婧等，2015），还发现中国劳动生产率、土地利用率与城市规模均呈正相关，超大城市的综合经济效率最高（杨学成，2002），而大中型城市的规模效率更接近最优水平（席强敏，2012）。当然也有学者认为城市规模的扩大并不能带来城市效率的提升，金相郁（2006）发现特大城市和超大城市的城市规模效率并不明显，而中小城市的城市规模效率较明显。

2.城市规模与工资水平

也有学者关注了城市规模与工资的关系，高虹等（2014）研究表明，城市规模每上升1%，劳动力名义年收入和名义小时收入将分别上升约0.19和0.189个百分点。踪家峰等（2015）认为在控制城市生活成本之后，中国城市存在工资溢价现象，城市集聚对劳动力尤其是高技能劳动力的工资水平有促进作用。除了对劳动生产率以及工资的影响外，城市规模还对城市行业分布产生影响，Davis（2014）通过对美国2000年的城市的人口数据、城市各行业的就业数据和城市每个行业的数据进行分析，发现城市间的人力资本和城市间的部门分布显示出系统性的变化，若城市规模越大，则高水平的人力资本和高技术密集性行业占比越高。此外，城市规模还会对个人就业产生影响，陆铭等（2012）的实证研究结果发现城市规模的扩大会提高劳动力个人的就业概率，研究表明城市规模每扩大1%，个人的就业率平均提高0.039~0.041个百分点。也有学者研究了城市规模与居民幸福感的关系，孙三百等（2014）利用中国微观调查数据研究发现，城市规模与幸福感呈"U"形关系，曲线最低点的市辖区人口规模为300万，也就是说以市辖区人口规模度量的城市规模大于300万的话，随着城市规模的扩大，城市居民幸福感将不断提升。最新的研究还表明，城市规模对创新也有显著影响，Packalen（2015）在控制了时间与科技趋势的固定效应后，发现大城市对创新中新思想采用具有正向显著影响，城市规模每增加1单位，在创新中采用新思想概率将增加2%~8%。由此可见，城市规模的扩大和人口的集聚在城市效率、个人就业、居民幸福感、创新程度等多方面促进了城市发展。

3.城市规模的负面影响

关于城市规模扩大的负面影响，也有学者进行了经验研究。陈春良等（2014）实证研究发现由于大城市潜在犯罪获利机会集聚，以及犯罪被发现概率较低等原因，大城市刑事犯罪率偏高。范红忠等（2015）利用CHIP微观数据，对城市规模与我国适龄青年结婚概率进行了实证研究，结果表明城市规模的扩大对我国城镇适龄青年结婚概率有显著的负面影响，城市规模扩大1%，我国城镇适龄青年结婚概率下降0.105个百分点，城市规模对我国城镇男性适龄青年结婚概率的影响强度大于女性。Moretti（2011）研究发现，虽然随着大城市生产率的提高会吸引更多的劳动力迁入大城市，但同时也会带动房价的上涨。Han（2015）研究认为城市规模扩张会在一定阶段产生污染问题，人口规模与可吸入颗粒物浓度之间呈现倒"U"形关系。

4.城市规模与公共支出

更进一步，也有学者对城市规模与公共支出的关系进行探讨，相关研究普遍认为城市规模是影响公共支出数量及效率的重要因素。王德祥（2009）研究发现，城市人口规模与人均公共支出呈"U"形关系，适度的人口规模有利于公共支出效率的发挥，而城市辖区面积扩大则不利于城市公共支出效率的提升。曾明（2007）等研究认为，在县域层次上存在规模经济现象，随着人口规模的增长，政府管理成本会递减，通过调整县政区划，扩大县域人口规模，有助于提高县政管理效率。高雪莲（2015）则从大城市存在公共服务供给过剩的角度，认为增加大城市人口将改善城市公共服务效率，因此提出给予农民工市民化待遇并不会给大城市财政造成过大压力，反而有助于提高大城市公共服务和财政支出效率。尽管城市规模的经济效应已经得到了较为充分的论证，但关于城市规模对城市公共支出规模效应影响的研究还相对较少。相关文献较少的原因，可能是在经济学者看来城市规模与城市公共支出规模效应之间的关系相对简单而无须验证，人口规模更大的城市自然公共支出规模效应会更强。但当前现实中的社会舆论及政策导向却忽视了这一基本经济规律，过分强调了大城市更高的人均公共成本，从而更倾向于人口向中小城市集聚，认为小城市吸纳外来人口的公共成本更低。在这种情况下，学术界有必要通过中国城市经验数据，来验证大城市与小城市之间公共支出规模效应的差异及其幅度，来实证检验人口向小城市集聚是否真的更节约公共成本，以及现有人口及城镇化政策是否符合经济规律，这也是本章提出该问题的主要原因。

5.何为最优城市规模

在城市经济学文献中，一类非常重要的文献是关于最优城市规模的确定问题，在这一领域形成了大量研究成果。Alonso（1971）建立了城市总成本－收益模型来探讨城市规模对城市效率的影响，结论表明随着城市规模的扩大，城市的边际收益和边际成本都会增加，但是边际收益的变化呈现递减趋势，边际成本的变化呈现递增趋势，边际成本曲线和边际收益曲线交点处对应的城市规模就是城市发展的最优规模。基于中国数据的研究表明，中国城市规模普遍偏小，未能达到最优城市规模。Au（2006）认为中国的城市因为户籍制度的存在，人口流动、迁徙成本较高等原因，存在为数众多的小规模城市，城市的集聚效应没有被充分释放。而王小鲁等（1999）研究认为，不同规模城市具有不同程度的正负外部性，其中城市规模在100万~400万人的大城市，净规模收益最大。超过这个区间，净规模收益逐渐递减，而规模小于10万人的城市，则并没有发现规模收益。陈伟民等（2000）研究认为，100万~400万人的城市规模的净规模收益最大。许抄军等（2008）研究认为我国的最优城市规模为1 060万人，适度城市规模是400万~600万人和1 000万~1 200万人。已有研究都验证了城市规模效应的存在，也就是说城市只有达到一定人口规模才能实现较高的城市效率与经济效益。

二、农民工流向大城市和小城市存在成本差异吗

经济理论告诉我们，政府提供的公共服务及市政设施具有准公共产品属性，部分具有非竞争或非排他属性，使得城市人口增加1%时，公共支出增加额会小于1%，也即公共支出的人口规模弹性应当小于1，因而在公共支出领域存在规模效应。如果从经典理论推出的结论是正确的，那么我们就应当看到城市人口规模的增加不会带来同等幅度的公共支出增加。而从实证策略看，我们只需估计人口规模对公共支出进行回归的双对数模型，并检验人口规模的估计系数是否小于1即可。从经济意义上看，双对数模型下人口规模的系数是人口增长带来的公共支出增长弹性，如果弹性越小于1，则表明城市公共支出增长对人口增长越不敏感，公共支出的规模效应也就越强。

1.城市规模与市民化成本：模型构建

从不同人口规模的城市看，人口越多的城市，由于更多人分担公共成本，城市公共支出的规模效应就应该越强。因此可以预期相较于小城市而言，大城市的人口增长对公共支出增长的弹性更低。这也就意味着在各个城市公共服务供给水平大致相同的情况下，大城市的人均公共成本更低，那么人口向大城市集聚就更有利于节约公共成本。从实证检验角度看，我们只需检验大城市人口增长对公共支出增长的弹性系数是否显著小于小城市。如果大城市的弹性系数更低，那么就说明大城市比小城市在公共领域拥有更大的规模效应，如果这种规模效应足够大就可以支撑我们关于人口向大城市集聚更节约公共成本的判断。

从机制上分析，大城市更具规模效应可能有两方面原因。一是由于大城市人口规模大因而其人口密度也相应较大，而人口集聚带来的人口密度上升是提升公共设施使用效率，进而增强其规模效应的重要机制。从市政管网、城市交通、公园绿地，甚至医院、学校都会由于人口密度提高而相应增强其使用效率，降低其人均公共成本。因此有理由相信，人口密度增大会相应提高城市规模效应，降低人口增长对公共支出增长的弹性系数。二是由于大城市外来人口较多，在我国现行户籍和社会保障制度下，外来的非户籍人口无法获得市民待遇，因此普遍拥有更多外来人口的大城市其公共支出将会相应减少，进而降低人口增长对公共支出增长的弹性，造成城市规模效应提升的假象。为此，在估计方程中我们将分别引入人口密度与外来人口两个变量与城市规模变量的交互项，以考察人口密度和外来人口因素对城市公共支出规模效应的异质性影响。如果交互项的估计系数为负，则表明人口密度和外来人口因素能够提高城市公共支出的规模效应，同时，控制住人口密度和外来人口因素也将减少我们对城市公共支出规模效应的估计偏误。

在控制人口密度与外来人口因素的基础上，我们还将进一步控制城市经济发展水平与城市经济总量等城市指标。一般来说，一个地区的经济发展程度越高，其当地政府越有可能提供较多的公共支出，改善其公共服务体系，获得较高的效率水平。但较高的经济发展水平意味着其拥有更多的公共支出投入到民生领域，因而其资源约束就越小，也越容易产生资源浪费。对各地区效率水平的影响程度究竟如何需要进行实证检验。同时，城市公共支出的规模与城市经济规模高度相关，经济总量越大的城市其公共支出也普遍相应较高。同样，经济发展水平较高的城市，也会吸引更多人口流入，进而扩大其人口规模，同时也会提高其公共支出能力。因此，控制上述因素可以避免出现由于遗漏重要解释变量而造成估计偏误。

2.大城市的公共支出规模效应优于小城市

在估计方法选择上，由于中国城市公共支出规模正处于高速增长的时期，而各城市在公共支出领域又具有较强的个体特征。因此，为去掉时间趋势和城市特征因素对城市公共支出的影响，我们使用了地区-时间的双向固定效应模型。基于上述考虑，我们构建如下估计模型：

$$\ln pe_{it} = \beta_0 + \beta_1 \ln size_{it} + \sum \beta_j X_j + u_i + t + \varepsilon_{it} \tag{9-1}$$

在该式中，$\ln pe_{it}$ 代表 i 城市第 t 年所对应的公共支出，$\ln size_{it}$ 代表 i 城市第 t 年所对应的城市规模，X_j 为其他控制变量，u_i 为城市固定效应，t 为时间固定效应，ε_{it} 为随机干扰项。β_1 代表人口规模对公共支出的弹性，弹性系数越小则表明该城市的公共支出规模效应越强，在吸纳外来人口时所带来的公共成本增长幅度也就越小。我们将着重考察大城市样本是否比小城市拥有更小的 β_1，并比较两个系数值差异的幅度有多大。

为反映大城市和小城市在公共支出规模效应方面的差异，在估计中我们将分别报告全样本以及大城市样本和小城市样本三个估计结果。这样可以通过比较不同城市样本的估计结果，判断大城市与小城市在公共支出规模效应方面存在的差异。为方便起见，大城市和小城市样本的划分标准是以所有城市的中位数来划分，即人口规模前50%的城市称之为大城市，后50%的城市称之为小城市。

本章使用的数据全部来自2004—2014年《中国城市统计年鉴》，由于城市数据中包含了农村人口，城市的市辖区更能反映经济意义上的城市范围，因此我们使用了年鉴中市辖区相关指标的统计数据。总样本一共包含287个地级及地级以上城市，共3 157条样本，为了保证数据的可信性和分析结果的准确性，我们剔除了个别关键变量缺失及变量数值异常的样本数据，最终整理出了包含287个地级及地级以上城市的3 116条样本数据，由于个别关键变量缺失的样本数据的剔除以及某些城市的变动（如巢湖市2011年7月14日撤地级市巢湖市，设立县级巢湖市）等原因，我们最终使用的数据样本为非平衡面板数据。

在城市公共支出方面，由于城市提供公共服务和基础设施建设的资金基本全部被纳入预算管理，因此我们使用了城市预算内公共支出数据。同时作为稳健性检验，我们也使用了医生数量、教师数量以及城市道路面积等公共服务指标来刻画城市公共支出规模。在城市规模数据方面，鉴于现有统计年鉴中没有提供城市常住人口数据，我们分别用市辖区内第二、三产业就业人口和市辖区户籍人口来反映城市规模。一般来讲，由于城市人口普遍从事第二、三产业，因此第二、三产从业人员比较符合常住人口的特征，能够较为近似地反映城市常住人口情况。由于在现行公共服务体制下，只有户籍人口才能享受城市基本公共服务，考虑到估计结果的稳健性，我们也采用户籍人口数量反映的城市规模进行了估计。

人口密度指标，我们采用市辖区人口与市辖区建成区面积的比值来刻画，因此对应于不同城市规模指标，我们分别使用了与之对应的人口密度指标。关于城市外来人口因素，我们使用了城市流动人口比率指标来反映，具体数据是通过城市常住人口与户籍人口之差与常住人口之比来反映。由于统计年鉴中没有提供城市常住人口，我们使用地区生产总值除以人均地区生产总值计算得出城市常住人口数据。在经济发展方面，本章选取了人均 GDP 和 GDP 两个影响指标。由于本章使用第二、三产业就业人口和户籍人口作为客观城市规模的指标，而人均 GDP 是基于常住人口来计算的，因此并不会出现共线性问题。表9-1给出了研究中所用变量的名称、含义以及描述性统计。

表9-1　　　　　　　　　　　　　　　　变量描述性统计

变量名称	变量含义	观察值	均值	标准差	最小值	最大值
lnpe	一般预算内支出	3 111	12.7	1.3	9.6	17.6
lnsize1	第二、三产业从业人员总数	3 116	11.9	1.0	8.9	15.8
lnsize2	户籍人口总数	3 115	4.5	0.8	2.6	7.5
lngdp	地区生产总值	3 084	14.8	1.2	11.7	19.2
lnpgdp	地区人均生产总值	3 065	10.2	0.8	7.8	13.1
lnden	市辖区人口密度	3 113	7.6	0.5	1.4	10.0
floatp	外来人口比重	3 064	0.0	0.4	−9.5	10.0
lnroad	年末实有城市道路面积	3 105	6.6	1.0	4.0	10.7
lndoctor	医生数量	2 996	7.8	0.9	4.7	14.2
lnteacher	普通中学和小学教师数量	3 110	9.0	0.8	6.9	12.7

资料来源　根据《中国城市统计年鉴》（2004—2014）整理所得。

我们首先对基准模型进行了估计，在控制城市 *GDP*、人均 *GDP*、人口密度、流动人口比率的基础上，分别采用全样本、大城市样本和小城市样本，使用双向固定效应模型估计了城市规模对公共支出的影响，即公共支出的人口规模弹性。在基准模型估计中，我们使用第二、三产业就业人口规模来反映城市常住人口规模，在随后的稳健性检验中我们会引入户籍人口来度量城市规模。

表9-2分别报告了全样本、大城市和小城市样本的估计结果，在三列估计结果中城市规模指标的估计系数分别为0.194、0.127和0.288。根据这一结果我们可以得出如下结论：一是在估计结果中所有模型的城市规模估计系数均远小于1，且在1%的显著水平下显著，表明无论是大城市还是小城市，都具有较强的规模效应。也就是说，城市人口规模每扩大1%，政府公共支出规模将仅仅扩大0.2%左右。二是在城市规模的估计系数中，大城市样本中的城市规模系数最小仅为0.127，小城市样本的估计系数最大为0.288，其中大城市公共支出的人口规模弹性仅为小城市的1/2左右，这表明大城市的公共支出规模效应平均为小城市的2倍左右，因而新增人口带来的公共支出增加幅度要远小于小城市。考虑到中国大城市的人均公共支出平均约为小城市的1.4倍，而大城市的公共支出规模效应为

小城市的2倍,加入公共支出规模效应因素后,大城市新增人口的边际成本实际要小于小城市的边际成本①。因此,人口向小城市集聚并不能节约公共成本,相反却可能消耗更多的公共成本。三是全样本估计中城市规模系数居于大小城市样本估计结果的中间位置为0.194,这表明公共支出的城市规模效应在城市规模分布上具有较好的单调性,城市规模差异越大,其所具有的规模效应差异也就越大,现实中特大城市的公共支出规模效应将远高于中小城市,而不仅仅是平均意义上的1倍左右。

表9-2   基准回归结果

被解释变量: lnpe	(1) 全样本	(2) 大城市	(3) 小城市
lnsize1	0.194***	0.127**	0.288***
	(0.0405)	(0.0600)	(0.0583)
lngdp	0.146***	0.168***	0.127**
	(0.0324)	(0.0462)	(0.0525)
lnpgdp	−0.0773**	−0.0821*	−0.0406
	(0.0352)	(0.0470)	(0.0621)
lnden	−0.118***	−0.140***	−0.126***
	(0.0259)	(0.0437)	(0.0314)
floatp	−0.137***	−0.132***	−0.0702
	(0.0215)	(0.0240)	(0.0508)
常数项	8.995***	10.23***	7.428***
	(0.449)	(0.683)	(0.623)
年度固定效应	控制	控制	控制
地区固定效应	控制	控制	控制
有效样本数	3 056	1 520	1 536
R²	0.845	0.854	0.850

注:*、**和***分别表示在10%、5%和1%的置信度上显著,小括号内数值为标准差。

---

① 需要指出的是,本章计算的是平均意义上大小城市在吸纳新增人口方面的成本差异,而非对某两个特定城市的比较,因此并不排除存在某些少数人均公共支出水平过高的城市,其新增人口边际成本偏高的现象。但从平均意义上看,在吸纳人口方面大城市相较于小城市更具成本优势。

　　总的来说，模型结果表明公共支出具有较强的准公共产品属性，人口规模增长能够有效摊薄人均公共成本，人口增加也并非需要等比例地增加公共支出。因此，市民化的成本也并非人均公共成本的简单加总，而且大城市的公共支出规模效应远大于中小城市，所以人口向小城市集聚并不能从总体上节约公共成本。

　　从其他控制变量的估计结果看，人口密度的估计系数在（1）~（3）列估计结果中均为负值，且均在1%的显著水平上显著，表明人口集聚程度越高的地区公共支出越经济，提高人口密度有助于降低政府公共支出规模。显然，由于公共支出的准公共产品属性，使得人口密度增加能够使公共产品覆盖更多人口，进而降低人均公共支出并提高城市规模效应。同时结果还显示，大城市样本估计中的人口密度系数要小于小城市样本中的估计系数，表明大城市人口密度的提升更有利于改善城市规模经济，降低公共支出总规模。流动人口比率的系数在（1）~（3）列估计结果中也均为负值，且全样本和大城市样本中的估计系数在统计上显著。这反映出大城市中外来人口比例普遍较高，而城市为外来人口提供的公共服务水平相对较低。因此，外来人口比重较高的城市公共服务支出规模较低。这也表明要准确估计城市规模的系数，不能遗漏流动人口因素的变量，否则会由于遗漏重要变量而导致估计偏误问题。

　　3.人口集聚增强城市公共支出规模效应

　　由于城市间在人口密度和外来人口比例上存在较大异质性，为进一步考察人口集聚及人口流动因素对城市公共支出规模效应的影响，我们在基准估计模型中引入了人口密度、流动人口比率与城市规模的交互项，如表9-3所示。同时，为考察城市规模与公共支出间可能存在的非线性关系，我们也引入了城市规模变量的二次项。估计结果显示，人口密度与城市规模的交互项系数为-0.0293，且在统计上显著，表明随着人口密度的提高，城市规模对公共支出的影响在减弱，即人口密度越高的城市其公共支出的人口规模弹性越小，因而人口增长所带来的公共成本增加幅度越小。流动人口比率与城市规模的交互项系数为-0.0628，且在统计上显著，表明流动人口比重的增加将弱化城市人口增长带来的公共支出增长幅度，进而降低城市公共支出压力。这是由于城市公共服务二元体制所致，外来人口无法得到市民化的公共服务待遇，因此城市公共服务支出增长幅度较低，控制这一因素有利于更准确地估计城市规模对公共支出影响的净效应。在大城市与小城市分样本估计结果中，由于存在交互项的原因，不便于直接比较城市规模变量的系数大小。从交互项的系数看，人口密度与城市规模的交互项系数均为负，表明无论城市规模的大小，人口集聚程度的增加都有利于降低城市公共支出的人口规模弹性。通过比较大小城市间人口密度与城市规模交互项的系数，可以发现大城市样本中该系数绝对值大于小城市样本中的系数绝对值，这说明人口集聚因素对大城市公共支出规模效应的影响要大于其对小城市的影响，造成这种现象的原因可能是由于大城市人口基数大，因此，人口集聚带来的集聚效应和规模效应也就更强。

表9-3　考虑城市间人口密度和外来人口比重异质性的回归结果

被解释变量： lnpe	(1) 全样本	(2) 大城市	(3) 小城市	(4) 全样本
lnsize1	0.441***	1.346***	−0.378	1.621***
	(0.122)	(0.291)	(0.232)	(0.251)
lnden1	0.211	1.641***	−1.104***	−0.125***
	(0.159)	(0.425)	(0.331)	(0.0258)
floatp	0.698***	1.296***	−0.140	−0.137***
	(0.159)	(0.230)	(0.671)	(0.0214)
lnsize1*lnden	−0.0293**	−0.141***	0.0921***	
	(0.0141)	(0.0335)	(0.0310)	
lnsize1*floatp	−0.0628***	−0.105***	0.00595	
	(0.0119)	(0.0170)	(0.0603)	
lnsize1^2				−0.0598***
				(0.0104)
其他控制变量	控制	控制	控制	控制
年度固定效应	控制	控制	控制	控制
地区固定效应	控制	控制	控制	控制
有效样本数	3 065	1 520	1 536	3 056
R^2	0.847	0.860	0.851	0.847

注：*、**和***分别表示在10%、5%和1%的置信度上显著，小括号内数值为标准差。

从流动人口比率与城市规模交互项在分样本中的估计系数看，大城市样本估计中显著为负，并且其绝对值大于全样本估计中的系数，而小城市样本估计中则不显著。这说明流动人口因素会显著降低大城市公共支出的人口规模弹性，而对小城市没有显著影响。其背后的原因是，大城市普遍是外来人口较多的城市，在二元户籍制度下，大城市的人口增长并没有带来公共支出的相应增长，因此外来人口因素会弱化人口规模与公共支出之间的关联。小城市由于普遍外来人口比重较少，其对城市公共支出人口规模弹性也自然不会有显著的影响。在此需要强调的是，由于大城市外来人口比重与城市规模交互项的估计系数仅为 -0.105，考虑到目前大城市外来人比重普遍不高于50%的事实，外来人口因素对大城市公共支出弹性的影响不会超过0.05。因此，尽管未来的市民化进程可能会降低大城市的外来人口比重，进而提高大城市公共支出的人口规模弹性，但其影响幅度并不足以影响大城市具有更高规模效应的结论。

本章也对公共支出与城市规模间弹性的非线性关系进行了考察。在第（4）列的估计中，我们加入了城市规模的二次项，结果显示城市规模的一次项系数在1%的显著水平下显著为正，二次项的系数在1%的显著水平下显著为负，表明城市规模对公共支出的边际影响呈现递减趋势，即当人口规模最小时城市人口增长带来的公共支出增加幅度最大，随着城市人口规模增大，城市人口增加带来的公共支出增加幅度将逐步减小。这也再次证明了相较于小城市，大城市公共支出的规模效应要更大。

上述研究结果可以得出如下基本判断：一是中国城市公共支出具有较强的规模效应，公共支出增长的幅度要远小于城市人口的增长幅度；二是城市公共支出弹性对于城市规模而言具有单调性，随着城市规模的扩大，城市公共支出弹性将逐步减小；三是人口密度和外来人口因素是影响城市公共支出规模的重要机制，人口集聚程度高能够增强城市公共支出规模效应，而外来人口较多的城市则由于没有提供外来人口市民化待遇，会降低公共支出的人口规模弹性，进而造成规模效应提升的假象。

三、城市规模与市民化成本的再检验

1.公共服务水平与公共支出规模效应

由于各地区公共服务提供水平存在差异，可能导致上述估计结果出现偏误。因此，在这种基础上去比较不同规模城市的公共支出弹性就缺乏一致的公共服务标准，可能出现由于部分城市公共服务水平高而导致公共支出规模效应偏低，而公共服务水平较低的城市反而具有更高的公共支出规模效应。为避免出现这种估计偏误，我们在控制变量中进一步引入了城市上一年度的公共服务供给水平，这样就可以控制各个城市在上一年度的公共服务供给水平差异，进而估计出更为准确的弹性系数。

表9-4给出了控制城市上一年公共服务水平的估计结果。在模型估计中，我们选择用城市上一期年末城市道路面积、医生数量、普通中学和小学的教师数量三个变量来控制城市间的公共服务水平差异。从结果来看，控制城市公共服务水平差异后，主要解释变量的系数和显著性均与基准回归结果保持一致，仍然是大城市人口规模的公共支出弹性系数最小，而小城市人口规模的公共支出弹性系数最大，大城市比小城市更具有公共支出规模效率，说明我们的基本结论是稳健的。

2.户籍人口与公共支出规模效应

在现行户籍制度背景下，非户籍人口无法享受市民化的公共服务待遇，由于城市外来人口的普遍存在，因此，常住人口数据反映城市规模可能无法真实反映城市规模与公共支出之间的内在关联。为此，我们使用城市户籍人口指标度量城市规模来进行估计，考察不同户籍人口规模对城市公共支出规模效应的差异化影响，如表9-5所示。

表9-4　　　　　　　　　　控制城市公共服务水平差异的回归结果

被解释变量：lnpe	（1）全样本	（2）大城市	（3）小城市
lnsize1	0.251***	0.243***	0.293***
	(0.0421)	(0.0631)	(0.0613)
Lnden	−0.118***	−0.121***	−0.124***
	(0.0259)	(0.0436)	(0.0317)
Floatp	−0.123***	−0.125***	−0.0433
	(0.0217)	(0.0236)	(0.0521)
L.lnroad	0.0159	0.0584*	0.0201
	(0.0173)	(0.0321)	(0.0220)
L.lndoctor	0.0136	0.0329	−0.00865
	(0.0153)	(0.0203)	(0.0221)
L.lnteacher	−0.0266	−0.103***	0.0123
	(0.0286)	(0.0378)	(0.0517)
其他控制变量	控制	控制	控制
年度固定效应	控制	控制	控制
地区固定效应	控制	控制	控制
有效样本数	2 910	1 455	1 455
R²	0.847	0.864	0.842

注：*、**和***分别表示在10%、5%和1%的置信度上显著，小括号内数值为标准差。

　　表9-5给出的估计结果表明，基准估计结果中的结论依然存在。其中从（1）~（3）列的估计结果可以看出，全样本、大城市和小城市人口规模的公共支出弹性系数分别为0.347、0.261和0.681，依然是大城市公共支出的规模效率最高而小城市最低，同时两者之间的估计系数差距相较于基准回归进一步扩大，这也更加支持了我们大城市公共支出规模效应更强的结论。第（4）列的估计结果表明，户籍人口规模与人口密度、流动人口比例的交互项的估计系数也依然均为负值且在统计上显著，与常住人口规模得出的结论基本一致。第（5）列的估计中我们引入了户籍人口规模的二次项，结果显示依然是一次项系数为正，二次项系数为负，且均在1%的显著水平下显著，表明随着城市户籍规模的扩大，城市公共支出规

表9-5　　　　　　　　　　　　以户籍人口度量城市规模的回归结果

被解释变量： lnpe	（1） 全样本	（2） 大城市	（3） 小城市	（4） 全样本	（5） 全样本
lnsize2	0.347***	0.261**	0.681***	0.926***	1.395***
	（0.0627）	（0.105）	（0.146）	（0.196）	（0.320）
lnden2	0.0178	−0.0451	0.0586*	0.309**	0.0195
	（0.0252）	（0.0378）	（0.0350）	（0.124）	（0.0252）
Floatp	−0.0890***	−0.0974***	0.0287	0.635***	−0.0860***
	（0.0246）	（0.0297）	（0.0579）	（0.117）	（0.0246）
lnsize2*lnden2				−0.0647**	
				（0.0267）	
lnsize2*floatp				−0.124***	
				（0.0196）	
lnsize2^2					−0.112***
					（0.0334）
其他控制变量	控制	控制	控制	控制	控制
年度固定效应	控制	控制	控制	控制	控制
地区固定效应	控制	控制	控制	控制	控制
有效样本数	3 058	1 602	1 456	3 058	3 058
R^2	0.842	0.813	0.863	0.844	0.843

注：*、**和***分别表示在10%、5%和1%的置信度上显著，小括号内数值为标准差。

模效率也会单调上升。上述结论说明，无论是用常住人口规模还是户籍人口规模，大城市都比小城市具有更强的规模效应，大城市吸纳新增人口所耗费的新增公共成本将更低，这表明我们的研究结论是稳健的。

3.具体公共服务项目与公共支出规模效应

前面的估计中我们均是使用城市市辖区地方一般预算内支出来反映城市公共支出，但新增人口带来的可能更多是具体公共服务支出成本的上升，而与其他投资建设以及行政支出无关。由于城市层面没有完整的公共支出数据，为此我们将被解释变量替换为了教育、医疗、城市道路三种类型的公共服务项目进行估计，以期更为准确地反映城市规模与公共服务提供数量之间的关系，如表9-6所示。

表9-6　　　　　将被解释变量替换为具体公共服务项目的回归结果

被解释变量	Inteacher（教师）		Indoctor（医生）		Inroad（道路）	
	（1）	（2）	（3）	（4）	（5）	（6）
	大城市	小城市	大城市	小城市	大城市	小城市
lnsize1	0.150***	0.206***	0.0537	0.186**	0.184***	0.241***
	（0.0384）	（0.0300）	（0.0965）	（0.0826）	（0.0565）	（0.0589）
其他变量	控制	控制	控制	控制	控制	控制
年度固定效应	控制	控制	控制	控制	控制	控制
地区固定效应	控制	控制	控制	控制	控制	控制
有效样本数	1 518	1 535	1 726	1 748	1 387	1 371
R^2	0.493	0.166	0.099	0.229	0.520	0.479

注：*、**和***分别表示在10%、5%和1%的置信度上显著，小括号内数值为标准差。

表9-6给出了以教育、医疗、城市道路为被解释变量并按大小城市分样本的估计结果，结果表明无论是教师、医生还是城市道路，大城市比小城市的人口规模估计系数都更低，表明大城市在吸纳新增人口时所需要增加的各类公共服务数量都更少。因此，大城市更具公共支出规模效应的结论依然成立。

4.考虑人口规模变量可能存在的内生性问题

由于城市人口规模与城市公共支出之间存在可能的反向因果关系，即除了人口规模增长带来公共支出增长外，更高水平的公共支出规模也会吸引人口迁入城市，进而增大城市人口规模。因此，人口规模可能存在内生性，可能对估计结果造成偏误。为解决这一问题，我们采用了两种方法来加以解决：一是参考范剑勇等（2009）、张翌等（2015）以及吴晓怡等（2016）的做法，使用滞后一期的人口规模来估计当期公共支出。由于滞后期的数值已经确定，因此不受当期冲击的影响，可以在一定程度上克服内生性问题；二是使用系统广义矩估计（*sys-GMM*）方法对数据进行估计，使用解释变量差分项的滞后项作为工具变量进行估计，从而克服可能存在的内生性问题。

　　表9-7给出了解释变量滞后一期的固定效应模型与 *sys-GMM* 方法的估计结果，两种方法的估计结果均显示大城市比小城市的人口规模估计系数都更低，且考虑人口规模二次项的估计结果后，二次项系数均显著为负。表明随着城市规模增大，城市公共支出的规模效应在不断增强，这与之前估计的结果基本一致。但 *sys-GMM* 估计结果的 *Sargan* 检验并不理想，因此使用滞后一期的固定效应估计结果则更为可信。综合考虑上述稳健性检验的结果，本章的基本结论是稳健的，即城市规模越大公共支出弹性越小，吸纳新增人口带来的公共成本增加幅度也相对更低。因此，从经济学角度看，人口向大城市集聚是更有效率的选择。

表9-7　　　　　　　　固定效应滞后1期与 *sys-GMM* 回归结果

被解释变量：lnpe	(1) 大城市 固定效应	(2) 小城市 固定效应	(3) 全样本 固定效应	(4) 大城市 sys-GMM	(5) 小城市 sys-GMM	(6) 全样本 sys-GMM
L.lnsize1	0.115** (0.0556)	0.150*** (0.0505)	1.176*** (0.318)			
L.lnsize1^2			−0.0448*** (0.0136)			
lnsize1				0.713 (0.442)	0.993*** (0.310)	2.649** (1.119)
lnsize1^2						−0.247** (0.120)
其他变量	控制	控制	控制	控制	控制	控制
N	1 518	1 519	3 037	1 269	1 168	2 437
R²	0.854	0.847	0.845			
Sargan test				132.1	117.1	232.3

注：*、**和***分别表示在10%、5%和1%的置信度上显著，小括号内数值为标准差。

　　本章使用中国城市面板数据，采用双向固定效应模型通过比较不同规模城市间公共支出的人口规模弹性，分析了城市规模对城市公共支出规模效应的影响。研究结论表明：（1）城市公共支出的人口规模弹性远小于

1，人口增加并不需要等比例增加公共支出，新增人口的公共成本也不是个人成本的简单加总，说明城市公共支出具有较强的规模效应；（2）在人口增长过程中大城市的公共支出弹性平均仅为小城市的1/2，表明大城市公共支出的规模效应远强于小城市，并且这种规模效应随着城市规模的增大而单调上升，因而大城市具有更高的规模效应；（3）人口集聚与人口流动因素都能够降低城市规模增长的支出弹性，但二者作用机理不同，人口集聚是通过增加人口密度提升规模经济效应来实现效率的提升，而流动人口因素则是由于城市未能给予外来人口市民化待遇而降低了公共支出成本，并且这两种机制在大城市中表现得都更为明显。为验证所得结论的稳健性，我们分别通过控制地区间公共服务水平差异、使用户籍人口替换常住人口、使用具体公共服务项目替换公共支出等方式对研究结论进行了稳健性检验，结果表明我们所得出的结论都是稳健和可信的。

第十章

市民化的成本测算与分担机制设计

　　积极推进城镇化、市民化改革是我国解决城乡收入差距，寻求经济可持续增长的重要路径之一。当前学术界和政策部门对于市民化问题有着很高的关注度，但对于一些基础性问题的认知仍然存在简单化、笼统化和片面化的倾向。在研究中，未能将农业转移人口市民化问题进行多维动态分析，严重高估了农业转移人口市民化的成本，忽视了其经济、社会效益，加重了政策主体推进市民化的顾虑。我们应依照合理的原则，以科学的方式测算市民化成本，纠偏现有研究对市民化成本的误解，加快推进市民化改革的进程。因此，本章节提出了科学、合理测算市民化的方法，并对本地市民化成本加以测算，提出市民化的合理分担机制。

一、市民化公共成本的测算综述

　　推进农业转移人口市民化除了需要进行相关制度创新，逐步解决户籍制度、就业制度、社会保障制度、土地制度等二元体制障碍外，还需解决农业转移人口享有城镇基本公共服务的公共成本和社会成本问题。对农业转移人口市民化成本的测算是构建农业转移人口市民化成本分担机制的基础，也是确定各级政府职责的重要依据。

　　农业转移人口市民化成本问题的相关研究是一个由农民市民化到农民工市民化再到农业转移人口市民化的演进过程。这一演变趋势与我国人口城市化的政策演变趋势相吻合。在发展经济学经典理论提出的"人口城市化"模型中，农村人口职业的非农化和身份的非农化基本上是同步进行的。但在中国，这一过程被分为两个步骤，第一步是从农民到农民工的职业转换，这一过程的进展相对顺利；第二步是从农民工到城市市民的身份转换，由于相关制度改革的滞后，这一过程步履维艰（蔡昉，2001），目前相关研究也大多聚焦于农民工市民化制度改革方面。2009年中央经济工作会议在部署2010年经济工作主要任务时，明确指出"要把解决符合条件的农业转移人口逐步在城镇就业和落户问题作为推进城镇化的重要任务"，而后，"农业转移人口市民化"在中共中央和国务院有关文件以及国家部分领导讲话中多次出现；2014年国家出台了《国家新型城镇化规划》，提出有序推进农业转移人口市民化的规划目标及政府所应承担的公共服务内容。因此，依据《国家新型城镇化规划》测算农业转移人口市民化的公共成本将成为下一步的重点研究内容。

1.市民化成本特征

（1）时空差异性。

农业转移人口市民化反映了整个城乡发展的结构变迁和农村劳动力的地域空间流动状况，其涉及人口多、覆盖区域广、时间跨度长、影响范围大，要经历较长时间的渐进发展才能完成。从中国的城镇化实践来看，大量的农业转移人口从农村转移到城镇，既有省内流动也有省际流动，其中，省际流动是过去十余年人口流动的主要表现，对东部地区GDP增长的贡献率达到了15%左右。从流动的空间分布来看，2000年和2010年的人口普查数据显示，东南沿海地区依旧是外来人口最多的区域，流动到广东省和长江三角洲的人口分别占流动人口总数的22.4%和20.6%。个体理性选择的结果表明，广东、浙江、江苏和上海依旧扮演着承接农业转移人口集聚区的重要角色。

基于不同的经济发展水平、社会文化背景、城市规划前景，因流入地的不同导致市民化成本存在较大差异。住建部调研组报告显示，每新增一个城市人口，小城市需2万元、中等城市需3万元、大城市需6万元、特大城市需10万元；张国胜（2009）的研究表明沿海地区的第一代和第二代农业转移人口的市民化成本分别为10万元与9万元，内陆地区的第一代和第二代农业转移人口的市民化成本分别为6万元与5万元；陈广桂等（2009）的研究都表明了不同地区的市民化成本存在明显差异。伴随着经济的不断发展，各个地区的市民化成本也表现出稳步升高的态势，这也是在经济理论的预期范围之内。这种时空差异性就要求中央政府在进行转移支付时要综合考虑流入地的地理空间、处于何种发展阶段以及未来的经济走势等多方因素。地方政府也应根据本地的特有属性和经济预期适当调整经济和人口结构，适度扩大市民化的成本支出。

（2）双重成本性。

市民化成本分为显性成本和隐性成本两部分。这种划分主要是根据目前学术界对市民化的界定方式：一是以人口空间转移和工作产业转换的显性改变为落脚点，将农业转移人口市民化界定为农民离开农村和土地，脱离农业生产，转移到城市并从事加工制造业和服务业等非农产业的过程。这种过程实现了地理空间上由农村到城市、所处产业上由农业生产到非农生产、地位身份上由农民到市民的彻底改变。这部份成本表现为显性成本。二是以个人素质和能力水平的隐性变化为界定标准，将市民化界定为农民转变为市民后实现个人素质的提升、学习能力的增强、适应并融入城镇生活的社会化过程。这一过程将伴随着生活方式、行为观念、社交形式和心理状态的转变，并伴随着享受与城镇居民无差别的公共服务待遇的机会。这部分成本表现为隐性成本。

从广义上说，市民化是两者的统一，农业转移人口从农村到城市，贴上市民的标签并不意味着市民化的顺利完成，只是融入城市过程中的一个阶段。农业转移人口实现职业融入、身份认同等内化的隐性融入才是最终实现了市民化的转换。

因此，第一阶段的显性成本和后续的隐性成本共同构成了市民化成本。显性成本有较为具体清晰的载体，核算起来相对容易。隐性成本由于涉及农业转移人口的个体异质性和流入地政府以及社会的接纳融合度等因素而难以通过定量的指标加以衡量。因此，目前研究计算的市民化成本都没有对隐性成本进行合理的测算。

（3）动态连续性。

市民化是跨期的动态过程。市民化的进程从时间上可划分为两个阶段。首先，农业转移人口在城市获得稳定的工作和居住场所（包含租赁），工资收入能满足其顺利融入城镇生活的需要，即具备了市民化的基本能力，实现了职业和居住地的非农转变。其次，城镇根据自身发展需要接纳那些市民化意愿和能力都强的农业转移人口，该部分群体获得市民身份、享受与其他市民均等的公共服务待遇，实现市民化。市民化要兼顾农业转移人口的市民化能力和城镇的接纳水平，这也决定了农业转移人口从具备市民化能力到最终实现市民化会有时间差，是跨期的动态过程。

由于市民化是一项系统复杂的工程，将会在未来很长一段时期内加以实施。因此，市民化的成本要求有长期连续性的资金投入以保证市民化进程稳步有序的实施。例如低保、医疗救助、妇幼保健、优抚和救助等。以城乡社会居民养老保险为例，政府对城乡居民社会养老保险的基金补助是按年度进行且具有连续性的，不能跨期和逾期支付补助。

（4）主体多元性。

市民化成本承担主体的多元性既体现在广义视角下的政府、企业和个人多方承担，也体现在狭义视角下的市民化个体由于群体的特殊属性表现出来的多元性。

首先，农业转移人口市民化的成本支出是一个长期的过程。从近期看，政府需要承担的成本主要是农业转移人口的子女教育、公共卫生、低保、保障性住房等方面的支出。从远期看，按目前的养老金发放办法，农业转移人口退休后，政府需要对其个人养老金进行补贴。随着农业转移人口的增加，政府还需要增加对各项城市基础设施建设的投资。此外，企业还要承担各类社会基本保险中的一部分。农业转移人口市民化的成本并非不可承受，关键在于建立中央政府和地方政府之间、政府和企业之间、企业和个人之间的合理成本分担机制。

其次，农业转移人口由于身份的不同可以分为本地农业转移人口和异地农业转移人口，二者在户籍、市民化意愿和承受能力等方面差别明显。对于本地农业转移人口而言，农村集体土地的分红与户籍挂钩，城郊的农民并不愿意放弃现有土地红利以获得城市户籍，城市经济发展的辐射作用明显，会在一定程度上带动城郊的经济社会发展，城郊的各项福利待遇相较于偏远地区的农村也有很大的优势。2010年，据国家人口计生委公布的《流动人口动态监测调查》显示，只有20.4%的在浙农业转移人口希望获得城市户籍，但却有多达63.8%的异地农业转移人口想落户城市。落户意愿的不同就注定了二者在分担市民化成本时会存在差别。

2.已有市民化成本测算研究

早在2004年，陈广桂（2004）就提出市民化是解决农民问题的唯一出路，但实现农民市民化需要付出较高的成本。他利用2001—2003年的相关统计数据对生活成本、智力成本、自我保障成本、住房成本等农民市民化的私人成本进行了测算，发现生活成本随城市规模的扩大而递减，住房成本随城市规模的扩大而递增，由房价虚高导致房屋租金的传导性虚高是构成我国农民市民化成本过高的主要经济因素。2005年，中国科学院可持续发展战略研究组（2005）对中国城市化的成本进行了分析与测算，将城市化成本分为个人发展成本和公共发展成本。其中个人发展成本包括个体从农村劳动者向城市居民转化所应付出的基础成本、生存成本、生活成本、智力成本、社保成本和住房成本；而公共发展成本则是指城市化进程中为保障城市健康协调发展所必需的城市内、城市间的基础设施、社会协调、公共环境、生态建设等基本功能要素的成本。课题组预测到2050年，中国城市人口将达到10~11亿，依照城市化"成本－收益"分析，每进入城市1个人，就需要"个人发展成本"1.45万元，"公共发展成本"1.05万元，总计每转变一个农民成为城市居民需支付社会总成本约2.5万元。

上述研究主要是针对农民市民化成本的研究，但农民市民化与农民工市民化及农业转移人口市民化还存在一定的区别。因此，农民市民化成本的外延要比农民工市民化成本的外延大。但刘传江（2005）认为，农民市民化至多只是一个针对性不强的抽象命题，我国亟待关注的是"农民工市民化"问题，而不是泛泛意义上的"农民市民化"问题。张国胜（2009）认为，人口城市化的成本主要是指随城市人口的增加，政府为解决相应的城市化人口所花费的经济投资数量，一般包括城市各项设施建设的投资成本以及为解决城市新增人口的就业问题必须创造的就业岗位所产生的投资成本；农民工市民化社会成本要比人口城市化成本更加庞大。其实，人口城市化是农村人口转为城市人口的过程，人口城市化的基本途径有报考大学、投靠亲属、投资购房、进城打工等。

2009年随着"农业转移人口"概念的出现，开始淡化甚至淘汰"农民工"概念的取向，也展露出缩小城乡二元差距的政策方向。张国胜（2009）借鉴人口城市化成本计算方法，采用市辖区的人均城市生活成本、人均教育成本、人均社会保障成本、人均城市住房成本、人均基础设施成本5个指标，测量出全国43个城市的农民工市民化成本，并按地区和类型归纳得出：东部沿海地区第一代农民工与第二代农民工市民化的社会成本分别约为10万元与9万元，内陆地区的第一代农民工与第二代农民工市民化的社会成本分别约为6万元与5万元。中国发展研究基金会发布的《中国发展报告2010：促进人的发展的中国新型城市化战略》认为，中国当前农民工市民化的平均成本在10万元左右。

周小刚（2010）以江西省为例，通过城市人均固定资产额、养老保险成本年支出额、人均医疗保障成本、人均失业保险金支出成本、农民工子女转为市民子女的人均教育成本支出和城市人均公共管理成本6个指标，计算出江西省每增加城市人口1人的平均公共成本约为3.6万元。若以2008年在江西省内就业的123.64万农民工和30.91万农民工子女计算，农民工市民化总公共成本达到439.97亿元。在农民工市民化私人成本方面，养老保险个人支出成本为平均100元/年，平均增加的消费成本为5 693.8元/年，购房成本大约为18.5万元，年均机会成本为3 911.32元。

国务院发展研究中心课题组（2011）对重庆、郑州、武汉、嘉兴4个城市进行了调研测算，他们采用义务教育（包括小学生、中学生、校舍）、居民合作医疗保险、基本养老保险、民政部门的其他社会保障（包括意外伤害保险、低保、医疗救助、妇幼保健、孤寡老人等）、城市管理费用和住房6个项目，分别得出4个城市的总成本。结果发现，按照2010年不变价格计算，农民工市民化的政府公共成本约为8万元/人，扣除养老保险的远期支出后，即期平均成本约为4.6万元/人。因此，农民工的市民化成本并非不可承受，关键在于政府的行动能力。

周晓津（2011）以广州市为例，提出农民工市民化的最低成本可以简便地表示为：（广州市居民预期人均寿命−农民工市民化时的年龄）×城市居民人均年消费支出金额。经过计算，一个农民工从2006年开始成为广州市民后，其市民化必须支付的成本为562 431元。

许玉明（2011）测算了重庆市农民工市民化的制度成本，包括城镇养老保障和城市人口增加带来的基本公共服务设施建设成本。农民工市民化主要对象包括征地农转非人口（城市空间拓展）、农村转移劳动力及其总供养人口和农村城镇化建制改革带来的农转非人口。其测算结果为：农民工及其总供养人口养老基金投资在1亿~21亿元之间，占财政收入比例为0.02~1%。按50%的家庭需由政府提供租赁住房计算，农民工居住解决需求量约为82万套。未来10年主城区约需要提供50万套公租房，总建设规模为2 500万平方米左右，需要建设用地（包括住房和公共用地）490平方公里，投入城市建设资金1 225亿元。

周向东（2012）将农民工市民化转型成本分为个人成本和公共成本两部分，其中个人成本包括等同于城市居民的生活成本、住房成本、放弃农村耕地的机会成本；公共成本包括城市基础设施建设成本、社会保障成本、随迁子女义务教育差异成本，测算得出重庆市农民工市民化转型成本为11.22万元，其中，转型成本主要集中在城市住房成本（38%）、城市基础设施建设成本（30%）两个方面，其次为社会保障成本（15%）。同时，作者对河南、江苏、辽宁的农民工市民化转型成本进行了测算，分别是9.55万元、13.62万元、11.30万元，得出的结论是中、西部地区农民工市民化转型成本总体要低于东部地区，这是由东部地区城乡差距较小所致。

申兵（2012）对浙江省农民工集中流入地宁波"十二五"时期农民工及其家属市民化的成本进行了测算。测算表明，地方政府为农民工提供与本市户籍居民同水平的子女义务教育、公共卫生、就业培训、社会保障和改善住房条件等公共服务，人均需要投入13 507.4~25 507.4元。徐红芬（2013）对郑州市农民工市民化成本的测算结果表明，人均城镇化基础设施建设成本为1.29万元，公共管理成本为0.34万元，社会养老保险年均支出成本为2.16万元，社会保障成本不低于2.16万元，随迁子女教育成本为0.035万元，保障性住房成本为0.25万元。社会养老保险成本是农民工市民化最主要的成本，超过总成本的1/3，城镇化基础设施建设及公共管理成本是农民工市民化的第二大成本，占总成本的1/4左右。张占斌等（2013）假定一次性将现已在城市居住的农村转移人口全部市民化，以2011年不变价格计算，为将现有15 863万已在城市居住的农村转移人口市民化，财政将新增支出18 091.58亿元。如果将计算范围扩大到现有的2.6亿农村转移人口，则计算结果将增大到29 651.76亿元。归类的市民化公共成本测算结果见表10-1：

表 10-1　　　　　　　　　　市民化公共成本测算结果

测算单位	年份	测算结果	资料来源
中国科学院	2005	每进入城市1个人，需要"个人发展成本"1.45万元/人，"公共发展成本"1.05万元/人，总计每转变一个农民成为城市居民需支付社会总成本约2.5万元/人	《中国可持续发展战略报告》
建设部调研组	2006	每新增一个城市人口需要增加市政公用设施配套费小城市为2万元，中等城市为3万元，大城市为6万元，特大城市为10万元（不含运行和管理成本）	《农民工进城对城市建设提出的新要求》
张国胜	2009	东部沿海地区第一代农民工与第二代农民工市民化的社会成本分别约为10万元与9万元，内陆地区的第一代农民工与第二代农民工市民化的社会成本分别约为6万元与5万元	《基于社会成本考虑的农民工市民化：一个转轨中发展大国的视角与政策选择》
国务院发展研究中心课题组	2010	一个农民工市民化需要政府投入的成本为8万元（2009年不变价）	《农民工市民化的成本测算》
中国发展研究基金会	2010	中国当前农民工市民化的平均成本在10万元左右	《中国发展报告2010：促进人的发展的中国新型城市化战略》
中国社科院城市发展环境研究所	2013	农业转移人口市民化的人均公共成本约为13万元	《中国城市发展报告》
中国社会科学院	2014	我国农业转移人口市民化的人均公共成本约为13万元	《中国农业转移人口市民化进程》

　　由中国社科院发布的《中国农业转移人口市民化进程报告》测算表明，目前我国农业转移人口市民化的人均公共成本约为13万元。其中，东部、中部、西部地区人口转移的公共成本分别为17.6万元、10.4万元和10.6万元。这部分公共成本主要是政府为保障农业转移人口市民化而在各项公共服务、社会保障和基础设施扩建等方面所需增加的财政支出。进入城镇的个人每年平均需要支付生活成本1.8万元，还需要一次性支付购房成本10万元左右。其个人的年均公共服务管理成本为806元，城镇建设维护成本为677元，社会保障成本为4.14万元，随迁子女新建学校和义务教育成本为1.42万元，保障住房成本为1.20万元。假设公共成本由政府来出钱，每年解决2500万人城镇化，政府每年一次性投入约6500亿元，相当于我国2012年公共财政收入的5.5%，课题组认为中央和地方政府是可以承担的。

　　3.市民化成本测算原则

　　根据《国家基本公共服务体系"十二五"规划》，基本公共服务主要包括基本公共教育、劳动就业服务、社会保险、基本社会服务、基本医疗卫生服务、人口计生服务、基本住房保障和公共文化体育等八个领域。丁萌萌等（2014）认为市民化公共成本包含随迁子女教育、医疗保障、养老保险、民政部门的其他社会保障支出、社会管理费用、保障性住房等。国务院发展研究中心课题组在计算市民化成本时选取的指标包括：教育、合作医疗、养老保险、民政部门的其他社会保障、城市管理费用、住房。

　　（1）差额计算避免成本重复。

　　农业转移人口市民化的成本不应以城市人均公共服务成本来核算其新增成本。因为在现行的城乡二元公共服务体制下，农业转移人口依法享有农村基本公共服务，而市民化过程仅仅是将农业转移人口享有的农村基本公共服务转化为城市基本公共服务，新增的成本仅为城乡人均公共服务的差额，而现有核算方法大多仅考虑了农业转移人口市民化后在城市公共服务体系的增加项，而忽视了其放弃农村公共服务的减少项。因此，导致了成本的重复核算问题。例如，2011年中国城乡初中人均财政性教育经费分别为 8 181 元和 7 439 元，差额仅为 742 元；而城乡小学人均财政性教育经费分别为 6 121 元和 5 719 元，差额仅为 402 元。这表明市民化所需负担的新增成本远小于城镇居民的人均公共服务成本，而以后者的计算无疑夸大了市民化政策的成本。

（2）明确主体避免成本虚高。

核算农业转移人口市民化成本应严格区分个人成本和公共成本，而不应将个人承担部分计算在成本中。在某些成本核算中，将农业转移人口的所有社会保障成本均计算为了市民化成本，忽视了其中相当部分甚至绝大部分是由个人承担的事实。例如，"五险一金"作为居民最主要的社会保障，其绝大部分是由企业和职工个人所缴纳，政府补贴的份额很少。2011 年中国养老保险基金收入为平均每人 5 951 元，而财政对城市居民每人每年的基本养老补助金额仅为 772 元。此外，大多数研究还将农民工的住房成本以建设廉租房的形式计算到了市民化成本中，其实这也是存在很大问题的。农业转移人口已在城市居住生活，表明其已经通过租赁的形式获得了居住条件，城市并不严格需要新建大量廉租房来满足其居住需要，如有必要则仅对部分困难群体给予租房补贴即可。同时，即使是原有城镇居民也没有全部享受到廉租房保障，新市民化的居民也没有道理将其住房成本以新建廉租房的形式计算到市民化成本中。而满足低收入者的保障房建设，是一个城市发展过程中对常住居民应尽的基本义务，并不特别针对需要市民化的农民工群体，不应将其与市民化问题混为一谈。

（3）年度增量避免成本夸大。

在核算农业转移人口市民化成本过程中不应以总支出额来计算其成本，而应以年度新增支出流量计算。已有研究中所核算的 20 万亿～50 万亿元的总市民化成本，大多考虑了未来若干年发生在被市民化群体上的公共成本。例如，不少研究者将居民合作医疗保险按 20 年计算，中学义务教育按 3 年计算，低保、医疗救助和社会管理费用按 44 年计算等，其所核算的是若干年度的支出总额。事实上，这种核算是不具有政策意义的，只有核算每个财政年度的新增财政成本，才对政府决策具有参考价值。有研究按照流量核算当年新增市民化支出，每年新增支出仅为 6 409 亿元，远低于按照总量支出方法核算的成本数额。而相较于 13 万亿元的财政收入规模，每年 6 000 多亿元的市民化成本也并非完全难以负担。

二、市民化公共成本的再测算

《国家新型城镇化（2014—2020 年）》指出，应推进农业转移人口享受城镇基本公共服务，包括义务教育、就业、社会保障、医疗和住房五个方面，这五项也成为市民化成本的核算指标。本章测算农业转移人口市民化过程中的年度当期人均成本，通过分类加总测算 2010—2014 年这五年间全国 30 个省（市、区）（西藏除外）市民化成本（鉴于统计数据口径的差别，成本测算不包含港澳台地区）。本章采用的数据来源主要有：一是各类统计年鉴，包括《中国统计年鉴》《中国教育经费统计年鉴》《中国民政统计年鉴》等；二是财政部、教育部、国家统计局等官方网站公布的统计数据；三是各类研究机构提供的农业转移人口市民化公共服务成本的调查数据。

1.市民化成本测算机理

本章计算的本地市民化成本主要包括随迁子女义务教育成本、就业成本、医疗卫生服务成本、最低生活保障成本、保障性住房成本、社会养老保险成本和民政部门的其他社会保障支出，其中其他社会保障支出包括意外伤害保险和失业保险。

（1）随迁子女义务教育成本。

我国颁布的《中华人民共和国义务教育法》，规定适龄的"儿童和少年"必须接受 9 年的义务教育，高中以上的教育并不在国家强制要求的范围之内。另外，《国家新型城镇化（2014—2020 年）》提出，逐步完善农民工随迁子女在流入地接受中等职业教育免收学费和普惠性学前教育的政策。"国十条"并未对"普惠性"的内涵给出明确的定义，学术界也没有统一的标准。因此本研究在计算农业转移人口随迁子女教育的成本时只把义务阶段教育和中等职业教育考虑在内。

具体为公式：

$$C_{edu} = C_{11} + C_{12} \tag{10-1}$$

$$C_{11} = C_{csedu} - C_{ncedu} \tag{10-2}$$

$$C_{12} = \frac{C_{xzf}}{X_n} \tag{10-3}$$

其中，C_{11} 为义务教育成本，表现为城乡的生均教育经费差额，C_{csedu} 为城镇的生均教育经费，C_{ncedu} 为农村的生均教育经费；C_{12} 为职业教育成本，C_{xzf} 为中等职业学校学杂费总额，X_n 为中等职业教育在校生数。

（2）就业成本。

为完善公共就业、创业服务体系，加强农民工职业技能培训，提高其就业、创业能力和职业素质，需要整合职业教育和培训资源，全面提供政府补贴职业技能培训服务。农民工职业技能培训要依托技工院校、中高等职业院校、职业技能实训基地培训机构，基本消除新成长劳动力无技能从业现象。

具体为公式：

$$C_{jy} = \frac{C_{21} + C_{22}}{P_{px}} \tag{10-4}$$

其中，C_{21} 和 C_{22} 分别为各地区就业训练中心的财政补助和职业培训补贴，P_{px} 为各地区就业训练中心的培训人数。

（3）医疗卫生服务成本。

民政部门根据常住人口配置城镇基本医疗卫生服务资源，将农民工及其随迁家属纳入医疗卫生服务体系，免费提供健康教育、妇幼保健、计划生育等公共卫生服务，还包括在医疗保险、合作医疗、直接医疗救助等方面的资金支持。

具体为公式：

$$C_{yl} = C_{31} + C_{32} + C_{33} \tag{10-5}$$

$$C_{31} = C_{csyl} - C_{ncyl} \tag{10-6}$$

$$C_{32} = C_{csjz} - C_{ncjz} \tag{10-7}$$

$$C_{33} = \frac{C_{sybx}}{P_{sy}} \tag{10-8}$$

其中，C_{31} 是合作医疗成本，C_{csyl} 和 C_{ncyl} 分别为城市和农村的合作医疗平均支出水平；C_{32} 是医疗救助成本，C_{csjz} 和 C_{ncjz} 分别是城市和农村的医疗救助平均支出水平；C_{33} 是生育保障成本，C_{sybx} 是财政对生育保险基金的补助，P_{sy} 是生育保险的参保人数。

（4）最低生活保障成本。

作为最基本的社会保障，低保是政府为缓解贫困问题，对那些家庭人均收入低于最低生活保障标准的人口按照最低生活保障标准进行差额补助。1999 年，国务院颁布了《城市居民最低生活保障条例》，该条例虽规定了最低生活保障制度的标准，由于缺乏成熟的经验，其标准的设定比较粗略。随着社会保障制度的不断完善，各级政府也在实践中对保障标准进行了积极探索，形成了不尽统一、各具特色的保障标准。上海采用市场菜篮子法，北京采用恩格尔系数法，江苏省采用等贫困县计算方法。最低生活保障标准与本地区的经济发展水平和民生情况密切相关。

具体为公式：

$$C_{db} = C_{csdb} - C_{ncdb} \tag{10-9}$$

其中，C_{csdb} 和 C_{ncdb} 分别是各省的城市、农村居民最低生活保障平均支出水平。

（5）保障性住房成本。

稳定居所关系民生。住房问题仍然是城市低收入群体和住房困难户的痛处，住房保障政策在此条件下应运而生，用来保障居民的基本居住需求。政府以"有形的手"解决"无形的手"带来的市场失灵，其在保障性住房建设中的重要作用不容小觑。

2007 年以来，中央政府把保障性安居工程作为工作重心，出台了各项涉及土地、财政、税费等方面的改革措施，力求增加保障性住房的供应量，满足中低收入群体的住房需求。2011 年，中央政府加大了保障性住房建设力度，建设数量上升至 1 000 万套。在《关于进一步做好房地产市场调控工作有关问题的通知》中，国务院办公厅提出了更加详细的用地管理目标，在新增建设用地年度计划中，要单列保障性住房用地。保证性安居工程协调小组与各省级政府签订了 2011 年工程建设目标责任书，把

1 000万套的建设任务分配到地方政府。各地方政府为了响应中央政府的号召，都加大了对保障性住房的资金投入。

具体为公式：

$$C_{house} = \frac{C_{zf}}{P_n} \tag{10-10}$$

其中，C_{zf} 是各省市住房保障支出，P_n 是各省市城镇人口。

（6）社会养老保险成本。

养老保险金主要分为三部分：基本养老保险、企业补充养老保险、个人储蓄性养老保险。其中，资金构成以个人支付为主体，国家财政再每年对养老保险金进行一定的补助。2012年城乡居民社会养老保险的参保人数为48 369.5万人。从2012年8月起，新型农村社会养老保险和城镇居民社会养老保险制度全覆盖工作全面启动，合并为城乡居民社会养老保险（《中国统计年鉴（2013）》）。因此，市民化的推进并不会为政府带来居民养老保险的财政支出负担，只伴随着支付主体由流出地政府到流入地政府的转变。这也要求中央转移支付要尽快落实"以人为本"的原则。

（7）民政部门的其他社会保障支出。

民政部门的其他社会保障主要包括：意外伤害保险和失业保险。由于每项保险基金的支出范围较大，不能直观反映政府在该项保险上的财政支出，所以应根据政府对某项保险的财政补助加以计算。鉴于数据的可获得性，成本测算过程中把意外伤害险等同于工伤保险。

具体为公式：

$$C_{gs} = \frac{C_{gscz}}{P_{gs}} \tag{10-11}$$

$$C_{sy} = \frac{C_{sycz}}{P_{sy}} \tag{10-12}$$

其中，C_{gs} 是民政部门的人均工伤保险支出，C_{gscz} 是政府对工伤保险的财政补助，P_{gs} 是工伤保险的参保人数；C_{sy} 是民政部门的人均失业保险支出，C_{sycz} 是政府对失业保险的财政补助，P_{sy} 是失业保险的参保人数。

运用上述的市民化成本模型，本章选取了全国30个省（市）的数据，测算出本地转移市民化成本，如图10-1和表10-2所示：

　　　　　　　　　　　　　　　　　　　　　　　　　　农业转移人口市民化

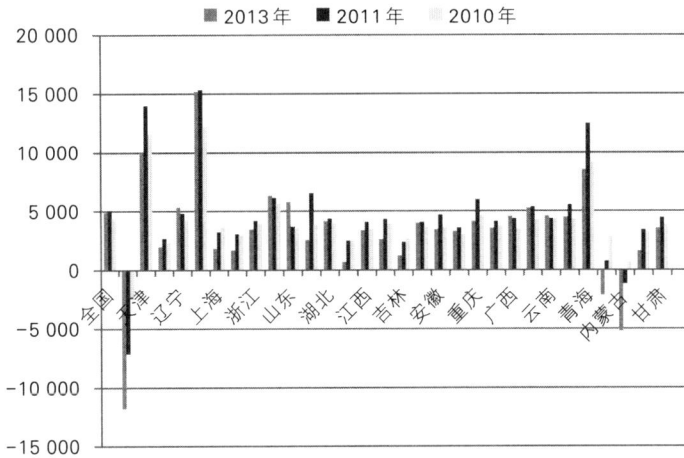

图10-1　全国各省（市）本地农业转移人口市民化成本示例图（单位：元）

表10-2　　　全国各省（市）本地农业转移人口市民化成本表　　　　单位：元

	2013年	2011年	2010年		2013年	2011年	2010年
全国	4 897.34	5 079.46	4 422.52				
北京	-11 753.10	-7 134.62	-2 512.46	吉林	780.68	2 398.76	2 695.48
天津	9 973.66	13 989.41	11 541.39	湖南	3 574.88	4 081.29	3 662.56
河北	1 966.97	2 697.45	2 326.19	安徽	3 002.19	4 675.12	3 649.11
辽宁	5 326.66	4 808.87	4 251.40	河南	2 850.46	3 585.97	3 003.68
上海	15 213.99	15 358.74	12 190.69	重庆	3 714.54	5 999.01	4 617.65
江苏	1 831.00	3 242.04	3 659.46	四川	3 136.35	4 128.56	3 711.47
福建	1 692.65	3 068.81	2 929.66	广西	4 127.36	4 358.47	3 478.06
浙江	3 469.77	4 193.05	3 971.72	贵州	4 819.72	5 358.65	4 265.35
广东	6 336.36	6 157.98	5 662.12	云南	4 165.18	4 360.17	4 282.57
山东	5 816.15	3 698.81	3 574.83	新疆	4 066.08	5 522.46	4 325.89
海南	2 567.76	6 535.33	3 874.96	青海	8 086.18	12 489.00	9 146.02
湖北	4 171.64	4 371.37	3 979.78	宁夏	-2 598.4	737.55	2 881.00
山西	678.90	2 489.77	2 497.21	内蒙古	-5 625.17	-1 160.86	690.63
江西	3 371.42	4 079.06	3 481.76	陕西	1 185.17	3 412.51	3 272.49
黑龙江	2 606.36	4 335.94	3 920.13	甘肃	3 131.39	4 443.46	3 838.46

2.市民化成本总体不高

鉴于数据的可得性，本研究分别测算了2010年、2011年、2013年这三年的本地转移市民化成本。得到了如下结论：2010年我国农业转移人口市民化成本的平均水平是4 422.52元，30个省（市）的市民化成本在0～16 031.71元之间，其中6个省（市）的市民化成本高于全国平均水平；2011年我国农业转移人口市民化成本的平均水平是5 079.46元，30个省（市）的市民化成本在0～15 358.74元之间，其中9个省（市）的市民化成本高于全国平均水平；2013年我国农业转移人口市民化成本的平均水平是4 897.34元，30个省（市）的市民化成本在0～15 213.99元之间，其中9个省（市）的市民化成本高于全国平均水平。上海的市民化成本最高，是全国平均水平的3～4倍，北京、甘肃、内蒙古的市民化成本较低，计算结果甚至出现了负值。

3.市民化成本的地域差异

市民化的总体成本均值①存在地域差异，东部最高，西部次之，中部最低。2010年，东部、中部、西部的市民化成本均值分别是5 398.24元、3 361.21元、4 046.33元；2011年，东部、中部、西部的市民化成本均值分别是6 375.05元、3 752.16元、5 080.98元；2013年，东部、中部、西部的市民化成本均值分别是5 419.50元、2 844.22元、4 477.30元。其中，东部地区的市民化成本均值表现出了上涨的趋势，中部、西部地区的市民化成本均值比较平稳，涨幅不是很明显。平均意义上看，东部地区上海的市民化成本最高，是全国平均水平的3～4倍，天津次之，是全国平均水平的3倍左右。中部地区的市民化成本水平相当，没有较大的起伏。西部地区青海的市民化成本最高。

4.市民化成本的异常值

根据计算结果，北京、宁夏、内蒙古的市民化成本为负值，这似乎与现实直觉相悖。生均教育经费差额为负直接导致了总成本计算结果为负。

---

① 由于北京、甘肃、内蒙古的市民化成本计算结果为负值，分区域衡量市民化成本均值时由于偏离一般水平太多，容易造成均值结果的偏差，因此，计算市民化成本均值时未将这些考虑在内。

以北京为例，2009—2013 年的初中、小学生均教育经费差额巨大，政府
在农村的生均教育经费投入远远超过了城镇。这一方面说明政府为了平衡
教育资源，加大了对农村的教育经费投入，从公共服务角度逐渐缩小城乡
差距以推进市民化进程；另一方面，从规模经济的角度分析，由于城镇的
教育资源已初具规模，相较于农村而言，城镇一单位的经费投入产生的边
际效用为递减趋势。因此，为获得同等的效用，农村的经费投入应该高于
城镇。宁夏地处西北，人口稀少，内蒙古地域广袤，牧区居住分散，这都
导致农村的教育经费投入要远远高于城镇。

表 10-3　　　　　　北京、宁夏、内蒙古的生均教育经费差额　　　　　单位：元

年份	地区	地方初中生均教育经费	农村初中生均教育经费	初中生均教育经费差额	地方小学生均教育经费	农村小学生均教育经费	小学生均教育经费差额
2013		48 875.13	64 326.34	−15 451.21	31 501.72	32 312.97	−811.25
2011	北京	37 826.96	47 365.17	−9 538.21	24 920.45	27 262.67	−2 342.22
2010		30 791.29	35 135.38	−4 344.09	19 762.13	22 781.02	−3 018.89
2009		23 172.71	25 782.19	−2 609.48	16 061.18	17 582.73	−1 521.55
2013	宁夏	11 896.54	16 242.48	−4 345.94	8 461.00	10 204.69	−1 743.69
2011		9 027.31	11 854.81	−2 827.5	5 706.71	5 934.89	−228.18
2013	内蒙古	15 829.83	19 360.36	−3 530.53	14 234.31	21 305.43	−7 071.12
2011		11 684.12	13 527.80	−1 843.68	10 936.78	15 876.48	−4 939.7

5.市民化子项目的成本

从全国平均水平来看，各子项目的市民化成本占总成本的比重维持在
比较稳定的水平，没有较大的起伏。教育成本、最低生活保障成本和保障
性住房成本在总成本中的占比较高，三者合计占比超过 90%，这三项也是
推进市民化进程中应该优先解决的问题。

其中，教育占本地市民化成本的比重逐年降低，由于近年来国家把统
筹城乡教育资源配置作为基础教育均衡发展的重要突破口，因此城乡之间

的教育经费差额逐渐缩小，教育在市民化成本中的比重呈现出缩小的趋势。最低生活保障、保障性住房、就业在总成本中所占比重逐年提高，医疗卫生以及民政部门的其他支出所占比重有所降低。市民化子项目成本占总成本的比重如图10-2所示。

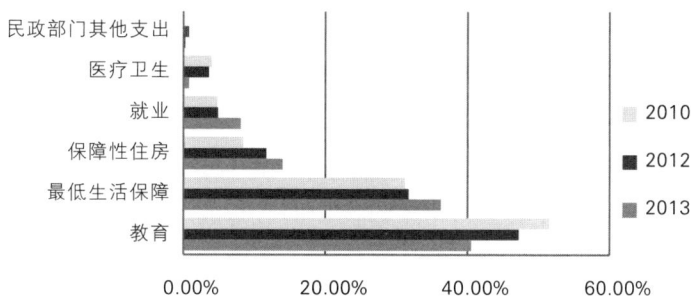

图 10-2　市民化子项目成本占总成本的比重

（1）教育。

市民化教育成本由城乡生均教育经费差额和职业教育成本构成，职业学校的学杂费以平缓的速度增长，不会造成教育成本较大的起伏，而城乡生均教育经费差额是导致教育成本波动的主要原因。2012年，周洪宇在全国两会上建议以"生均教育经费指数"（生均教育经费支出/人均GDP）来考核地方政府的投入行为[①]。根据中国教育经费统计年鉴，教育经费支出分为事业性经费支出和基本建设支出两部分，事业性经费支出分为个人部分支出和公用部分支出两部分。2010年，初中、小学城乡生均教育经费差额为负的地区分别有9个、10个；2012年，初中、小学城乡生均教育经费差额为负的地区分别有10个、15个；2013年，初中、小学城乡生均教育经费差额为负的地区分别有19个、20个。生均教育经费差额达到500元以上的地区多集中在北京、河北、内蒙古、吉林、陕西、宁夏

---

① 周洪宇.启用"生均教育经费指数"考核政府教育投入［EB/OL］.（2012-03-04）.http://news.xi-nhuanet.com/politics/2012lh/2012-03/04/c_111600080.htm.

等地，以北京、内蒙古和宁夏的生均教育经费差额最为明显。

　　数据显示，近年来农村的生均受教育水平逐渐与城镇持平，甚至反超城镇，这与国家政策和资源的投入有关。《国家中长期教育改革和发展规划纲要（2010—2020 年）》指出：各地根据国家办学条件基本标准和教育教学基本需要，制定并逐步提高区域内各级学校学生人均经费基本标准和学生人均财政拨款基本标准[①]。此后，教育部和财政部联合发文督促各省加大对生均教育经费的拨款[②]。相较于农村，城镇的教育资源丰富，基本满足国家的基本标准，因此加大对农村的教育资源投入势在必行。这些因素共同解释了城乡生均教育经费差额为负的现象。

　　因此，市民化并不会带给政府高额的教育成本负担，反而还会降低农业转移人口的个人支出。举家外出的农业转移人口占农业转移人口总数的 12.93%，农村学生 1.25 亿，有 10% 随父母进城。许多适龄儿童已经在城镇就读，额外的走读费、插班费对于农业转移人口家庭来说也是一笔不小的开销。随着市民化进程的实施，农业转移人口家庭会削减这部分开销。

　　（2）最低生活保障。

　　整体来看，城乡最低生活保障标准逐年攀升，但城乡最低生活保障的差额也在逐年扩大，造成了财政支出向城镇倾斜的假象，形成差距的原因如下：农村最低生活保障标准的增长率略高于城镇，但城镇最低生活保障标准的基数远远高于农村（见表10-4），因此通过后期的增长来弥补初始在绝对数上的差距需要一个较长的缓冲期。此外，城镇最低生活保障先于农村开展，低保标准与当地的经济发展水平、物价、基本的生活标准相联系，因此城乡最低生活保障在绝对值上存在差距是可以被接受的。实际上政府在努力缩小城乡公共服务差距，2003 年起，统筹城乡居民最低生活

---

　　① 教育部. 国家中长期教育改革和发展规划纲要(2010—2020年)[EB/OL]. (2010-07-29). http://www.moe.edu.cn/srcsite/A01/s7048/201007/t20100729_171904.html.

　　② 财政部,教育部. 财政部和教育部关于进一步提高地方普通本科高校生均拨款水平的意见[EB/OL]. (2013-08-05). http://www.moe.edu.cn/jyb_xxgk/moe_1777/moe_1779/201308/t20130805_155147.html.

保障制度建设的试点工作在北京、上海、浙江、辽宁等地陆续开展，旨在消除二元状态的城乡低保制度现状。

表10-4　　　　　　　　城乡最低生活保障标准对比表

年份	城镇		农村		城乡低保差额（元）
	低保水平（元/年）	同比增长（%）	低保水平（元/年）	同比增长（%）	
2014	3 427.2	8.10%	1 552.3	11.40%	1 874.9
2013	3 170.4	10.50%	1 393.5	11.67%	1 776.9
2012	2 869.2	-0.50%	1 247.9	-1.99%	1 621.3
2011	2 883.6	27.14%	1 273.2	43.38%	1 610.4
2010	2 268.0	——	888.0	——	1 380.0

2010—2013年的数据显示，4年城乡最低生活保障标准的平均值超过2 000元/年的地区有3个，超过3 000元/年的地区有2个，其他地区的差额都在1 000～2 000元之间。全国30个省（市）的城乡最低生活保障差额水平相当，东部、中部、西部没有呈现出显著的地域差异。中部地区的差距基本持平，东部的天津、上海城乡低保差额较大，西部的甘肃、青海城乡低保差额较大。北京、天津、浙江、四川、宁夏的城乡最低生活保障差距逐年缩小，上海、江西、海南、青海、新疆城乡最低生活保障差距基本无变化，说明统筹城乡最低生活保障制度的工作取得了一定的效果。

（3）保障性住房。

人均保障房支出如图10-3所示。

在空间维度横向来看，保障性住房支出在地域间表现出了明显的阶梯差别，西部最高、中部次之、东部最低。2010—2013年的数据显示，中部地区的均值是东部的2倍，西部地区是中部的4倍。以2013年为例，东部、中部、西部的保障性住房支出均值分别是400.59元、741.60元和

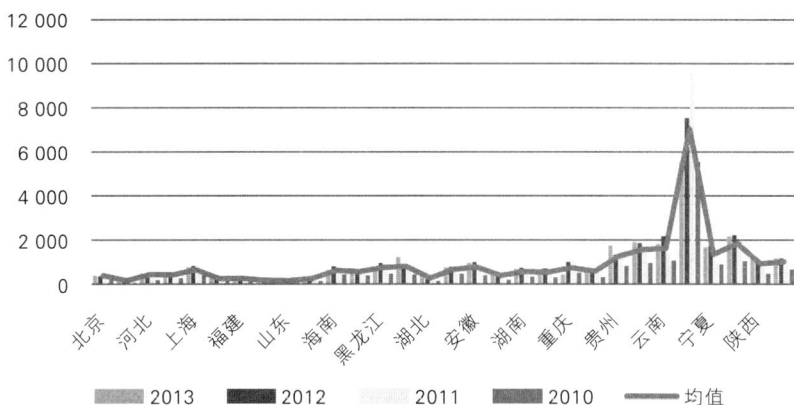

图 10-3　人均保障房支出（单位：元）

2 930.80元。东部地区上海、海南的保障房支出较高，能达到中部地区的中等水平。西部地区青海的保障房支出最高，青海的支出是全国平均水平的12倍。

从时间维度纵向看，2010—2013年这4年间，全国30个省（市）的保障房支出都呈现逐年上涨的趋势。2011年，全国的保障性住房支出呈现跳跃式增长的态势，2011年30个省（市）的同比增长率在40%～90%之间，比2012年、2013年均高出了20～30个百分点，2013年的增长率略有回落。这主要由于中国政府在"十一五"期间大力推进保障性住房建设工程，2011年《政府工作报告》计划保障房建设达到1 000万套，比2010年的580万套增长了70%。其中，保障房支出年度增长率较高的省（市）多分布于西部、东部，贵州、内蒙古、上海、江苏历年的增长率都较高。

6.相同成本的内容差异

辽宁和甘肃分别地处我国东部和西部地区，2013年两地的市民化成本分别为5 326.66元、5 429.02元，相差不足100元，市民化成本相当。但是，两地的市民化分项目成本存在明显差异，辽宁在教育、就业、保障性住房方面的成本占总成本的比重分别为32.28%、16.93%、9.41%，而甘肃这三项的成本占总成本的比重分别为22.77%、6.94%、33.23%。两地在医疗卫生、最低生活保障和民政部门的其他支出方面成本相当。

总成本综合反映政府在教育、就业、最低生活保障、保障性住房、医疗卫生、民政部门支出等方面的情况，受制于经济发展水平、民生状况、资源条件的约束，各个省份在每个子项目上的投入各有差异。因此，即便市民化总成本相同的地区，其分项目的成本也存在较大差别，这就要求各地方政府在推进市民化的进程中实施差异化的政策措施。

三、市民化成本的分担机制设计

推进农业转移人口市民化的本质是政府对公共资源和服务的重新配置，因此，财政的视角可以被用来分析和解决政府推进市民化过程中的诸多难题。具体地，从财政视角出发，实施市民化的主体——地方政府面临着财政能力层面以及体制层面的双重约束，构成了推进市民化进程受阻的深层原因。

1.市民化的财政能力约束

在目前城乡二元户籍制度还没有被破除的情况下，一个地区或城市往往以非农业户籍作为享受市民待遇的依据。根据我国城镇化率的统计口径，城镇人口既包括镇域行政区内的农业人口，又包括在城镇居住半年以上的农民工等外来人口，目前，正是这两部分人无法享有所在地城镇的市民身份和待遇，未实现市民化。据此，一个简便的计算市民化率的公式是：市民化率＝非农业人口/常住人口×100%，即一个地区或城市中享受市民待遇的人口占全部常住人口的比重。

与提高市民化率相伴随的是巨额的公共服务和社会福利提供成本。统计数据表明，约2.34亿农民工及其随迁家属在城市居住却未能与城市居民实现同等的待遇。此外，根据中国社会科学院城市发展与环境研究所发布的蓝皮书《中国城市发展报告（2012）》，今后20年内，中国还将有2亿多农民需要陆续转移到城镇就业和居住。如果按照既定的市民化方针将上述4亿～5亿农业转移人口登记为城市户口并纳入城镇社会保障体系，使其与城市居民公平地享有住房、医疗、社保、子女入学等保障，显然，城市需要支付巨额的成本。据初步测算，仅解决社会保障和公共服务问题，农民实现市民化至少需要人均10万元。也就是说，在未来20年内，政府至少需要支付40万亿～50万亿元用于市民化方面的财政支出。

然而，从我国各级政府财政收入的统计数据中能够明显看出，尽管财政收入在持续增长，但仍无法负担起市民化所需的财政成本。尤其是作为公共服务提供主体的地方政府，其财政收入与实现市民化存在着巨大的财政缺口，如果按照2012年地方财政约6万亿的收入水平，那么，市民化的财政成本就相当于7～10年的财政收入。事实上，实践情况也表明，地方户籍制度改革夭折的一个重要原因，正是地方公共财政难以负担为更多的农民工及其家庭提供公共支出。现阶段，在地方债问题仍未解决的前提下，很多地方政府已预见到给予农民工平等的市民待遇可能引起的财政困难，因此，不少政策制定者和地方实践者均认为政府现有的财力不足以实现市民化。

2. 市民化的体制性约束

从现实情况看，除受财政能力因素制约外，地方推进市民化意愿不足也是市民化进程受阻的一个深层原因。毫无疑问，承担农业转移人口市民化的主体应该是各级地方政府。但随着公共选择理论将"经济人"假设引入到政府行为研究中以来（Downs，1957；Niskanen，1975），地方政府追求自身利益最大化的前提逐渐成为经济政策分析的重要假设。有些地方政府在计算其成本收益后会做出如下选择：当中央政府的政策使得地方政府执行该政策能够获得晋升时，地方政府会积极执行中央政府的政策；而当执行中央政府的某些政策，地方政府自身利益会受到损失时，地方政府会利用中央政府监督的高成本、信息的不对称，采取消极的态度予以执行。相应地，结合各级地方政府在推进农民工市民化时的消极应付和犹豫观望态度可以看出，现有的体制安排已经导致了一些地方政府市民化行为出现动机偏差。这主要体现在以下几个方面：

首先，当前的政绩考核体系使得部分地方政府更加偏好短期的经济行为，而农民工市民化的正面作用却只能在长期内产生影响。目前，有些地方官员受到资历、年龄的限制，为满足晋升偏好，希望在尽可能短的时间内做出尽可能大的政绩。这必然会导致这些地方政府官员注重短期行为和显性项目，而市民化政策在长期内带来的区域经济增长和社会公平的提升显然属于典型的隐性项目。

其次，在政绩考核体系的作用下，一些地方政府大多将精力放在相关考评指标的增长上，如GDP总量、财政收入、吸引的外商直接投资额以及上缴多少税收等，对那些不属于考评范围内的指标却漠不关心。从现行体制看，市民化水平还没有被加入到地方考核体系，或者说在体系内的权重较小，因而地方政府在以发展为核心的环境下，必然更加重视经济发展水平等指标的提升。受上述逻辑影响，一些地方政府借口财力有限，对推进农业转移人口市民化的热情不高。尽管中央政府一再要求地方政府配合其推进市民化，部分地方政府却很少以积极的态度来推行，农业转移人口市民化问题仍然无法受到应有的重视。

再次，我国现行的财政体制，无论是收入和支出责任的划分，还是转移支付制度的设计，都是以假定人口不流动为前提，以辖区的户籍人口为基础。在这种体制框架下，各地政府按户籍人口来提供公共服务。然而，推进农民工市民化的政策目标改变了这一前提。这就要求无论是纵向的还是横向的财政关系都需要进行调整，尤其是在处于流动状态的庞大人口的公共服务提供上，为各地公共服务供给带来了难题，形成了公共服务供给上的真空。所以，有些地方政府不愿意放开户籍。推进农业转移人口市民化还受到财政体制因素的限制，主要是城市政府财权与公共服务支出责任不对称，缺乏稳定的能随人口增加而增长的财政资金筹集渠道。

最后，现行财政分权体制下，地方财政收入直接与经济发展挂钩，与地方GDP高度相关。为了追求财政收入的快速增长，地方政府具有较高的意愿推动地方GDP增速的提升。在这种导向下，部分地方政府把大量资金投向与经济发展密切相关的且能产生直接效益的交通、道路、通信、能源等生产性基础设施项目，而不愿将财政资金投向无法产生直接效益的与社会公平和市民化水平密切相关的社会保障方面。

正是由于地方政府面临着财政能力层面以及体制层面的双重约束，所以我国的户籍制度与政府主导的城镇化进程出现了诸多偏差，使我国城镇化表现为严重限制福利公平供给的经济效率导向，市民化政策也异化为地方政府实现经济高速增长的手段。因此，过去多年的城镇化基本上是要素的城镇化。在这样的城镇化过程中，人口在作为要素的时候可以自由流动，但与人相伴随的权利和福利却不能同步流动。总的来说，上述双重约束不仅造成了城乡内部二元结构矛盾的加大，也构成了未来政府进一步推进市民化的实质障碍。

3.构建市民化的成本分担机制

农业转移人口市民化的成本支出是一个长期的过程。从近期看，政府需要承担的成本主要是农业转移人口子女教育、公共卫生、低保、保障性住房等的支出。从远期看，农业转移人口退休后按目前的养老金发放办法，政府需要对个人养老金发放进行补贴。随着农业转移人口的增加，政府还需要增加各项城市基础设施的投资。农业转移人口市民化的成本并非不可承受，关键在于建立中央政府和地方政府之间、政府和企业之间、企业和个人之间合理的成本分担机制。

（1）农业转移人口市民化成本分担原则。

兼顾效率和公平原则。农业转移人口市民化作为经济社会转型期的一项国家战略，牵涉主体众多：包括中央政府与地方政府、农业转移人口和流入地市民、企业和社会方面的利益相关者，涉及经济社会多方的利益关系——农村和城镇的利益、农业转移人口和流入地市民的利益、中央政府和地方政府的利益、农民工迁出地和流入地的利益，覆盖范围较广。因此，如何平衡各个主体之间的关系，如何有效分配市民化的成本成为首要问题。由于各个主体和成员在市民化进程中承担的责任不同，获得的收益也存在着较大差异。应在追求效率和公平的原则下，合理分配政府、企业、农业转移人口以及社会应承担的市民化成本份额，使得各个主体都能最大效率地发挥作用。

循序渐进和规模适度原则。农业转移人口市民化是一项复杂系统的社会工程，考虑到我国的人口基数庞大、农业转移人口众多，因此很难在短期内快速实现市民化。市民化本身存在复杂性，各个流入地城市所处的经济发展阶段不同，社会文化也各有差异。目前来看，我国城镇对农业转移人口的消化需要一个渐进的过程，市民化的规模过于庞大会导致环境破坏严重、交通拥堵、居住条件恶化、社会秩序混乱、贫富差距拉大等不和谐因素出现。因此，各个地方政府对市民化的成本投入要遵循循序渐进和规模适度的原则。国外已有诸多经验可供借鉴，但我国作为发展中国家，二元经济社会结构决定了市民化进程将是一项长期复杂的工程，要定期评估市民化成本的效率和业绩，便于及时纠偏市民化进程中的不合理资金投入，充分发挥资金的利用价值。

（2）农业转移人口市民化各项成本的承担主体。

市民化是中国体制转轨过程中的重要一环，不是一项可有可无、可快可慢的改革，而是中国全面深化改革全局中链接民生发展、经济增长和体制改革的关键节点，也是当前深化改革的一个重要突破口。这一过程的稳步有序实施是改善民生、促进社会经济可持续发展的基本前提和先决条件。

市民化进程需要以巨大的财力为支撑。长期以来，农业转移人口的收入较低，单纯依靠农业转移人口显然无法负担全部的市民化成本。政府作为市民化的发起者和推动者，理应在资金上给予足够的支持和准备。当前，农业转移人口公共服务的财政分担机制不完善，中央和地方政府之间公共服务支出责任划分不合理。保障农业转移人口平等享有城镇基本公共服务，从中央财政讲，要进一步加大对地方的一般性转移支付，中央对地方的一般性转移支付，要考虑农业转移人口的公共服务支出因素，与各地吸收和承载外来人口的数量挂钩，与各地提高基本公共服务均等化水平的工作努力程度挂钩。从地方财政讲，要按照以人为本的原则，以各项民生支出为重点，着力优化财政支出结构，不断增加基本公共服务投入，逐步建立起覆盖城乡、功能完善、分布合理、管理有效、水平适度的基本公共服务体系。因此，要建立政府、企业和农业转移人口"三位一体"的成本分担机制。

　　首先，政府在市民化成本中分担重要部分。市民化成本支出主要是为了使农业转移人口在城镇获得均等无差别的公共服务，主要包括社会保障成本、公共教育成本以及为了保障城镇有序可持续发展所必需的城镇基础设施建设。因此，由市民化进程带来的城镇扩建，基础设施、功能设施的投资都应由政府承担。政府负责缴纳农业转移人口的基本养老、医疗、工伤等保险，占据了市民化成本的主要部分。在多元主体的分担机制中，政府应发挥主体作用，还要明确地方政府和中央政府在市民化成本中的责任划分。

　　构建完善的农业转移人口分担机制要打破"事权"与"财权"不统一的局面，充分调动地方政府的积极性。地方政府受益边界明显且与地方发展密切相关的基础设施建设要靠地方政府发挥主要作用。若受益边界模糊，难以明确界定的职责则交由中央政府或上一级的地方政府。涉及社会公平与基本保障的成本，如教育、医疗、社会保障等以"人"为中心的公共服务由地方政府和中央政府共同承担。中央政府掌握政策的制定权和监督权，省级政府主要承担管理权和部分监督权，地方政府承担执行权。

　　此外，在推进市民化的进程中中央政府应主动承担更重大的责任。市民化作为一项国家顶层设计和整体推进战略，中央政府有能力也有义务担负起相应职责。在义务教育、社会保障、医疗和就业等方面，中央政府应坚持统一支付成本，整体推进。

　　其次，农业转移人口承担市民化成本的主要部分。农业转移人口作为市民化的主体和直接受益者理应在市民化进程中承担重要责任。农业转移人口根据自身能力和意愿做出市民化的选择后，将要承担生活成本、融入成本和机会成本。

　　城市的日常生活支出明显高于农村，其中支出最大的就是用于住房的方面。住房成本主要包含两层含义，其一是购置房产或者租赁房屋费用；其二是与住房配套的物业管理费、水费等，这两方面都会导致生活成本的大幅提升。农民在农村基本能实现粮食、蔬菜和水果方面的自给自足，而城市的食品支出相对较多。实现市民化后，虽然能享受到较之在农村更便捷的交通、更优质的教育、更完善的医疗体系，但这些利好条件也会伴随着支出的增加，在城市缴纳的社会保险、医疗保险高出农村的上缴金额，也多出了诸如住房公积金等需要缴纳的费用，这些都构成了市民化的生活成本部分。

融入成本是农业转移人口脱离农村融入城市所付出的代价。融入城市包括工作内容和人际关系的融入，也包括社会融入和心理融入。市民化实现了农业转移人口脱离农业生产进入到第二、三产业的转变，原来所具备的技能不足以满足现有产业的需求，要通过学习和培训加以实现，这会产生一定的费用。进入陌生的城市后，建立新的社会关系、融入新的社会群体中也要产生一定的支出。农业转移人口在城市的心理融入需要一个渐进的过程，伴随着人力资本和个人素质的差距逐渐缩小。有关个人整体修养、素质的提升需要通过教育、学习以及培养等多途径的积累和转变，这个过程中的隐性成本较大，却也是不可忽视的一部分。

农民转变为市民后，意味着要放弃作为农民所附带的一系列福利和利益，包括土地承包经营权、宅基地使用权、集体收益分配权等。少数民族地区农村户口可以享受到升学加分的照顾，一旦实现了市民化就意味着放弃了这个教育倾斜政策。随着国家对教育资源的投入，农村的孩子能享受到免费的教育和就餐补贴，转为市民后也就无法享受到国家的照顾了。市民化并不意味着更加优质的生活和工作，城市的竞争激烈，更存在着失业的风险，所有这些都构成了市民化的机会成本，由于这一部分具有不确定性，也无法进行准确的衡量，但却是不可被忽视的一部分成本。

再次，企业支付部分市民化成本。由于受到用工歧视，农业转移人口在城镇多从事苦、脏、累的工作，还受到所在企业的压榨和剥削，存在一定的工资歧视。农业转移人口的收入低、社会保障缺位，合法权益得不到保障，这与政府的监管不到位有关，但更多的是由于企业缺乏对农业转移人口的尊重和培养，没能承担起企业分内的为农业转移人口缴纳养老、工伤和医疗等保险的责任。企业应依法履行劳动合同，按照国家和行业的标准严格规范自身行为，为农业转移人口提供必需的劳动保护条件，改善工作环境，重视对农业转移人口的教育和培养，不压榨不剥削，实现同工同酬，保障农业转移人口的合法权益不受侵害。

最后,社会组织辅助承担部分市民化成本。伴随着社会经济的快速发展,社会公益事业也迅速发展。社会慈善和福利机构都能在市民化进程中贡献力量,社会福利机构应加大对市民化成本的资助,作为成本分担机制的补充和支持。例如为农业转移人口提供职业技能培训,降低农业转移人口的就业成本,帮助农业转移人口更顺利地融入城镇的工作和生活。

4. 推进市民化的路径设计

针对地方财政收入与实现市民化存在的财政缺口,我们认为,从财政能力的视角看待政府推进市民化问题并不能单方面从实现市民化的需求端出发,通过测算所有农民工实现公共服务均等化的需求来界定市民化的成本,更要着重考虑作为市民化成本的供给方——地方政府的财政能力约束,显然,从供给视角来研究政府推进市民化的思路,更具可操作性。

根据我国的城镇化时间表,未来实现市民化的路径大致为:2至3年,在全国范围内基本解决有条件的农民工市民化;在5年左右,初步形成人口城镇化的基本格局,实现城镇基本公共服务常住人口全覆盖,且人口城镇化率保持1.3%~1.5%的增速,人口城镇化率达到42.5%左右;8年左右,彻底打破城乡二元结构,建立城乡统一的基本公共服务体制,基本公共服务均等化总体实现,使人口城镇化率达到50%~55%,初步接近60%的名义城镇化率,我国市民化路线图如图10-4所示。

人口城镇化率

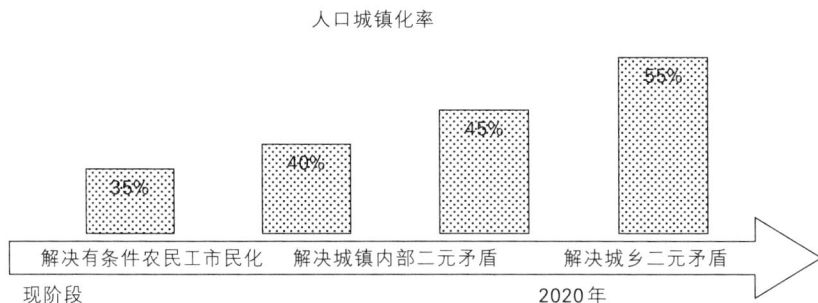

| 35% | 40% | 45% | 55% |

| 解决有条件农民工市民化 | 解决城镇内部二元矛盾 | | 解决城乡二元矛盾 |

现阶段   2020年

图10-4 我国市民化路线图

上述规划路线涉及2亿~5亿农民转移到城镇就业和居住,享受与城市居民同等的社会保障和公共服务水平，需要数十万亿的成本。若单从需求面来看，结合目前地方政府的财力和地方债务现状，很容易得出悲观的结论，即认为推进市民化成本过高，很难真正付诸实施。然而我们也发现，虽然实现市民化涉及的人口较多、公共服务需求较大，使得政府财政能力成为一项实质性约束，但我们仍可以从当前中央与地方的财政能力出发，尽可能地拓展资金渠道，并从供给方来明确各级政府能够负担多少市民化成本，分批次、分步骤地设计市民化的推进路径。另外，还可以充分利用财政政策的杠杆功能，结合短期和长期的中央与地方财力分配情况，在财力承受范围内渐次推进市民化进程。

虽然市民化改革具有逐步扩大户籍人口比率和缩小有无户籍人口间的公共服务差异两种模式，但其本质上仍是受制于财政能力的渐次推进路径选择问题。具体地，在测算不同地区财政能力和中央转移支付能力的基础上，市民化的实现路径可以从以下差异化策略中择优选择。

一是基于财政能力考虑的分区域市民化推进策略。具体地，首先，对于在小城市和小城镇务工的本市（镇）农民工而言，由于国家关于小城市和小城镇户籍的政策已基本放开，小城市（镇）本地农民工的市民化可以在自愿基础上通过将其户口转为城镇户口而实现。其次，大中城市本地农民工市民化可以采取"降低公共服务差异"与"扩大户籍"并行的方式。主要政策措施是放宽申请条件，大幅度降低在城市落户的门槛。目前，许多城市正在积极促进本市行政辖区城乡公共服务的均等化，随着市域内城乡发展差距的缩小和公共服务均等化程度的提高，放开城镇户籍的可能性在加大。对于一些现阶段还不能放开城乡户籍的城市，则可根据城镇公共服务资源情况和农民工在城镇就业和居住的稳定性，给予相应的待遇和服务，并视城镇经济发展情况不断提高待遇水平，逐步缩小与市民之间的差距。最后，大中城市跨市和跨省流动农民工市民化以"降低公共服务差异"为主。对于大中城市中非本市特别是非本省（市）的农民工，应加快将满足一定条件的农民工在就业地转户的步伐。应先逐步取消各种城市居民享有的特殊优惠待遇。需要特别指出的是，大城市的户籍管理体制改革，首先可以考虑针对已在大城市长期定居、稳定就业、举家迁徙的外来人口。他们在总量中占比并不高，解决他们的落户不会带来太多财政上的负担。在操作环节上，一些特大城市可以在周边的建制镇和远郊区县，率先进行户籍管理制度改革，比如可以考虑把在主城区的长期举家迁徙的外来人口落户到远郊区县和小城镇。

二是基于农业转移人口属性的市民化推进策略。根据流动程度的大小，可将农民工划分为三个群体：第一类是基本融入城市的农民工，即在城市有固定的住所、工作单位，收入相对稳定的群体；第二类是常年在城市打工，但又具有一定流动性（主要是春节返乡）的农民工，他们通常在城里有相对稳定的职业、收入和居住地；第三类农民工是间歇性或季节性在城镇务工，以农业为主、务工为辅，或务工、务农并重。据此，还可以依据不同农民工的意愿来选择市民化的次序。对于第一类农民工来说，其市民化意愿和能力都比较强，政策重点是鼓励落户，优先促进其家庭融入城市社区。第二类农民工以新生代为主，市民化意愿较强但市民化能力较弱，政策重点是梯度赋权，优先解决住房问题，不断提升其人力资本水平。第三类农民工，市民化意愿和能力都比较弱，政策重点是鼓励其在城乡之间双向流动并保障其劳动权益。农业转移人口属性的市民化推进策略如图10-5所示。

区域情况		农业转移人口属性		差异化策略
经济发展	特大城市	市民化意愿较强	专业技能水平高	缩小公共服务差异
人口因素	大、中城市			放松户籍限制
城市公共服务水平	小城市(镇)	市民化意愿稍弱	专业技能水平低	实现梯度赋权

图10-5　农业转移人口属性的市民化推进策略

第十一章

市民化中地方政府的政策激励与体制构建

为加快实现农业转移人口市民化，各级政府都依据中央精神做出了积极地努力和探索，取得了阶段性的成果。迫于现实条件的约束，市民化进程并未达到预期的效果，原因是多方面的，需要政府在顶层设计上给予全新的支持和激励。必须以科学高效的政策为指引，逐步破解现实困境，消除制度性障碍，优化制度环境，调整政策，不断推进相关制度和政策的创新。因此，本章节结合现有的研究，对我国推进市民化进程提出以下政策建议。

一、市民化进程中的"央－地"博弈

在公共服务均等化框架下的农业转移人口市民化中，中央政府和地方政府均需要承担相应的职责。在制度设计和监管方面，中央政府承担宏观层面的制度建立和监管，由其主导、协调不同地区、不同层级等各方面的利益关系和要求，建立和完善统一基本公共服务均等化的运行和监管机制。地方政府则应根据当地的实际情况，充分利用获得当地微观信息的有利条件，承担起公共服务均等化的具体组织实施及地方性行政管理等微观责任，不断降低公共服务均等化进程的成本，保障当地公共服务均等化进程的可行性和合理性。

1.市民化过程中地方政府职责定位

基本公共服务全覆盖框架下的户籍制度改革要求政府为全体城市居民提供均等化基本公共服务。基本公共服务是政府的首要职能，因此提供均等化的公共服务是政府不可推卸的责任。我国政府应该从制度设定、财政出资和制度监管三个方面主动承担政府职责，加快推进农业转移人口市民化进程。

制度设计责任。均等化公共服务水平是政府为了农业转移人口的城市生活需要，从社会公平和整体利益出发，对国家收入和财产进行的再分配，因此建立和完善相配套的制度体系是政府的重要职责。政府制度设计责任包括制度目标选择、公共服务提供模式选择以及公共服务体系的各组成部分之间的关系。同时，政府还应该根据社会和经济的发展状况对制度设计进行同步调整。

财政责任。政府是提供公共服务的主体。公共服务均等化是促进社会公平的收入调节机制，财政在收入分配环节处于核心的位置。公共服务的理论和实践表明政府有必要为公共服务提供财政支持，特别是支持市场机制无法调节或不便调节的公共服务领域，以保障公共服务制度的有效运行，因此财政职责是公共服务均等化中政府的首要职责。

监管责任。政府作为国家公共事务的行政主体，毫无疑问地要承担农业转移人口市民化进程的监管责任。加快新型农业转移人口市民化步伐，必须强化国家以及各级政府对均等化公共服务导向的农业转移人口市民化的行政管理和监督，使其纳入规范化轨道并且健康发展。

2.市民化过程中中央政府以及地方政府职责划分格局

在财政责任上，农业转移人口市民化需要政府大量地投入资金，依据现有的分税制的财政体制，中央政府与地方政府分别承担不同的财政职责。中央政府主要承担社会保障、义务教育、就业服务、医疗卫生和住房保障等方面的资金支持，主要采取转移支付的方式，额度根据各地区标准财政收入和标准财政支出的差额和转移指数系数确定。各级地方政府承担的财政责任主要包括：按规定适度合理安排公共服务各项内容的预算支出、本级政府的配套资金及其使用安排；承担公共服务相关制度改革的部分信息成本等。其中，在社会保障、医疗卫生、保障性住房、教育和就业等基本公共服务支出中，中央政府和地方政府的财政支出存在交叉部分，且二者之间的界限模糊。当前，地方政府支出占主要比重，因此地方政府在农业转移人口市民化进程中的财政负担过大。

总之，中央政府负责统筹推进农业转移人口市民化的制度安排和政策制定，地方政府负责制定本行政区农业转移人口市民化的总体安排、配套政策、具体方案和实施细则。各级政府根据基本公共服务的事权划分，承担相应的财政支出责任，增强农业转移人口落户较多地区政府的公共服务保障能力。

3.地方政府的履职情况及动因分析

回顾我国市民化历程，地方政府在实施市民化政策中的作用饱受争议。它既大力推进农村剩余劳动力向城市转移，成为推进城镇化的重要动力，同时又因没有对农村转移人口提供公共服务保障，导致我国市民化进程出现迟滞[①]，也因此而难辞其咎。具体来讲，地方政府对能够刺激经济增长和税收增长的劳动力转移热情较高，而对需要支付公共服务成本的市民化待遇问题，部分地方政府行为冷漠，即忽视在教育、医疗、环境和社会保障等方面的工作。

作为理性的地方政府，在城镇化进程中的上述行为导致了一系列经济与社会问题的产生，比如：城乡发展不平衡、城乡收入差距过大，公共产品供给严重不足等问题。面对地方政府行为的上述偏差，中央政府作为地方政府的委托人，为了保证全社会福利水平最大化，将提出一系列激励约束措施来加强对地方政府的监督并矫正地方政府在市民化进程中的行为偏差。比如：要求地方政府增加农民工社会保障，积极改善农民工住房、子女教育等问题。

---

① 截至 2012 年，我国城镇化水平已经达到了 52.57%，但若按户籍人口计算，这个数字只有 35.29%，两者之间有着 17% 的差额。这意味着大量农村人口迁向城市，并常住城市就业、生活，但他们无法在社会保障、公共服务以及政治权益等方面得到与城市居民同等的待遇，甚至在工作上也同工不同酬。也就是说，相当一部分农民成功实现了职业的转变，成为城市里的农民工（非农化），却没有实现身份的转变，不能成为与城市户籍居民一样身份的城市居民（市民化）。

解决农民工市场化虽然需要顶层设计和全国统筹，但是关键的政策执行绕不过地方政府。一些地方政府存在的问题是农业转移人口市民化推进缓慢的关键。

农业转移人口市民化过程中地方政府的行为表现。1994年的分税制奠定了其后的中央和地方的财政分权关系以及相关的官员考核晋升机制，在此制度下，地方政府发展本地经济的活力得到了激励。但是近年来部分地方政府热衷于造城运动，一些城市兴建了大面积的新城区，却对和城市化中的人相关的社会保障支出和教育、文化、医疗方面的支出不足。

大规模的土地财政以及地方融资，在经济下行期间潜藏了经济危机的风险。新城区建设尽管增加了地方GDP，但是新城区往往成为"鬼城"。对一些地方政府来说，征地、造城、大量投资，是他们特别热衷的事情。在现有的土地转让制度下，地方政府征了地再卖出去，就可以获得大笔的收入；大量投资也可以给地方政府带来各种各样的好处。在制度不完善的情况下，一些地方官员还可能从土地出让和投资中得到很多寻租机会，从中获得巨大的利益，滋生了腐败现象。

次贷金融危机后，2 000多万农民工返乡。由于这些老一代农民工在农村都有土地，所以没有造成太大的经济和社会问题。但是新一代农民工已经和土地脱离很深，很多即使失业也不会回到农村，这就需要解决他们的社会保障问题。突出的问题就是高考和留守儿童问题。另外，对于一些中小城市来说，是没有能力和充足的财政资金进行农民工市民化；对于一些大中型城市，则是有资金但是没有激励机制去推进农民工市民化。总之，一些地方政府的行为和市民化需求存在脱节，一方面浪费了建设资金在土地开发和基础设施上，另一方面市民化需要的一些公共服务却无法满足需要。

地方政府行为动因分析。地方政府缺乏收入自主权，其支出和收入责任不匹配；分税制后，地方政府决算收入占比逐渐下降，但是财政支出的比例保持不变甚至提高，地方政府在依靠中央转移支付以外，还依靠土地财政来解决财政不足的问题。同时以GDP为考核核心的晋升激励机制，诱使一些地方官员扩大建设用地规模，加大投资力度。分税制改革使得地方政府的税收留存比例减少，中央政府通过税收返还和转移支付的方式调节区域收入差距，从某种程度上说是把边际分成变成了固定分成，理论上激励效应应该减少，地方政府发展经济的动力应该减少，但是一方面九十年代中期国有企业改革力度较大，外资和民营企业飞速发展，政府对企业的干预相对减少，另一方面分税制改革还强化了地方政府预算外收入的权利，预算外收入增加较多，地方政府可以通过土地财政收入弥补收入缺口。事实上，中央财政对地方的尤其是对东部地区的税收返还和转移支付绝对数量是不断增加的，地方政府的收入水平并没有降低，但土地财政越演越烈，因此地方政府进行土地财政出于弥补财政收支缺口的借口到后来就越来越不成立了，尤其是对于一些东部发达的城市来说。

应用财政联邦主义解释地方政府经济行为存在的问题。首先，地方政府并不只是保护市场，而是从原来的直接拥有企业变成提供优惠政策吸引企业，保护市场的联邦主义不符合实践。其次，不论从支出还是收入来看，尽管存在分权程度的提高，但是地方财政的自主性还是受到很大的制约。我国现行财政收支责任和转移支付制度都是以假定辖区户籍人口不流动为基础前提，在这种体制前提下，各地方政府按本地区所辖户籍人口来提供公共服务。然而，大量农业转移人口的自由流动冲击了这一前提存在的现实基础，对现有的财政关系提出了重大挑战。针对农业转移人口流动带来的公共服务的供给难题，部分地方政府从意愿上之所以并不想推进农业转移人口市民化，究其原因，还是其财权与公共服务支出不对称，缺乏稳定的财政资金筹集渠道以支撑日益庞大的农民工数量。因此，激励地方政府市民化行为的重要途径之一，就是合理划分中央和地方的事权与支出责任，建立起财权与支出相顺应的财政体制，通过事权明晰化来不断提高财政体制安排的科学性和公平性。通过对地方政府财政行为的共同约束，形成各级政府稳定的收入和支出预期。

缺少横向问责机制。锦标赛理论提出地方政府官员为了在政治锦标赛中取得晋升机会，地方政府会采取优惠手段来招商引资，甚至采取以邻为壑的竞争手段使得所在区域经济和社会发展指标脱颖而出。这一理论有一定的解释力，但是也存在问题。在现行的官员选拔体制下，某个官员的晋升有可能是因为把其选派到更容易出政绩和经济增长较快的地区进行历练，或者中央财政资金和银行信贷大量投入到某个地区，而不是因为其发展经济能力较强才获得提拔。另外，锦标赛理论还存在不能解释晋升无望和快退休的官员激励问题，有些地区显然无法在锦标赛中胜出，但是这些类型的官员所在地区土地财政依然比较突出，经济仍然保持快速增长。

在官员的晋升博弈中，上级对地方官员的考察依据促使一些参与者只关心自己的相对地位，为了能够在晋升竞争中胜出而努力使自己的绩效最大化，在发展是第一要务的环境下，突出地方经济发展绩效无疑是最佳的选择，但是这很容易导致"囚徒困境"的出现。此外，当前的官员考核体系会一定程度地导致地方政府经济行为的短期化。地方官员为了晋升，由于资历、年龄的限制，必须在尽可能短的时间内做出尽可能大的政绩。这些晋升方面的规定和限制，会导致部分地方官员注重短期行为，注重"短平快"的项目，注重显性项目。然而，市民化的正面作用需要很长一段时期才能显现，这与官员考核体系存在一定的矛盾，不利于市民化的推进。因此，在市民化进程中，中央政府应该加大对地方政府的监督力度，调整对地方政府的惩罚标准。

4.中央政府与地方政府的策略博弈

地方政府作为执行中央政府各项政策的代理人，地方政府与中央政府的目标间存在一定的差异性。这就是说，在目标不一致的情况下，中央政府和地方政府存在博弈的可能性。在现实中，由于存在信息不对称，中央政府无法获取地方政府的充分信息[①]，使得地方政府不断地创新手段来应付中央政府，导致中央政府的努力并未从根本上扭转地方政府的工作重心和工作方式，进而造成了地方政府仍存在着较强的短期及机会主义的行为激励。因此，本章将市民化进程中的地方政府行为作为研究的逻辑起点，着重分析中央政府强制地方政府推进市民化的概率，从而增强中央政府对地方政府的矫正行为。

从以往的研究文献来看，对地方政府行为的研究主要是建立在两个视角之上，即"委托代理"和"博弈论"的视角。自从公共选择理论将"经

---

① 一方面中国多层级的政府体制导致了汇报过程中的信息失真，另一方面中央政府缺乏独立的信息渠道。

济人"假设引入到政府行为研究中以来（Downs，1957；Niskanen，1975），该理论越来越成为政府行为分析的一个现成的理论框架。国内学界在这两个理论的基础上，通过中央政府与地方政府之间存在着权力的委托代理关系，运用"中央—地方"的分析框架来探究中国地方政府行为，并且在此基础上进行行为主体的利益博弈。

中央政府与地方政府之间博弈多过合作。推进市民化的主体是地方政府，但是起主导作用的应该是中央政府。这是因为，一方面中央政府具有矫正地方政府行为偏差的职责和作用；另一方面，我国农民工群体中，很大比例为跨省流动，特别是东部地区对农民工的吸引力较强，这是因为东部地区第二、三产业的就业弹性高于中、西部地区，即使东部地区产业升级战略取得成效，由于生产性服务业仍将进一步带动生活性服务业的发展，服务业相对较高的就业弹性使得跨省流动的农民工规模仍然较大。如果中央政府不能采取措施加以引导，将会出现两种局面：地方政府要么不推进农民工市民化，要么只推进本省农民工市民化，一旦打开外省农民工市民化的闸门，短期内任何一个城市都无法承担巨大的公共服务支出规模。从这个意义上讲，中央政府与地方政府在推进农民工市民化的进程中混淆了彼此的角色，中央政府过多地依靠地方政府推进农民工市民化进程，这对地方政府来说确实存在困难。

如果中央政府没有加强监管，或者监管措施不得力，那么地方政府就会"变相"制定农民工市民化的政策。以就业为例，当前大部分城市普遍实行"敞开城门，分设门槛"的就业政策，表现为在农民工进入城镇就业的总量控制，职业、工种限制，强制收取管理费、用工调节费等。很多城市制定了针对外来农民工分类管理的政策，对就业工种、专业、人数、使用期限等做出了诸多规定。农民工只能从事不需要什么技能的低报酬工作，从事市民不愿意做的短期工作。

中央政府与地方政府之间存在政策目标偏差。政策目标的偏差是当前市民化政策出现的首要偏差。按照马克思主义政治经济学的经典理论，生产过程分为生产、分配、交换和消费。农民工市民化虽与上述四个方面都有联系，但是，由于涉及大量的公共服务支出，农民工市民化严格来说是政府收入的再分配过程，既然属于分配范畴，农民工市民化问题的价值判断依据必须首选为公平，而非追求效率。但是，有些地方政府为了短期的经济增长，制定的福利政策目标只是针对城市市民，并通过户籍壁垒制度将农民工严格地排斥在外。因此，在一个城市内部就形成了这些现象，外来农民工与本地居民之间的贫富差距拉大，居住环境差距明显，本地人享受各方面福利待遇，没有户籍的外来人口享受不到这些待遇；当地政府聘用本地户籍人口管理外来人口，社会纠纷有时得不到公正处理。由此，不仅导致了社会不和谐，直接加大了农民工在城市生活的成本，而且从根本上动摇了农民工在城市的发展基础，减少了农民工平等发展的机会，使农民工处于城市生活与个人发展的双重边缘化状态。也正是因为政策目标的偏差，制约了城市化进程的健康发展，导致了一系列社会问题的产生，如社会冲突、犯罪，增大了防止这些事件发生的社会支出，无形之中增加了社会资源的消耗。

中央政府与地方政府之间在市民化路径方面不一致。在中央政府的压力下，地方政府必须加快推进农民工市民化。由于涉及较大规模的公共支出，地方政府究竟应该采取哪种推进农民工市民化的措施存在较大争议。一种观点认为应该逐步放开户籍，将其户口转为城镇户口。另一种观点认为无论其为何种户口都给予其与城市居民平等的福利，换句话说应该减少城市户籍居民和农民工之间的公共服务差异，使这些由城市原居民享有的公共服务覆盖到农民工。作为理性的地方政府，必然选择对自身有利的政策措施。从短期来看，扩大户籍要比缩小公共服务差异更能体现地方政府政绩，但是这种方式并没有降低城市内部农民工身份转变的"门槛"，容易形成城市内部的二元结构，造成城市内部不同居民的对立，从而扩大了城乡收入差距。

市民化策略主体间的博弈。作为理性经济人，为实现经济增长，地方政府一方面会通过提供城市公共产品吸引人口不断从乡村向城市转移，为工商业发展提供丰富的劳动力资源；另一方面为了加速资本积累进一步促进经济增长，当然，为了减轻财政负担，也会限制获得城市户籍的人口数量，从而减少公共产品支出成本。由于公共服务的存在，使一个人进入城市能够获得的期望效用高于待在农村，地方政府对户籍的控制使得进城人口能否获得户籍的政策多了一些选择。地方政府可以在推进城市化过程中选择不同的公共服务提供量，高水平公共服务虽然能较大程度提升户籍人口福利，但也会带来较重的财政支出负担，而低水平的公共服务能使政府以较低的支出成本加快城市化进程，但会带来一系列城市化过程中产生的问题。

这个博弈中的纳什均衡与以下几个因素相关：地方政府市民化成本、中央政府惩罚成本、中央政府市民化获益系数及中央政府福利损失系数。我们可以得出两点结论：一是中央政府越是强制地方政府推进市民化政策，地方政府选择不推进政策的概率越高，这也说明了长期以来地方政府并没有执行中央政府出台的市民化政策的原因；二是中央政府对地方政府不执行政策的惩罚越高，地方政府不执行政策的概率就越低。这说明长期以来市民化政策的出台并没有以相应的惩罚机制作为保障条件，导致了地方政府以较高的概率来选择不执行政策。在完全信息下，地方政府知道中央政府会以较高的概率选择监管，自己就会为了避免高额的惩罚而选择执行政策。

二、市民化进程中的财政激励机制设计

随着委托代理理论的产生与发展，中央政府应采用激励手段，设立有效的激励机制，引导地方政府按照中央的要求执行中央的决策。具体到推进市民化进程，中央政府是委托人，地方政府是代理人。中央政府的目标是社会总体福利的最大化，地方政府追求地方利益的最大化，两个主体构成委托代理关系，而且中央政府是风险中性的。

1.财政激励机制设计的原则

中央政府在对地方政府财政分权的过程中，为了避免地方政府的道德风险行为，除了实施必要的监督以外，还应采用激励手段对地方政府进行激励，激励机制的设计应注意以下原则：

首先，应建立在地方政府推进市民化效果的基础上。推进市民化效果越明显，地方政府越应该获得激励，比如给予较多的决策权，如调整税基

和税率，给予执行政策过程时较大的灵活性，增加专项拨款等；相应地，市民化推进效果不突出，中央给予的激励就应该减少。

其次，应考虑不同城市的初始财政规模。中央政府对于地方政府推行市民化的初始条件进行评估后，应有不同的激励措施。对于财政规模较大的富裕地区，中央政府会减少对该地区地方政府的激励；对于财政规模较小的贫困地区，中央政府自然会加大对地方政府的激励。对于地方政府来讲，如果地方政府对推进市民化的预期较高，则会付出较多努力，那么也将承担较高风险，对此中央政府应加大对地方政府的激励；反之，如果地方政府不愿因推进市民化而承担任何风险，中央政府应减少对地方政府的激励。

最后，应区分地方政府推进市民化的积极程度。中央政府在设计市民化推进激励机制的过程中，还要区分地方政府推进市民化是否积极。当地方政府积极执行中央政府的决策时，中央政府应加大对地方政府的激励，当地方政府消极执行中央政府的决策时，中央政府应减弱对地方政府的激励。

这种机制的设计原则体现了中央政府对地方政府的监督和激励，通过将地方政府推进市民化的效果与预期目标进行比较，依据市民化效果对地方政府进行支付，效果越突出，地方获得的支付越多。当然，还要考虑一种动态情况，如果地方政府在发展进程中财政规模不断增加，但是没有推进市民化，或者说地方政府还是维持原有的市民化水平，这就说明地方政府没有充分利用良好的发展环境，地方政府在执行中央决策的过程中努力程度没有达到预期的水平，因而，获得的中央支付应该降低；反之，当财政规模减小时，如还能维持市民化水平不变，说明地方政府增加了执行政策的力度，中央政府应该增加对地方政府的转移支付。

2.激励机制设计的影响因素

中央政府对地方政府的激励采用的方式主要有在财政上对地方政府进行转移支付和对地方政府官员的职位晋升等激励方式，这也是影响激励机制设计的两个主要因素：

首先，中央政府和地方政府间的财政转移支付。中央政府在激励机制设计过程中，总是希望评价标准尽可能客观一些，因为评价标准越客观，对地方政府的努力程度的判断越准确，激励机制越强。一种最有效的办法是将同一地方政府过去的业绩作为标准，因为过去的业绩包含着有用的信息量。问题是过去的业绩与地方政府的主观努力有关。地方政府越努力，市民化推进得越快，"标准"也就越高。这样的刺激下，地方政府很可能与所属地方各级政府达成利益同盟，瞒报基数和收益水平；或将非市民化成本转化为市民化成本，以套取来自中央的各种补贴和奖励。

其次，政绩考核机制。我国地方政府官员的任期一般都是三至五年，而推进市民化的效益很难在短期内出现，因此，两者之间形成了一个矛盾。如何激励官员在短暂的任期内推进市民化，是当前影响激励机制设计的一个关键因素。地方政府官员的晋升由其过去市民化的成绩决定，从长期来看，地方政府官员必须积极努力工作，以提高未来晋升的可能。地方政府官员为了在职位上得到晋升，就会积极推进市民化；相反，只要他没有在推进市民化方面取得政绩，那么，晋升机会就会大大降低。中央政府可以利用此种方法，用较少的监督成本取得很好的激励效果。

财政体制的划分决定了地方政府的市民化成本。我国现行财政收支责任和转移支付制度都是以假定辖区户籍人口不流动为基础前提，在这种体制前提下，各地方政府按本地区所辖户籍人口来提供公共服务。然而，大量农民工的自由流动冲击了这一前提存在的现实基础，对现有的财政关系提出了重大挑战。针对农民工流动带来的公共服务的供给难题，地方政府从意愿上之所以并不想推进农民工市民化，究其原因，还是地方政府财权与公共服务事权不对称，缺乏稳定的财政资金筹集渠道以支撑日益庞大的农民工数量。因此，激励地方政府市民化行为的重要途径之一，就是合理划分中央和地方的财权与事权，建立起财权与事权相顺应的财政体制，以事权明晰化、不断提高财政体制安排的科学性和公平性。通过对地方政府财政行为的共同约束，形成各级政府稳定的收入和支出预期。

市民化方式的选择决定中央政府的市民化损益系数。随着城镇化进程的快速推进，市民化已经成为当前最为重要的现实任务。由于中央政府的强制作用，不推进市民化已经不可能。近年来，许多城市已经开始实施了市民化政策，然而实践表明，迄今为止，大多数地区实施的市民化政策往往异化成地方政府选取优质要素，从当地政府来看，这种政策带来的收益远比成本要高很多，作为理性的地方政府，当然愿意执行扩大户籍的市民化政策。这样的政策由于选择了优质要素，抬高了市民化的门槛，有助于本地区经济增长，但也将加剧城乡收入差距。这对中央政府来讲，加大了福利损失，提高了福利损失系数。因此，我们认为应该采取减少城市户籍居民和农民工之间公共服务差异的市民化办法，增强社会融合。因为城市中存在的公共服务歧视可能加剧城市内部不同户籍身份的劳动力之间的收入差距和社会冲突，造成社会资源的非生产性消耗。通过减少不同户籍身份居民的公共服务差异来促进社会融合，可以减少收入差距和社会冲突，从而有利于经济增长和居民收入水平的提高，对中央政府而言，福利收益系数也将有较大程度的提高。

我国农民工市民化滞后与政府责任界定不清有着密切的关系。在很长一段时间里，由于地方政府没有正确意识到自己对市民化所肩负的责任，在农民工市民化政策中存在中央政府与地方政府责任相互博弈的问题，这是源于市民化的责任没有界定清楚。由此导致政策制定水平不高，在实际操作中存在管理不严、监督不力等问题。在市民化的进程中，一些地方政府承担了市民化的主要任务，然而由于存在着诸多地区利益，一些地方政府实施的是一种各自为政式的市民化实施方式，因而不可避免地造成了各地区负担的不平衡。如果要在不同地区间统一标准，那么将会遇到较大阻力，而中央政府在市民化问题上又缺乏实质性的措施，这既是中央政府同地方政府博弈的结果，也是中央政府不敢承担太多市民化责任的表现。

完善我国市民化主体选择的实施策略。中央政府和地方政府必须进行相关的责任界定，既要充分发挥中央政府的主导作用，又要不断激励地方政府推进市民化，从而充分发挥地方政府的主观能动性。事实上，市民化政策实施的关键是界定主体之间的公共成本，如何合理分摊中央政府与地方政府在市民化进程中所附带的公共福利成本，是当前中央政府与地方政府推进市民化政策的关键。首先，中央政府要为推进市民化承担适当成本，以解决当前地方政府市民化能力有限的问题；其次，努力提高地方政府实施市民化的政策水平，从实质上解决市民化进程中公共福利供给成本问题。

另外，对各地市民化政策指标的考核，应由以户籍人口为基数变为以常住人口为基数。同时加大对城市政府职责的监督，对未能尽职尽责解决市民化问题的地方政府加大惩罚力度，确保制度安排的实施。另外，对确实因市民化政策承担较大公共服务支出的省份和地区，中央财政要对存在困难的流入地给予必要的财政转移支付，对于诸如教育、职业培训及养老等方面的公共服务支出，可以设立专项基金予以支持。

3.财政激励机制设计的内容

农业转移人口市民化过程中中央政府与地方政府的最优分权激励。为了提高农业转移人口市民化推进效率，中央政府和地方政府必须合理地进行财政分权，以便能各司其职推进市民化。针对地方政府的合理分权一方面意味着明确其提供公共物品的责任与范围，另一方面也意味着对其利益的承认与尊重。财政分权就是给予地方政府一定的税收权力和支出责任范围，并允许地方政府自主决定其预算支出规模与结构，其精髓在于使地方政府拥有合适与合意的财政自主权进行决策。

那么，中央政府与地方政府的分权程度就成为推进市民化的重要依据。我们设定中央政府与地方政府的分权系数，系数越大，分权程度就越高，比如：地方政府在履行市民化的过程中承担较多的责任，在提供公共产品方面拥有更多的自主权和灵活性，在决策和执行层面上，地方政府可以根据实际情况制定实施方案，自行管理，接受较少的中央政府监督等。反之，中央政府就应该承担较多的责任，比如应具备相当的决策控制权，加强对地方政府执行决策的监督等。

政府在推进市民化进程中，公共产品由中央与地方政府共同提供，其资金来源为中央与地方政府的财政支出。因此，我们可以将中央与地方政府在提供公共产品时的财政支出作为投入要素，当公共产品的供应量达到最大时，市民化支出在中央与地方政府之间划分得最合理，因此，通过寻找供应量最大化满足的条件，可以求得最佳的分权系数。而分权系数的确定则要考虑财政支出对该公共产品的产出贡献，当地方政府的支出对该公共产品的产出贡献增大时，最佳的分权系数应该提高，中央应该下放较多的权力；反之，最佳的分权系数应该降低，中央政府应当适度收权。同理，当中央政府的支出对该公共产品的产出贡献增大时，应该降低分权程度，中央在推进市民化的过程中发挥更大的作用；反之，分权程度应该提高，地方政府承担较多的事责，拥有更多的权力。所以，可以通过计算地方政府占政府为推进市民化的总支出的比例，并将其与最佳分权系数进行比较，调整事权在中央与地方政府之间的配置：根据分权系数的大小来判断中央政府应当分权还是收回某些权力。

中央政府对地方政府的财政转移支付激励。在地方政府信息明显比中央占优的情况下，把地方经济的发展事务交由地方政府来处理，这种事权关系形成了委托-代理关系。在这种关系中，地方政府行动的出发点是本地区期望效用最大化，而不是全国效用最大化。解决该问题的一种有效途径是利用财政转移支付在地方政府间进行分配，根据地方预算的执行情况设计财政转移支付分配的奖惩机制，促使地方政府从本地实际情况出发处理本地方的事务，使中央对地方事务信息达到最大化地掌握，促使资源合理地在各级政府之间优化使用。具体到地方政府推进市民化进程，为了解决一些地方政府不愿主动推进市民化的问题，可依据实际情况设计一个推进市民化的奖惩系数，从而改进和优化现有的中央对地方财政转移支付制度。

转移支付制度设计思路：中央政府可以每年向地方政府下达市民化任务，中央政府市民化任务数对地方政府在该问题的决策上有很大的影响，因此，中央政府在市民化任务上的确定，应充分考虑地方政府的财政能力，任务数定得太高，地方政府很难完成任务，受罚的概率很大；任务数定得太低，地方政府得到的奖励机会增加且其奖励额度也会过大。地方政府可以根据中央政府下达的市民化任务，编制本地区的当年财政预算，财政预算与市民化任务之间存在的缺口，由地方政府向中央政府汇报，中央政府根据该缺口确定转移支付。每年的年末，如果地方政府的预期完成值与实际完成市民化任务相差较小，则在财政转移支付中给予一定奖励，并设定奖励系数；如果预期完成值与实际完成市民化任务相差较大，则应该在财政转移支付中给予一定的惩罚，即在财政转移支付中不给予地方补助，甚至征收一定的罚金，即设定惩罚系数。

4.财政激励机制实现的途径

税收调整。中央政府可以授予地方一定的调整税率的权力，增加税收返还额度，减少对地方政府的监督，对市民化重点群体可以实施一定的税收优惠政策。

预算控制。利用中央与地方政府提供公共产品的数量可以对地方政府的支出预算进行控制，对地方政府推进市民化的情况进行监督。对于给定中央政府为市民化支出的预算与计划提供的公共产品的数量，可以得出地方政府的支出额，作为监督地方政府行为、考核地方政府业绩的依据之一。这样一来，既能保证地方政府推进市民化的积极性，又能防止一些地方政府在推进市民化进程中不作为。

事权变动。中央政府应该正确界定中央与地方政府的职能，划分中央财政与地方财政的活动范围。全国性一般公共产品由中央政府供应，具有效应外溢性的地方公共产品由地方政府供应，中央政府根据效应外溢状况给予适当调配。

转移支付。中央政府对地方政府可以利用转移支付工具进行补偿，中央政府需要确定一个适当的成本补偿规则，按地方政府推进市民化的成本给予地方政府相应数量的补偿。激励机制随地方政府的努力程度有不同额度的成本补偿。由于信息不对称的存在，中央政府面临着来自地方政府的道德风险问题。这样，中央政府就需要设计一个最优的激励指标，使得地方政府发挥其最大的效用。

上述四种方式，各有利弊，但是从上述手段对地方政府的激励效果来看，应首推增加专项拨款的方式。这不仅因为前三种方式需要较长的时间，并且需要较高的等级才能操作，往往是由中央政府操作，换句话说，主动性在中央政府手中。但是，专项拨款则不同，只要地方政府能积极推进市民化，就能获得专项拨款。

5.财政激励机制实现的保障措施

政治激励。首先，把地方官员的政绩考核标准加入市民化指标，并增加其考核权重；其次，提高消极推进市民化的惩罚成本，特别是政治成本，以此约束官员行为，而且应把推进市民化作为官员考核体系指标，地方政府绩效评价体系应该强调地方政府进行市民化对本地区经济发展的长远影响，通过市民化提高本地区可持续发展的能力。

经济优惠政策。对推进市民化积极的地区，在城市土地使用指标、产业政策等方面进行照顾；民生发展倾斜政策；教育方面增加高考指标；医疗方面增加高水平医疗条件的扶持力度；就业、社会保障方面给予相应的倾斜与照顾。

中央政府和地方政府在价值取向、目标函数和具体诉求等方面都有所不同，具有不同的成本构成和收益状况。在中央政府和地方政府相互博弈过程中，由于信息的不对称，中央要获得农业转移人口市民化的更多、更准确的信息需要付出很大的成本或根本无法实现，这将产生机会主义行为。

三、市民化的路径选择：“因地制宜”与“因人施策”

考虑到我国农业转移人口基数庞大的事实，本部分主要从农业转移人口的不同类型、城市规模及等级和政策内容出发，考察农业转移人口的公共服务需求特征、实现难度及方式等。根据不同的分类标准制定差异化的市民化路径。不同类型的农业转移人口所面临的问题不同，其利益诉求不同，发展需要和目标也不尽相同。因此，市民化过程中应根据农业转移人口的不同类型、城市规模的大小，采取差异化的市民化政策。

1. 按地区等级分地区推行差异化的市民化策略

首先，小城市（镇）本地农民工市民化以“扩大户籍”为主。在全国两万多小城市（镇），入户的基本条件降低到只需要“在城镇有稳定的生活来源和合法住所”。对于在小城市和小城镇务工的本市（镇）农民工而言，由于国家关于小城市和小城镇户籍的政策已基本放开，小城市（镇）本地农民工的市民化可以在自愿基础上通过将其户口转为城镇户口而实现。其次，大中城市本市农民工市民化为“降低公共服务差异”与“扩大户籍”并行。其主要政策措施是放宽申请条件，大幅度降低在城市落户的门槛。

目前，许多城市正在积极促进本市行政辖区城乡公共服务的均等化，随着市域内城乡发展差距的缩小和公共服务均等化程度的提高，放开城镇户籍的可能性在加大。对于现阶段还不能放开城乡户籍的城市，可根据城镇公共服务资源情况和农民工在城镇就业和居住的稳定情况，给予相应的待遇和服务，并视城镇经济发展情况不断提高待遇水平，逐步缩小与市民之间的差距。最后，大中城市跨市和跨省流动农民工市民化以"降低公共服务差异"为主。对于大中城市中非本市特别是非本省（市）的农民工，应加快将满足一定条件的农民工在就业地转户的步伐。应先逐步取消各种城市居民享有的优惠待遇，降低城市户口的含金量，然后才能完全废除现存的户籍管理体制，实行国际通行的户口登记制度。当然，"降低公共服务差异"的程度因农民工就业的稳定性和公共服务的性质而异。需要特别指出的是，大城市的户籍管理体制改革，首先可以考虑针对已在大城市长期定居、稳定就业、举家迁徙的外来人口。他们在总量中占比并不高，解决他们的落户不会带来财政上太大的负担。在操作环节上，一些特大城市可以在周边的建制镇和远郊区县，率先进行户籍管理制度改革，比如可以考虑把在主城区的长期举家迁徙的外来人口落户到远郊区县和小城镇。

2.按不同的农民工对象推动农民工市民化

根据不同的农民工意愿，选择不同的市民化路径。根据流动程度的大小，可将农民工划分为三个群体：第一类是基本融入城市的农民工，即在城市有固定的住所、工作单位，收入相对稳定；第二类是常年在城市打工，但又具有一定流动性（主要是春节返乡）的农民工，在城里有相对稳定的职业、收入和居住地；第三类农民工是间歇性或季节性在城镇务工，以农业为主、务工为辅，或务工、务农并重。第一类农民工，大多是举家外出，市民化意愿和能力都比较强，政策重点是鼓励落户，优先解决子女教育问题，促进其家庭融入城市社区。第二类农民工以新生代为主，市民化意愿较强但市民化能力较弱，政策重点是梯度赋权，优先解决住房问题，不断提升其人力资本水平。第三类农民工，市民化意愿和能力都比较弱，政策重点是鼓励其在城乡之间双向流动并保障其劳动权益。各地区应从实际情况出发，合理确定农民工市民化的重点，积极有序地推动。逐步分期、分批有条件地解决长期在城镇务工就业的流动人口进城定居落户问题，特别是允许携家眷长期在城镇务工就业的外来人口办理城镇落户手续。同时，积极推进流动人口待遇市民化，使其在就业、教育、住房和社会保障等方面，享有平等地位。

3.按政策内容不同实施不同的市民化策略

构建过渡性农民工社会保障制度。按照国务院相关政策安排，尽快提高统筹层次，推进农民工社会保障技术和管理上的创新，加快解决农民工"续保难"的问题，实现农民工保险关系随本人转移。尽快实现养老保险的全国统筹，结合国家养老保险试点，完善养老保险制度，将养老金分为基础养老金和个人账户养老金，其中，基础养老金由中央管理和统筹基金支付；个人账户养老金由地方政府管理，随本人转移，由本人缴存。参照成都市城乡统筹试点经验，推进发达省份（城市）率先实现农民工与城镇职工的接轨，方法是：参加综合社会保险的农民工失业后，可以参照《失业保险条例》规定享受失业保险待遇；参加综合社会保险的农民工患病住院报销标准，改按城镇职工基本医疗保险办法执行；鼓励用人单位为农民工办理城镇职工社会保险，政府按社会保险缴费基数的一定比例给予用人单位一定年限的社保补贴。

把农民工的住房安排纳入住房制度改革。要结合扩大内需的积极财政政策，调整支出结构，将其一部分投入转移到农民工市民化的安居方面上来，将农民工分期、分批纳入城镇住房体系。在制度和计划上合理确定农民工的住房安排，大体从以下三个方面考虑：一是大力建设廉租房。各地政府的廉租房政策，不仅应针对城市居民，而且应考虑在城市中有相对固定工作的进城农民工。可采取补贴业主的方式将一些居民个人出租的"福利房"转化为廉租房。二是总结上海、宁波经验，在农民工集中地区建造社会性"民工公寓"和企业"员工之家"，以廉租房或经济适用房的形式租给或卖给农民工。三是推进农民工住房公积金制度，并将取得城市户籍的农民工尽快纳入经济适用房范围。可参照成都经验，只要连续缴纳综合社会保险或者城镇职工社会保险两年以上的农民工，首次在城镇购买住房的，可享受申购经济适用住房或限价商品房的政策；同时，在城镇规划建设面向农民工的政策性安居住房，以低于经济适用房的价格向已有偿转让或已经退出农村宅基地和房屋的农民工定向销售。

加强对农民工的职业技能培训。加强培训和职业教育，提高农民工就业能力和素质。扩大农村劳动力转移培训规模，提高培训质量。继续实施好农村劳动力转移培训"阳光工程"。完善农民工培训补贴办法，对参加农民工培训的农民工给予适当培训补贴。推广"培训券"等直接补贴的做法。支持用人单位建立稳定的劳务培训基地，发展订单式培训。输入地要把提高农民工岗位技能纳入当地职业培训计划。把农民工培训责任落实到相关部门、用人单位。对不履行培训义务的单位，应按国家规定强制提取职工教育培训费，用于政府组织的培训，充分发挥各类教育、培训机构和工青妇组织的作用。大力发展面向农村的职业教育，支持各类职业技术院校扩大农村招生规模，鼓励农村毕业生接受正规职业技术教育。

一要整合来自教育、农业、劳动、科技等部门的资金渠道和培训资源，改变目前各种培训实体各自为政、缺乏沟通与协作、专业重复设置、教学设备及师资分散等现象。二要增加对职业技能培训的投入。为全力落实全国农民工培训规划，各级财政应加大对农村劳动力的职业技能培训的扶持力度。中央财政安排专项资金，各省、市、县级财政按照一定的比例安排配套资金对参加培训的农民工进行补贴。三要针对不同的农民工群体，采取不同的培训方式与内容。劳务输出地区主要针对初次外出就业的农民工实施初级职业技能培训，培训的内容以基础的职业技能为主，范围可以广一些，以集中培训方式为主；劳务输入地区的培训应以中、高级职业培训为主，主要体现专业性，以提高能力为主。

四、市民化的配套改革措施

由于受到户籍制度的限制，农民工很难享受到与城镇居民均等的公共服务。农民工面临着社会保险缺失、住房困难、医疗卫生短缺以及随迁子女上学受限等问题，都需要市民化的配套改革措施进行解决。针对这一系列的问题，本节旨在提出有关市民化的配套改革措施，为推进市民化改革创造条件。

1. 户籍制度改革

从功能上来看，户籍管理的功能是对我国人口的流动进行管理和控制，确保城市之间、城乡之间、乡村之间人口流动的有序性、规范性和可控性，而不是对人口的自然流动进行限制。因此，户籍的迁移应该和人口的流动同步，而不是由于户籍的存在阻碍人口的合理流动。进行户籍改革的目的并不是彻底取消户籍制度，也不是削弱户籍对社会人口的管理功能，而是需要将改革的重点放在削弱户籍的附加利益上。

（1）优化户籍制度改革。

首先，加快建设城市群，推进城镇化进程。城郊地区的城乡居民在收入和社会保障方面的差距不大，相应的户籍改革成本较低。因此，一方面大城市周边地区应该放开户籍制度限制，推进城乡居民公共服务均等化；另一方面由于中心城市市民化成本相对较高，不具备公共服务均等化条件。可以将中心城市部分功能向城郊地区转移，构建城市群，形成大城市向周围小城市辐射的功能带，并通过流动人口政策引导农业转移人口在城市群合理分布，通过推进城郊地区市民化，化解中心城市市民化成本高的难题。

其次，当前我国福利体系并不完善，城乡居民对整体民生问题的担忧程度相似，应该同时提高农村和城市的社会保障水平，弱化户籍制度对福利获得的分割作用，逐步统一城乡的社会保障体系。

再次，加快农村土地流转和抵押。土地对广大的农民具有保障功能，也是市民化中农业转移人口最不愿意放弃的权利，通过农村土地流转和抵押，弱化土地保障功能的同时为转移人口融入城市提供资金支持。

最后，对于能力较高的劳动者，户籍制度对其福利获得的限制作用微乎其微。因此，加强对农民工的职业技能培训和教育投入，通过不断提高农民工的自身素质，增强其主动获得城市福利的能力从而融入城市社会。

（2）削弱户籍的附加利益。

由于我国在过去很长一段时间内都处于计划经济体系下，为了将有限的资源进行最高效的分配，所以将户籍作为区别人口的重要因素之一，从而在户籍的管理功能之外附加了区别功能，并且以此为标准来分配资源和福利，这就导致了在户籍上增加了很多附加利益。比如，户籍决定了人口的社会属性、社会身份并与教育、就业、保险、养老等福利相关联，户籍的不同甚至造成社会权利的区别，结果就体现出城市户籍的价值，形成农村户籍人口对城市户籍的向往，同时也导致了社会一系列不平等现象的产生。现有的户籍制度已经和其他相关制度，比如就业、教育、医疗、养老制度等紧密关联，体系庞杂，牵一发而动全身，也大大增加了户籍制度改革的难度。从这个角度来看，对户籍制度进行改革本身不难，困难的是协调和户籍制度相关联的经济制度和社会制度，需要找到系统解决该问题的方案更是难上加难。现行的户籍制度已经和人民的生活息息相关，如果要进行大刀阔斧的改革，必将会对国民生活造成极大的影响，会影响社会的稳定性，甚至会造成一系列不可预知的后果。所以，对户籍制度的改革需要有序、稳定、渐进地推进，其中首先要做的一点就是将户籍制度与其他社会制度和经济制度剥离开来，分阶段、分行业地将绑定在户籍制度上的其他利益分配制度分离出来，逐渐淡化并且最终取消户籍制度的经济功能、政治功能，回归户籍制度本身的社会与人口管理功能。社会政策改革、福利制度改革、社会保障制度改革、资源分配制度改革等必须先于户籍制度改革执行，寻找更加合理的资源分配方式，消除对城镇—农村户籍分类的依赖，这样才能给户籍制度改革打下坚实的基础。由此不难看出，户籍制度的改革是否可以顺利推进并不在于户籍制度本身是否可以改变，也不在于户籍管理方式是否发生改变，而是要看户籍制度是否可以和其他社会制度相剥离，是否可以削弱户籍的附加利益。

（3）逐步推进户籍制度改革。

户籍政策涉及每个公民的切身利益，并且和其他一系列社会、经济、福利制度相互关联，已经成为我国公民经济和政治生活中不可回避的问题。同时，我国幅员辽阔，各个地区之间经济发展程度、社会发展水平、人民思想状态都有很大差异，如果采取激进的一刀切式的制度改革，必将在全国范围内产生极大的影响，对人民的生活和社会生产产生巨大的冲击。因此，需要考虑到各地的经济、制度、人口等实际情况，实施渐进的、有序的、稳定的改革方案，避免制度巨变造成的社会动荡。

首先，户籍制度改革应该从城市着手。由于户籍改革牵涉一系列社会与经济制度，也涉及社会公共资源的分配，因此在进行户籍制度改革时也需要经济支持，在改革过程中需要对现有的资源分配方式进行调整，可能会改变现有的福利政策影响面。所以，国家需要投入足够的财政预算作为保证。但是，我国政府有限的财政资源无法一次性支持户籍政策突变所产生的经济需求，因此需要分步来实现。第一步就是调整政府财政预算和安排，将户籍制度改革所需要的资金支持在预算过程中就考虑在内，加大投入，设立专项资金保障户籍制度改革的需要，重点支持在城市中工作和生活的农村户口居民实现市民化；第二步就是加大对农村地区经济支持，将重点放在教育、医疗、养老等福利支持上，使得农村地区获得合理比例的公共资源，使得在资源分配上不会因为户籍的不同而产生明显差异；第三步就是实现农村地区和城市地区政策与制度的统一，公共服务标准一致。

其次，不同地域、不同规模城市分批实现。在我国，地域之间差异明显、地区之间经济发展程度差别较大：东部沿海地区的城市发展较早，发展速度较快，经济相对发达，而中西部地区经济发展速度相对滞后，因此形成了劳动力从中西部地区向东南沿海地区的移动。对东南沿海城市来说，很多城市发展已经相对成熟，已经吸纳了大量外来人口，其中绝大部分都是农村剩余劳动力。如果进行户籍制度改革，影响面相对较大，需要投入的财力、物力也相对较多，在改革方向还未明确，改革方法还没确定的情况下对东南沿海发达城市进行户籍改革会有较大风险。因此，对于户籍制度的改革可以从中西部城市着手，逐渐探索合理的改革方式和改革方向，通过政策引导，吸引农村人口向城市迁移，推动中西部地区市民化的进程，促进中西部小城镇的经济发展，缩小与东部地区城市的差距。等户籍改革思路明确，发展方向确定、时机成熟后，改革就可以逐步向东部沿海地区扩展，逐渐放宽户籍准入政策，引导人口自然地、合理地、有序地进行流动，并且最终实现大范围内的人口自由流动。同样，由于大型城市、特大型城市人口众多，流动人口数量大，在这些城市中进行户籍改革也会面临很大的风险，因此户籍改革可以从中小型城市开始着手，由易到难，循序渐进，逐步放宽中小城市户籍准入制度，并且对刚从农村户口转变为城市户口的居民给予政策上的优惠，保障他们的正常生活与工作。待户籍改革在中小城市积累足够的经验后，开始向大城市和超大城市推广实施。整个改革过程需要持续很长的时间，逐步深化，缓慢扩张，实现经济发展、社会稳定与政策改革的协调一致。

2.土地政策改革

土地作为生产要素中最重要的一个要素，需要和资金、技术、劳动力等充分结合，互相协调，才能发挥出最大的作用，产生最高的土地生产效率。目前，由于我国法律、法规对土地的出让、租用、流转方面的规定不完善，也没有相关方案对这些闲置土地进行充分合理的利用，这就导致了在部分农村地区土地浪费、利用率低等现象比较严重。这种现象一方面不利于我国土地的充分利用；另一方面也不利于农村地区收入水平的提高。因此，建设和土地使用权相关的流转制度已经是大势所趋，相关政府部门可以从以下几个角度着手进行：

（1）建立健全土地流转制度的原则和指导思想。

首先，需要坚持土地政策。所有土地流转制度的建设和优化必须坚持现有的土地承包关系。我国的根本土地制度是以家庭联产承包制为基础，统分结合，双层经营的体系。在土地的流转过程中，不能改变土地的所有权，只能改变土地的使用权，可以考虑采取租借或者转包等方式来实现土地的流转。同时在土地流转时不能改变土地的用途，农业用地必须保持农业用地的性质，不能贪图一时的经济利益而改变土地的用途和性质。

其次，坚持自愿、有偿、依法、双赢的思路。土地的流转或者转让必须是充分尊重土地原来使用者的意愿，并且给予足够的经济补偿，使得失地的农村人口在转移为城市人口的过程中获得一定的资金支持，保障他们在城市中生存和发展的需要。同时，土地流转必须依法进行，对于在土地转让过程中出现的违法乱纪行为相关部门必须严厉查处。另外，流转的结果可以实现土地的原使用者获得经济收益，转让后使用者可以充分利用土地资源创造更多的价值，并且也可以提高土地的整体利用率，减少土地的浪费现象。

再次，土地流转过程要符合"四个有利于"。即有利于土地原使用者的经济利益和社会利益，使失地的农村人口可以得到充分的经济补偿，并且可以安心转化为城市人口，安心在城市生活和发展，解决他们的后顾之忧；有利于提高农村人口市民化的主观意愿，将农村剩余劳动力转移到城市，解决城市中劳动力不足的问题，同时也不断推进城市化的进程；有利于土地的充分利用，减少土地的浪费，促进农村地区农业生产效率的提升，以及农业规模化和自动化生产和经营的水平；有利于提升农村地区剩余人口的收入水平，提高农村地区居民的生活质量。

（2）完善土地流转相关制度。

首先，健全土地流转相关法律。目前，在《土地管理法》中仅明确了土地的所有权，但是对土地的使用权、产权并没有明确的定义，使得在土地转让、流转、征用过程中无法可依。而在实际操作过程中，这两者又较难区分，经常会引起纠纷，可能会对失地农民的合法权益和经济利益造成损害。因此，当务之急就是完善我国土地管理和使用相关法律、法规，对土地的产权、使用权、经营权、处分权等权利和义务进行明确的规定，使得土地在流转的过程中有明确的法律、规定可以参照。同时，明确土地在使用和转让过程中涉及的各个主体之间，也就是集体、土地原使用者和转让者之间的权利和义务的关系，减少纠纷发生的可能性，或者在发生纠纷时也可以有法可依。

其次，改革一级市场土地使用制度。目前我国一级市场中的土地使用是完全被国家掌握的，个人、企业或者集体都无法进入一级市场进行土地的使用。未来在经济条件允许，法律框架范围内，可以适当放开土地一级市场使用制度，允许部分集体土地在市场中进行交易，对其使用权所有者进行改变。而对政府来说，需要更多地在宏观上对土地的流转和土地使用权的交易进行管理、规范、监督和调控，尽可能不涉及具体的交易流程和交易细节。在原土地使用权所有者自愿、交易过程互惠互利并且合法的情况下，可以大胆地鼓励农村进城务工人员将自己承包的土地的使用权进行转让，以充分利用土地资源。也可以用优惠政策进行调控，鼓励拥有先进农业技术的企业和个人去农村承包土地，进行集团化、规模化、自动化的农业生产，以实现农村地区劳动生产效率的提高和农村人口收入水平的提高。

再次，规范土地流转流程。政府相关部门需要对土地流转的过程和结果进行高效和严格的监督，建立专门的管理部门对每笔土地使用权交易涉及的交易双方的资质和交易过程进行审核，并且在交易完成后跟踪检查土地交易之后土地的实际使用方式。乡村镇一级政府更是要在土地流转的监督过程中发挥自己的作用，提升政府职能部门的管理功能，做好评估、审查、考核、监督工作。同时，也要提升政府部门的公共服务意识，帮助交易的协商和合同的签订，为受教育程度相对较低、法律知识缺乏的农村人口提供法律咨询和援助，保障失地农民在土地交易过程中的合法权益和经济利益。

3.公共服务政策改革

（1）教育政策改革。

提升农村地区基础教育质量。首先，加大农村地区教育投入。目前在我国广大农村地区，基础教育质量和城市地区存在较大的差距，其根本原因就是基础教育投入不足，因此政府需要对农村地区的基础教育给予足够的重视，投入足够的资金和技术支持，改善农村地区基础教育师资水平和硬件条件。各级政府在每年的教育资金分配的过程中要侧重对农村地区的基础教育的投入，同时也可以划拨专项资金用于改善农村地区的教育环境。从加大整体教育经费的总量和调整农村地区教育投入比例两个方面对农村地区的基础教育进行强化。在对教育投资进行管理的过程中，乡村镇级政府需要发挥主要功能，将上级划拨的教育发展资金切实投入到改善教育中去。

其次，国家统筹规划。由于目前我国尚存在各个地区发展不平衡的问题，经济发展水平相对落后的地区财政紧张，仅依赖地方政府财政对教育的支出不足以对地方教育质量实现较大的提升，在这种情况下国家就需要发挥其统筹规划的作用，鼓励东部经济相对发达地区支援中西部地区。支援方式可以以结对互助的形式开展，以县、乡、镇为单位进行结对，不仅实现对中西部贫困地区的"输血"，更重要的是帮助其实现"造血"功能；或者以成立教育专项援助资金的方式开展，发达地区将一定比例的财政收入上缴国家，成立专项教育资金，然后由国家相关部门统一进行调拨和分配，以实现对中西部地区的教育援助，在全国各个地区中逐渐实现对教育投入的平衡。

再次，改革农村地区教育方式和教育内容。在教育过程中，除了对基础知识、基本的价值观念和道德观念进行教育之外，可以将教育的重点放在职业技能的教育上，利用农村地区的特点进行有针对性的职业教育，有效提升农村人口在就业市场中的竞争力。同时，教育的目的也不应该仅仅是升学，可以将传统的对升学率的考核改革成对升学率和就业率的综合考量，促进学生未来长远的发展和职业成长比单纯的升学更加符合目前我国农村地区基础教育的实际情况。

为农村劳动力提供技术培训。首先，政府统筹规划，重点发展。根据我国劳动法的相关规定："国家需要通过多种形式，采取必要的措施，对公民进行就业前的培训工作，提高劳动者的专业技能，提升他们的综合素质，增强其就业能力。"并且"各级政府需要将职业培训工作作为社会工作的重要组成部分，对就业培训进行完善的规划，鼓励社会中各个组织、企业、单位、团体进行形式多样的职业技能培训工作。"此外，国家还专门在2008年出台了《关于做好促进就业工作的通知》，对过去进行的职业培训政策和方式进行了总结，并且提出了一系列未来继续优化的方案，将重点放在职业培训补贴方面，扩大了补贴对象的覆盖范围，明确了补贴标准和补贴原则，并且澄清了补贴办法的一些细节。我国各级政府需要根据当地经济发展状况和产业发展情况制定关于农村劳动力职业培训的具体形式和内容，明确政府、机构、企业、个人在职业培训中需要承担的责任和拥有的权利。同时，企业也要充分重视对劳动力的职业培训，在培训过程中一方面考虑到企业自身发展和生产的需要，另一方面也要考虑到劳动力自身劳动技能成长和未来职业发展的需求。

其次，使培训内容更有针对性。在现有的针对农村劳动力的职业培训中普遍存在培训内容与实际工作需求脱节的问题，培训流于形式，培训效果较差，培训方式急功近利，不考虑培训人员长期技能提高和职业发展的需求。因此需要对职业培训的内容进行优化，使其更有针对性。根据青少年研究中心2008年的相关调查研究表明，年轻一代的农村劳动人口最渴望需要掌握的是专业技能相关知识和法律相关知识。因此，职业培训的内容重点也应该放在专业技能和法律知识的培训方面。当地政府和培训组织机构需要根据当地农村劳动力实际的知识水平、受教育程度、经济发展重点产业、就业市场需求、择业偏好等各方面综合信息，有针对性地制订培训计划，安排培训内容，使得培训内容和就业方向相吻合，培训内容与个人就业需求相匹配。培训形式应该根据行业特点和职业需求来选择，在培训前制订全面的培训计划，对培训过程中涉及的具体技能、操作方式、基本规程、安全防护等都需要进行重点讲解。在培训完成后，对培训成绩合格的学员颁发对应的专业技能劳动资格证书，可以作为未来就业和招聘过程中的依据之一。避免培训流于形式，切实提升农村劳动力的劳动技能水平和就业竞争力。同时，在培训内容中增加对法律知识的教育内容，以提高农村劳动力法律意识和维权意识。在培训形式上，可以采用更加多样的渠道，比如发放法律宣传手册、播放法治宣传教育片、开放网上课堂以实现远程教育等。法律知识的培训重点放在普法教育方面，以帮助学员们知法、懂法、守法，同时也让他们可以在必要的时候使用法律武器来保障自身的权益。

解决农村留守儿童教育问题。由于目前我国教育制度的限制，很多农村劳动力在城市就业和生活，而其子女不能随父母一起在城市接受教育，必须在原户口所在地入学，而在城市打工的农村人口就更容易意识到知识对个人未来发展和职业成长的重要性，因此不会让自己的子女放弃受教育的机会，这样就形成了大量农村留守儿童。由于父母长期在城市工作，子女往往被寄养在其他亲属家中，长期得不到父母的关爱，农村地区基础教育水平又相对滞后，导致很多留守儿童的心理成长状况和受教育状况都不乐观。为此，地方政府相关部门和教育机构必须主动承担起解决留守儿童教育问题的责任，除了做好基础教育工作外，还要重视对留守儿童心理的教育，保障留守儿童受教育的权利，帮助在城市发展的农村人口解决子女教育的后顾之忧。从长期的发展来看，解决农村地区留守儿童的教育问题，有利于提高农村地区人口的综合素质，缩小农村地区人口和城市人口受教育水平之间的差距，增强农村人口在城市就业中的竞争力，并提高农村人口市民化的积极性，有效推动市民化进程。

社会保障政策改革。在城市中工作的农村劳动力为我国城市建设和发展提供了充足的劳动力资源，为我国经济的发展做出了巨大的贡献，因此理应享受到和城镇人口一样的社会保障福利和社会公共服务的支持。但是由于我国现行社会保障制度对农村人口和城市人口做了明确的区分，导致很多在城市中工作的农村户籍劳动人口不能享有和城市人口一样的社会保障。现有的社会保障制度和体系已经不能满足社会进步和发展的需求，也不符合城市化和市民化的趋势，也不能适应农村人口追求公平权益的诉求。

（2）社会保障体系改革。

建立制度基础。首先，转变观念，确立社会保障制度的重要性。要对社会保障政策进行改革，解决农村劳动人口社会保障问题，最根本的就是要意识到农村劳动力对城市建设、社会进步、经济发展的重要性，并且认识到对农村户籍劳动力和新兴城市人口提供和城市人口一样公平、合理的社会保障的重要性。彻底改变原有的对农村人口和新兴市民化人口的错误观念和认识，坚持以人为本，从实际出发，切实帮助解决农村劳动人口在城市生活和发展过程中面临的实际问题，为社会保障体系的改革提供坚实的政策基础。其次，制度建设考虑农村劳动人口实际特点。由于农村劳动人口离开农村进入城市后就呈现出很大的流动性，在目前的社保迁移制度体系下，在城市和城市之间迁移社保或者社保续交手续不仅成本较高，而且流程繁杂，不利于保持社保缴纳的连续性。因此在政策制定时需要考虑到人口流动性高的基本特性，制定出在全国范围内可以通用的社保缴纳制度。一方面，充分利用互联网高效、快速、透明的特点，将社保信息在全国范围内联网，建立投保人信息库，在全国各个城市都可以对社保缴纳情况进行查询和处理，使得信息传播和流动更加有效。也可以针对人口流动性进行区分，分别对长期在本城市务工的人口和流动较为频繁的人口进行管理，或者针对在本城市连续工作和缴纳社保的时间进行管理，以实现管理的高效性和针对性。这样才能提高城市中农村劳动人口缴纳社保的积极性，提高参保率。另一方面，在城市中工作的农村人口，其收入水平相对较低，但是依然要承担城市中较高的消费水平，因此他们的可支配收入相对较少，尤其是年轻一代的城市打工者，消费水平偏高，储蓄能力偏低，所以相对来说社保参保能力较弱。在社保制度进行改革时，也要充分考虑到这一现实情况，降低社保的参保门槛，吸纳更多的劳动者进入社保的覆盖范围。对于低收入人群，应尽量降低社保个人缴纳部分，保护农村劳动人口参保积极性。再次，加强相关法制建设。由于在城市中工作的农村劳动力和刚转化为城市人口的农村人口是在我国社会经济发展过程中出现的较为特殊的群体，以现有的法律、法规不能全面的保障这些人群的合法权利，因此在未来需要有针对性地加强法制建设，出台专门的法律法规来帮助这个特殊人群解决实际面临的问题，协调好地方政府、机构、企业、个人等各方面的利益关系，明确各方拥有的权利和需要承担的义务，使得社保工作有法可依。最后，提供资金支持。由于拓宽了社保的覆盖面，就需要有更多的资金来支持。为了切实解决在城市务工的农村劳动力的社保问题，地方政府必须主动承担起责任，广开思路，解决社保的资金来源问题。除了个人缴纳部分，还有政府预算、企业缴纳部分、社会机构和组织福利支援部分以及专项基金的援助等，可以通过多种融资方式和资金来源筹集社保资金，确保有足够的资金可以支持社保覆盖面的增加和人数的增多。

完善政策体系。首先，加强工伤保险的投保面。在城市工作的农村劳动力从事的工作技术含量相对较低，偏向于体力劳动，并且从事高难度、高污染、高风险的工作较多，导致工伤致残甚至工伤致死现象频出，并且因此也导致了很多维权和纠纷情况。所以需要制定专门的法律、法规，要求企业在雇佣劳动力从事危险、有毒、有害的工作时，必须为雇员购买一定额度以上的工伤保险，以此确保在城市务工农村劳动人口基本的劳动安全保障。其次，保障大病医疗。在城市务工的农村劳动人口，普遍存在收入较低、可支配收入少、储蓄量少等特点，如果遇到医疗成本较大的大病或是伤病很容易造成无力医治的局面，轻则损害病人健康和生命安全，重则拖垮整个家庭。因此，健全的大病医疗保险是预防大病、重病影响家庭生存与发展的必要条件。为了减少大病给新兴城市人口和家庭带来的风险，有必要将在城市工作的农村劳动人口也纳入到大病、重病的医疗保险当中。可以要求企业为符合一定条件的劳动人口购买大病医疗保险，也可以成立专项的支援系统为经济收入较低、生活有困难的家庭提供大病医疗支持，也可以广泛发动社会力量，建立全面规范的社会性的大病医疗援助体系，从多个方面为城市中的打工者提供大病医疗保障。再次，提高最低生活保障标准。生活最低保障是我国政府为生活困难的家庭和个人提供的一种特殊的援助，在城市中工作的打工者们普遍是社会中的弱势群体，有些劳动者或者家庭因为种种原因，比如文化水平较低、劳动技能缺乏、大病致伤致残、工伤致伤致残等导致丧失稳定的收入来源，生活非常困难，如果没有援助可能会无以为继。对于这样的个人和家庭，政府有责任提供最低生活保障，该最低保障的水平应当和当地生活水平、消费水平、经济发展水平等相适应，并且保持和城市人口相同的补助标准，以援助这些公民维持正常的生活所需。

（3）住房政策改革。

在城市中拥有固定的住房是农村人口市民化最重要的物质基础之一，是提高新兴市民在城市工作发展的稳定性和归属感的重要因素。但是在城市中的农村人口数量巨大、分布面广、流动性大，为管理和援助带来了不小的困难，仅依靠中央政府的努力不能解决问题，还需要依靠地方政府、社会机构、企业以及个人共同的努力来解决。地方政府要充分意识到住房对居民的重要性以及对农村人口市民化带来的影响，广开思路，为解决住房问题探索多样化的解决方案，在实际的操作中可以从以下几个角度着手改善：

政府提供廉租房和经济适用房。现有的城市居民可以享受到政府提供的廉租房和经济适用房，可以考虑在客观条件满足的前提下扩大该政策的覆盖面，将在城市务工的农村人口也纳入到该政策的体系中，或者专门划拨出一部分廉租房和经济适用房，提供给已经在本城市中工作和居住较长时间，拥有固定的工作和收入的农村人口使用，减小农村人口和城市人口在政策上的差异。

扩大住房公积金政策覆盖面。由于政策的关系，在城市中务工的农村人口、新兴城市人口和城市人口在住房公积金政策方面有较大的差异，可以综合根据当地城市经济水平和生活水平状况让外来打工者也可以享受到住房公积金政策。考虑到进城务工劳动人口收入水平和支付能力相对较低，在缴纳个人部分费用上可以考虑适当降低，地方政府和企业可以考虑在条件允许的情况下给予部分补贴。

用人单位分担住房压力。雇佣农村打工者的企业、单位和机构需要分担一部分为劳动者解决住房问题的责任，可以将提供较为廉价的出租房作为雇佣过程中福利的一部分，为在本企业工作满一定时间、工作状况稳定、无不良表现、家庭或个人没有固定住房的劳动者提供达到一定标准的住房。工厂可以考虑将长期闲置的厂房进行改造，转化成为职工的住房，或者在闲置的土地上搭建临时住房作为临时过渡的住所。

将农村人口在农村中拥有的土地和住房转化为城市住房。对于长期生活和工作在城市的农村人口来说，他们在农村已经拥有的住房、宅基地或者农业用地不能得到充分地利用，而他们在城市中又缺少固定的住房。可以综合考虑根据城市的房价和农村地区的地价，按照一定的比例将农村中的住房和土地置换成在城市中的固定住房。这就需要农村劳动力流出地所在政府和流入城市所在政府之间相互配合，建立起成熟的土地流转、置换和交易体系，并且该置换行为是在完全符合劳动者主观意愿和利益的前提下进行的。该措施可以极大地促进农村人口市民化和城市化的意愿，促进市民化的进程。

降低农村人口住房贷款准入门槛。鼓励在城市中具有一定经济能力和支付能力的农村人口购买商品房，可以从政策上予以鼓励，放宽农村人口住房贷款的准入条件，提供和城市人口平等的贷款政策，支持农村人口在城市自主解决住房问题。

集中建设公寓住宅。企业和政府可以相互合作，政府出地，企业出资，在城市郊区位置建设大规模的集体公寓住宅，并且在上班地点和住宿地点之间开通通勤班车进行连接，方便职工上下班。这样一方面可以降低职工住房开销，帮助进城务工劳动人口解决住房问题，另一方面也实现了城市远郊地区和城乡接合部的经济发展和建设。在这个方面，一些大中型城市比如宁波已经着手开展建设，其建造的"员工公寓"和"打工者之家"等集体住宅已经部分投入使用，取得了良好的经济效益和社会效益，有效解决了外来务工人员的住房问题，提高了他们在城市中的归属感和稳定性，促进了农村人口市民化的进程。

↘ 主要参考文献

［1］ ABRAMITZKY R, BOUSTAN L P, ERIKSSON K. A nation of immigrants: as-similation and economic outcomes in the age of mass migration. [J]. Social Science Electronic Publishing,2014, 102(5):1832–1856(25).

［2］ ACEMOGLU D, AGHION P, ZILIBOTTI F. Distance to frontier, selection, and economic growth[J]. NBER Working Papers,2002, 4(1):37 – 74.

［3］ ALONSO W. The economics of urban size[J]. Papers,1971,26(1):67 – 83.

［4］ ARELLANO M, BOVER O. Another look at the instrumental variable estima-tion of error-components models[J]. Journal of Econometrics, 1990,68(1):29–51.

［5］ AU C C, HENDERSON J V. Are Chinese cities too small?[J]. Review of Eco-nomic Studies,2006,73(3):549–576.

［6］ BALLENTINE J G, SOLIGO R. Consumption and earnings patterns and in-come distribution[J]. Economic Development & Cultural Change, 1978,26(4):693–708.

［7］ BARRO R J, SALA-I-MARTIN X. Capital mobility in neoclassical models of growth[J]. New Haven Connecticut Yale University Economic Growth Cen-ter Mar,1995,85(1):15–103.

［8］ BARRO R J. Economic growth in a cross section of countries [J]. Quarterly Journal of Economics,1989,106(2):407–443.

［9］ BARRO R J. Inequality, growth in a panel of countries [J]. Journal of Eco-nomic Growth,2000, 5(1):5–32.

［10］ Bertinelli L, Strobl E. Urbanization, Urban concentration and economic growth in developing countries[J]. SSRN Electronic Journal,2003, 44(2003076).

［11］ BLOOM D E, WILLIAMSON J G. Demographic transitions and economic mir-acles in emerging Asia [J]. World Bank Economic Review, 1997, 12(3):419–455.

［12］ BLUNDELL R, BOND S. Initial conditions and moment restrictions in dynamic panel data models[J]. Journal of Econometrics, 1998,87(1): 115-143.

[13] BORJAS G J. Assimilation, changes in cohort quality, and the earnings of im-migrants. [J]. Journal of Labor Economics, 1985,3(3):89-463.

[14] BORJAS G J. The earnings of male hispanic immigrants in the United States. [J]. Industrial & Labor Relations Review, 1982,35(3):343-353.

[15] BRANDER J A, DOWRICK S. The role of fertility and population in economic growth[J]. Journal of Population Economics, 1994,7(1):1-25.

[16] CAROLEO F E, PASTORE F. Structural change and labour reallocation across regions: a review of the literature[M]. Heidelberg: Physica-Verlag HD, 2010, 5:17-47.

[17] CECILIA G, TURNOVSKY S J. Growth, income inequalityand fiscal policy: what are the relevant trade-offs?[J]. Working Papers, 2007, 39(2-3):369-394.

[18] CHEN A. Urbanization and disparities in China: challenges of growth and de-velopment[J]. China Economic Review, 2002,13(4):407-411.

[19] CHISWICK B R. The effect of Americanization on the earnings of foreign-born men[J]. Journal of Political Economy, 1978,86(86): 897-921.

[20] CICCONE A, HALL R E. Productivity and the density of economic activity[J]. American Economic Review, 1995,86(1):54-70.

[21] COMBES P P, DURANTON G, GOBILLON L, et al. The productivity advantag-es of large cities: distinguishing agglomeration from firm selection[C]. Spa-tial Economics Research Centre, 2009:2543-2594.

[22] COX J C. How to identify trust and reciprocity[J]. Games & Economic Behav-ior, 2004,46(2):260-281.

[23] CROIX D D L, LINDH T, BO M. Demographic change and economic growth in Sweden: 1750-2050[J]. Journal of Macroeconomics, 2009,31(1):149-152.

[24] DAVIS D R, DINGEL J I. The comparative advantage of cities[M]. Social Sci-ence Electronic Publishing, 2014.

[25] DOWNSA. An economic theory of democracy [M]. New York: Harper & Row Publishers, 1957:260-276.

[26] ECKSTEIN Z, WEISS Y. On the wage growth of immigrants: Israel, 1990-2000[J]. Journal of the European Economic Association, 2004, 2(4): 665-695.

[27] FISHMAN A, SIMHON A. The division of labor, inequality and growth [J]. Journal of Economic Growth, 2002, 7(2): 36-117.

[28] FRIEDBERG R M. You can´t take it with you? Immigrant assimilation and the portability of human capital [J]. Journal of Labor Economics, 1996, 18(2): 51-221.

[29] GABRIEL S A, ROSENTHAL S S. Location and the effect of demographic traits on earnings [J]. Regional Science & Urban Economics, 1999, 29(4): 445-461.

[30] GALOR O, MOAV O. From physical to human capital accumulation: inequality in the process of development. CEPR discussion paper N. 2307 [J]. Review of Economic Studies, 2004, 71(4): 1001-1026.

[31] GARVY G. Functional and size distributions of income and their meaning [J]. American Economic Review, 1954, 44(2): 236-253.

[32] GE S, YANG D T. Labor market developments in China: a neoclassical view [C]. Institute for the Study of Labor(IZA), 2010: 611 - 625.

[33] GUSTAFSSON B, LI S. Economic transformation and the gender earnings gap in urban China [J]. Journal of Population Economics, 2000, 13(2): 305-329.

[34] HAN L, ZHOU W, PICKETT S T A, et al. An optimum city size? The scaling relationship for urban population and fine particulate (PM 2. 5) concentration [J]. Environmental Pollution, 2015, 208(1): 96-101.

[35] HARE D. "Push" versus "pull" factors in migration outflows and returns: determinants of migration status and spell duration among China´s rural population [J]. Journal of Development Studies, 1999, 35(3): 45-72.

[36] HARRIS J R, TODARO M P. Migration unemployment and development: a two-sector analysis [J]. American Economic Review, 1970, 60(1): 42-126.

[37] HECKMAN J J. Building bridges between structural and program evaluation approaches to evaluating policy [J]. Journal of Economic Literature, 2010, 48(2): 356-398.

[38] HECKMAN J J. Sample selection bias as a specification error [J]. Applied Econometrics, 2013, 31(1): 61-153.

[39] HENDERSON J V. The sizes and types of cities [J]. American Economic Review, 1972, 64(4): 56-640.

[40] HENDERSON V. Externalities and industrial development [J]. Social Science

Electronic Publishing,1997,42(3):449-470.

[41] HENDERSON V. How urban concentration affects economic growth[J]. Social Science Electronic Publishing,2000:1-42.

[42] JORGENSON D W. The development of a dual economy[J]. Economic Journal,1961,71(282):309-334.

[43] KATZ L F. Some recent developments in labor economics and their implications for macroeconomics[J]. Journal of Money Credit & Banking,1988,20 (3): 22-507.

[44] KEVIN HONGLIN ZHANG, SHUNFENG SONG. Rural-urban migration and urbanization in China:evidence from time-series and cross-section analyses[J]. China Economic Review,2003,14:386-400.

[45] KNIGHT J, DENG Q, LI S. The puzzle of migrant labour shortage and rural labour surplus in China [J]. China Economic Review, 2011,22(4):585-600.

[46] KNIGHT J,SONG L. Increasing wage inequality in China:efficiency versus equity?[J]. Economics,1999.

[47] KNIGHT J,YUEH L. Job mobility of residents and migrants in urban China [J]. Journal of Comparative Economics,2004,32(4):637-660.

[48] KUZNETS S. Economic development the family and income distribution: selectedessays. [M]. Cambridge:Cambridge University Press,1989:305-321.

[49] LEE S H,MASON A. Who gains from the demographic dividend? Forecasting income by age[J]. International Journal of Forecasting,2006,23(4):603-619.

[50] LIN J Y,ZHAO Y. Regional inequality and labor transfers in China[J]. Economic Development & Cultural Change,2004, 52(3): 587-603.

[51] LIST J A,GALLET C A. The Kuznets curve:what happens after the inverted-u? [J]. Review of Development Economics,1999,3(2):200-206.

[52] LU D. Rural-urban income disparity:impact of growth,allocative efficiency, and local growth welfare[J]. China Economic Review, 2004,Volume 13(4): 419-429.

[53] MADDALA G S. Limited-dependent and qualitative variables in econometrics [M]. Cambridge:Cambridge University Press,1983,40(1):80-81.

[54] MARSHALL A. Principles of economics[M]. London:Macmillan Press, 1890.

[55] MASON A, KINUGASA T. East Asian economic development:two demo-

graphic dividends[C]. East-West Center, Economics Study Area, 2008:389-399.

[56] MENG X, ZHANG J. The two-tier labor market in urban China: occupational segregation and wage differentials between urban residents and rural migrants in Shanghai[J]. Journal of Comparative Economics, 2001, 29(3): 485-504.

[57] MINCER J. Family migration decisions [J]. Journal of Political Economy, 1977, 86(5): 73-749.

[58] MING LU, ZHAO CHEN. Urbanization, urban-biased policies, and urban-rural inequality in China, 1987-2001[J]. Chinese Economy, 2006, 39(3): 42-63.

[59] MORETTI E. Local labor markets[J]. Social Science Electronic Publishing, 2010, 4(4905): 1237-1313.

[60] MULLIGAN C B, SALA-I-MARTIN X. A labor income-based measure of the value of human capital: an application to the states of the United States[J]. Japan & the World Economy, 1994, 9(2): 159-191.

[61] NISKANEN W A. Bureaucrats and politicians[J]. Journal of Law & Economics, 1975, 18(18): 43-617.

[62] NORTH, DOUGLASS CECIL, 陈郁. 经济史中的结构与变迁[M]. 上海:三联书店, 1991.

[63] PACKALEN M, BHATTACHARYA J. Cities and ideas[R/OL]. NBER Working Paper, No. 20921, 2015.

[64] PANIZZA U. Income inequality and economic growth: evidence from the American data[J]. Journal of Economic Growth, 2002, 7(1): 25-41.

[65] PERLOFF J M. The impact of wage differentials on choosing to work in agriculture[J]. American Journal of Agricultural Economics, 1991, 73(3): 671-680.

[66] PEROTTI R. Growth, income distributionand democracy: what the data say [J]. Journal of Economic Growth, 1995, 1(2): 149-187.

[67] PERSSON T, TABELLINI G. Is inequality harmful for growth? Theory and evidence[J]. American Economic Review, 1991, 84(3599): 600-621.

[68] POLACHEK S W, HORVATH F W. A life cycle approach to migration: analysis of the perspicacious peregrinator [J]. Research in Labor Economics, 2012, 35: 349-395.

[69] QIN D, CAGAS M A, DUCANES G, et al. Effects of income inequality on Chi-

na's economic growth[J]. Journal of Policy Modeling, 2009,31(1):69-86.

[70] RAM R. Economic development and income inequality:an overlooked regression constraint[J]. Epl,1995,51(6):614-620.

[71] RANIS G,FEI J C H. A theory of economic development[J]. American Economic Review,1969,51(4):533-565.

[72] RICHARDSON H W. Optimality in city size,systems of cities and urban policy: a sceptic's view[J]. Urban Studies,1972,9(1):29-48.

[73] ROSENTHAL B S,STRANGE W. Evidence on the nature and sources of agglomeration economies,forthcoming[C]. Handbook of Urban & Regional Economics, 2010.

[74] ROY A D. Some thoughts on the distribution of earnings[J]. Oxford Economic Papers,1951,3(2):135-146.

[75] RUBIN D B. Using propensity scores to help design observational studies: application to the tobacco litigation[J]. Health Services & Outcomes Research Methodology,2001,2(3):169-188.

[76] SMITH J A,TODD P E. Does matching overcome LaLonde's critique of non-experimental estimators?[J]. 2003,125(1):305-353.

[77] SOLINGER D J. "Temporary residence certificate"regulations in Wuhan,May 1983[J]. China Quarterly,1985,101(101):98-103.

[78] SOLINGER,DOROTHY J. Contesting citizenship in urban China:peasant migrants,the state,and the logic of the market[M]. Berkeley:University of California Press,1999.

[79] STARK O,TAYLOR J E. Migration incentives,migration types:the role of relative deprivation. [J]. Economic Journal,1969,101(408): 78-1163.

[80] SVEIKAUSKAS L. The productivity of cities[J]. Quarterly Journal of Economics,1975,89(3):393-413.

[81] TODARO M P. A model of labor migration and urban unemployment in less developed countries[J]. American Economic Review, 1969, 59(1): 48-138.

[82] TOLLEY G S. The welfare economics of city bigness[J]. Journal of Urban Economics,1974,1(3):324-345.

[83] WEST L A,ZHAO Y. Rural labor flows in China,University of California,2000 [C]. Institute of East Asian Studies,2000.

[84] WHALLEY J,ZHANG S. Inequality change in China and (HUKOU) labour mo-

bility restrictions[C]. National Bureau of Economic Research,Inc,2004.

[85] WILLIAMSON J G. Migrant selectivity,urbanization, and industrial revolutions [J]. Population ＆ Development Review,1969,14(2):287-314.

[86] XIE Y,WU X. Market premium,social processand statisticism [J]. American Sociological Review, 2005:865-870.

[87] ZHANG J. Urbanization, population transition, and growth[J]. Oxford Economic Papers,2002,54(1):91-117.

[88] ZHANG L,ZHAO S X. Reinterpretation of China´s under-urbanization:a systemic perspective[J]. Habitat International, 2003, 27(3):459-483.

[89] ZHU N. The impacts of income gaps on migration decisions in China[J]. China Economic Review,2002,13(2-3):213-230.

[90] 阿西马科普洛斯.收入分配理论[M].赖德胜,等,译.北京:商务印书馆,1995.

[91] 安虎森,颜银根,朴银哲.城市高房价和户籍制度:促进或抑制城乡收入差距扩大?——中国劳动力流动和收入差距扩大悖论的一个解释[J].世界经济文汇,2011(4):41-54.

[92] 奥尔森.集体行动的逻辑[M].陈郁,郭宇峰,李荣新,译.上海:格致出版社,2014.

[93] 奥肯.平等与效率——重大扶择[M].王奔洲,等,译.北京:华夏出版社,2010.

[94] 巴罗.现代经济周期理论[M].方松英,译.北京:商务印书馆,1997.

[95] 巴曙松.正视流动人口的住房保障[J].中国经济报告,2012(6):77-80.

[96] 巴曙松.中国保障性住房进入与退出机制研究[J].金融理论与实践,2012(11):80-83.

[97] 蔡昉,都阳.迁移的双重动因及其政策含义——检验相对贫困假说[J].中国人口科学,2002(4):1-7.

[98] 蔡昉,王美艳.为什么劳动力流动没有缩小城乡收入差距[J].产经评论,2006(6):4-10.

[99] 蔡昉.城乡收入差距与制度变革的临界点[J].中国社会科学,2003(5):93-111.

[100] 蔡昉.二元经济作为一个发展阶段的形成过程[J].经济研究,2015(7):4-15.

[101] 蔡昉.刘易斯转折点:中国经济发展新阶段[M].北京:社会科学文献出版社,2008.

[102] 蔡昉.农村剩余劳动力流动的制度性障碍分析——解释流动与差距同时扩大的悖论[J].经济学动态,2005(1):35-39.

[103] 蔡昉.人口转变、人口红利与刘易斯转折点[J].经济研究,2010(4):4-13.

[104] 蔡昉.中国人口与劳动问题报告:面向全面建成小康社会的政策调整[M].北京:

社会科学文献出版社,2015.

[105]蔡昉.中国人口与劳动问题报告:人口、就业和收入分配[M].北京:社会科学文献出版社,2011.

[106]蔡昉,白南生.中国转轨时期劳动力流动[M].北京:社会科学文献出版社,2006.

[107]曹光乔,周力,易中懿,等.农业机械购置补贴对农户购机行为的影响——基于江苏省水稻种植业的实证分析[J].中国农村经济,2010(6):38-48.

[108]曹小霞,李练军.我国农民工市民化影响因素研究进展评述[J].当代经济,2012(15):142-144.

[109]曹裕,陈晓红,马跃如.城市化、城乡收入差距与经济增长——基于我国省级面板数据的实证研究[J].统计研究,2010,27(3):29-36.

[110]陈斌开,林毅夫.重工业优先发展战略、城市化和城乡工资差距[J].南开经济研究,2010(1):3-18.

[111]陈斌开,陆铭,钟宁桦.户籍制约下的居民消费[J].经济研究,2010(1):62-71.

[112]陈昌兵.城市化与投资率和消费率间的关系研究[J].经济学动态,2010(9):42-48.

[113]陈广汉.论收入分配的模式与调整[J].特区经济,1994(7).

[114]陈广汉.增长与分配[M].武汉:武汉大学出版社,1995.

[115]陈珣,徐舒.农民工与城镇职工的工资差距及动态同化[J].经济研究,2014(10):74-88.

[116]陈迅,童华建.城市化与城乡收入差距变动的实证研究——基于1985—2003年中国数据[J].生产力研究,2007(10):64-65.

[117]陈钊,陆铭,徐轶青.移民的呼声户籍如何影响了公共意识与公共参与[J].社会,2014,34(5):68-87.

[118]陈钊,陆铭,佐藤宏.谁进入了高收入行业?——关系、户籍与生产率的作用[J].经济研究,2009(10):121-132.

[119]陈钊,陆铭.从分割到融合:城乡经济增长与社会和谐的政治经济学[J].经济研究,2008(1):21-32.

[120]陈志刚,王皖君.金融发展与中国的收入分配:1986—2005[J].财贸经济,2009(5):36-41.

[121]陈宗胜,高玉伟.关于公有经济收入差别倒U理论的讨论与验证(下)[J].经济社会体制比较,2012(2):18-28.

[122]陈宗胜.关于收入差别倒U曲线及两极分化研究中的几个方法问题[J].中国社会科学,2002(5):78-82.

[123]陈宗胜.经济发展中的收入分配[M].上海:上海三联书店,1994.

[124]程开明,李金昌.城市偏向、城市化与城乡收入差距的作用机制及动态分析[J].数量经济技术经济研究,2007,24(7):116-125.

[125]程开明.从城市偏向到城乡统筹发展——城市偏向政策影响城乡差距的Panel Data证据[J].经济学家,2008(3):28-36.

[126]罗默.高级宏观经济学[M].4版.吴化斌,译.上海:上海财经大学出版社,2014.

[127]丁萌萌,徐滇庆.城镇化进程中农民工市民化的成本测算[J].经济学动态,2014(2):36-43.

[128]都阳,蔡昉,屈小博,等.延续中国奇迹:从户籍制度改革中收获红利[J].经济研究,2014(8).

[129]都阳,朴之水.迁移与减贫——来自农户调查的经验证据[J].中国人口科学,2003(4):56-62.

[130]都阳,王美艳.户籍制度与劳动力市场保护[J].经济研究,2001(12):41-49.

[131]范剑勇,张雁.经济地理与地区间工资差异[J].经济研究,2009(8):73-84.

[132]费景汉,拉尼斯.劳动剩余经济的发展[M].王璐,等,译.北京:经济科学出版社,1992.

[133]封进,张涛.农村转移劳动力的供给弹性——基于微观数据的估计[J].数量经济技术经济研究,2012(10):69-82.

[134]符想花.城乡居民收入差距与城市化水平关系研究[J].商业时代,2007(3):4-5.

[135]高虹.城市人口规模与劳动力收入[J].世界经济,2014(10):145-164.

[136]高铁梅,范晓非.中国劳动力市场的结构转型与供求拐点[J].财经问题研究,2011(1):22-31.

[137]高铁梅.计量经济分析方法与建模——Eviews应用及实例[M].北京:清华大学出版社,2006.

[138]高玉强.农机购置补贴与财政支农支出的传导机制有效性——基于省际面板数据的经验分析[J].财贸经济,2010(4):61-68.

[139]格林.计量经济分析[M].6版.张成思,译.北京:中国人民大学出版社,2011.

[140]辜胜阻.非农化与城镇化研究[M].杭州:浙江人民出版社,1991.

[141]顾海英,史清华,程英,等.现阶段"新二元结构"问题缓解的制度与政策——基于上海外来农民工的调研[J].管理世界,2011(11):55-65.

[142]郭剑雄.人力资本、生育率与城乡收入差距的收敛[J].中国社会科学,2005(3):27-37.

[143]郭军华.中国城市化对城乡收入差距的影响——基于东、中、西部面板数据的实证研究[J].经济问题探索,2009(12):1-7.

[144]国家发改委宏观经济研究院课题组.居民收入分配差距与低收入群体问题研究

[J].经济学动态,2003(6):12-15.

[145]国家卫生和计划生育委员会流动人口司.中国流动人口发展报告(2014)[M].北京:中国人口出版社,2014.

[146]国家统计局.2014年全国农民工监测调查报告[EB/OL].[2015-04-29]. http://www.stats.gov.cn/tjsj/zxfb/201504/t20150429_797821.html.

[147]国家统计局农调总队课题组.城乡居民收入差距研究[J].经济研究,1994(12): 34-45.

[148]国务院发展研究中心课题组,侯云春,韩俊,等."十二五"时期推进农民工市民化的政策要点[J].发展研究,2011(6):7-15.

[149]国务院发展研究中心课题组,侯云春,韩俊,等.农民工市民化进程的总体态势与战略取向[J].改革,2011(5):5-29.

[150]国务院发展研究中心课题组,刘世锦,陈昌盛,等.农民工市民化对扩大内需和经济增长的影响[J].经济研究,2010(6):4-16.

[151]国务院研究室课题组.中国农民工调研报告[M].北京:中国言实出版社,2006.

[152]韩旭,韩淑丽.我国居民收入差距变动分析——基于1978—2003年时间序列分析[J].财经问题研究,2006(10):74-80.

[153]何平,李实,王延中.中国发展型社会福利体系的公共财政支持研究[J].财政研究,2009(6):2-11.

[154]宏观经济研究院课题组."十二五"时期促进农民工市民化的总体思路[J].宏观经济管理,2011(9):31-32.

[155]侯风云,付洁,张凤兵.城乡收入不平等及其动态演化模型构建——中国城乡收入差距变化的理论机制[J].财经研究,2009,35(1):4-15.

[156]侯云春,韩俊,蒋省三.推进农民工市民化的财政政策[C].中国"三农"问题研究与探索——全国财政支农优秀论文选.2012.

[157]胡杰成.农民工市民化面临的障碍与对策[J].宏观经济管理,2012(3):33-35.

[158]黄力明.支持农民工市民化的财政政策研究[J].经济研究参考,2012(47):17-22.

[159]黄永红.户籍制度:统筹城乡综合配套改革的路径分析[J].探索,2008(2):176-180.

[160]金相郁.中国城市规模效率的实证分析:1990—2001年[J].财贸经济,2006(6): 78-82.

[161]赖文燕.要素市场配置与我国城乡居民收入差距研究[J].当代财经,2012(5): 17-25.

[162]李建平,邓翔.我国劳动力迁移的动因和政策影响分析[J].经济学家,2012(10):

58-64.

[163]李善同.中国可计算一般均衡模型及其应用[M].北京:经济科学出版社,2010.

[164]李实,罗楚亮.中国收入差距究竟有多大?——对修正样本结构偏差的尝试[J].经济研究,2011(4):68-79.

[165]李实.中国个人收入分配研究回顾与展望[J].经济学,2003(2):379-404.

[166]李实.中国农村劳动力流动与收入增长和分配[J].中国社会科学,1999(2):16-33.

[167]李长安.农民工职业流动歧视及对收入影响的实证分析[J].人口与经济,2010(6):27-32.

[168]厉以宁.缩小城乡收入差距促进社会安定和谐[J].北京大学学报:哲学社会科学版,2013,50(1):7-10.

[169]梁婧,张庆华,龚六堂.城市规模与劳动生产率:中国城市规模是否过小?——基于中国城市数据的研究[J].经济学:季刊,2015(3):1053-1072.

[170]梁文泉,陆铭.城市人力资本的分化:探索不同技能劳动者的互补和空间集聚[J].经济社会体制比较,2015(3):185-197.

[171]廖丹清,郭慧伶.城市化对减少农村人口、增加农民收入的作用[J].中国农村经济,2002(11):78-80.

[172]林宏,陈广汉.居民收入差距测量的方法和指标[J].统计与预测,2003(6):30-34.

[173]林毅夫,刘明兴.中国的经济增长收敛与收入分配[J].世界经济,2003(8):3-14.

[174]林毅夫.自生能力、经济发展与转型:理论与实证[M].北京:北京大学出版社,2004.

[175]刘传江,程建林.第二代农民工市民化:现状分析与进程测度[J].人口研究,2008(5):48-57.

[176]刘传江,程建林.双重"户籍墙"对农民工市民化的影响[J].经济学家,2009(10):66-72.

[177]刘国光.进一步重视社会公平问题[J].经济学动态,2005(4):4-8.

[178]刘蓉,黄洪.我国地方公共品的需求表达与决策机制研究——一个政治经济学的分析视角[J].当代经济研究,2011(11):58-63.

[179]刘寿明,陆维臣.公共领域中的委托代理理论及其拓展[J].求索,2009(4):69-70.

[180]刘晓峰,陈钊,陆铭.社会融合与经济增长:城市化和城市发展的内生政策变迁[J].世界经济,2010(6):60-80.

[181]刘易斯.二元经济论[M].施炜,等,译.北京:北京经济学院出版社,1989.

[182]刘易斯.经济增长理论[M].梁小民,译.上海:上海三联书店,1994.

[183]陆铭,陈钊.城市化、城市倾向的经济政策与城乡收入差距[J].经济研究,2004

(6):50-58.

[184]陆铭.玻璃幕墙下的劳动力流动——制度约束、社会互动与滞后的城市化[J].南方经济,2011,29(6):23-37.

[185]陆旸,蔡昉.人口结构变化对潜在增长率的影响:中国和日本的比较[J].世界经济,2014(1):3-29.

[186]陆益龙.户籍制度:控制与社会差别[M].北京:商务印书馆,2004.

[187]罗尔斯.正义论[M].何怀宏,何包钢,廖申白,译.北京:中国社会科学出版社,1988.

[188]吕炜.中国式转轨:内在特性、演进逻辑与前景展望——纪念中国改革开放30周年[J].财经问题研究,2009(3):3-13.

[189]马忠东,张为民,梁在,等.劳动力流动:中国农村收入增长的新因素[J].人口研究,2004,28(3):2-10.

[190]孟凡强,吴江.中国劳动力市场中的户籍歧视与劳资关系城乡差异[J].世界经济文汇,2014(2):62-71.

[191]莫亚琳,张志超.城市化进程、公共财政支出与社会收入分配——基于城乡二元结构模型与面板数据计量的分析[J].数量经济技术经济研究,2011(3):79-89.

[192]莫亚琳,张志超.我国西部地区增加财政支出对社会收入分配的影响——基于动态面板数据计量的实证分析[J].经济体制改革,2010(6):116-120.

[193]欧阳慧."十二五"时期推进农民工市民化的思路建议[J].宏观经济管理,2010(5):38-40.

[194]潘越,杜小敏.劳动力流动、工业化进程与区域经济增长——基于非参数可加模型的实证研究[J].数量经济技术经济研究,2010(5):34-48.

[195]乔明睿,钱雪亚,姚先国.劳动力市场分割、户口与城乡就业差异[J].中国人口科学,2009(1):32-41.

[196]阮杨,陆铭.经济转型中的就业重构与收入分配[J].财经,2002(23):105.

[197]沈坤荣,张璟.中国农村公共支出及其绩效分析——基于农民收入增长和城乡收入差距的经验研究[J].管理世界,2007(1):30-40.

[198]沈凌,田国强.贫富差别、城市化与经济增长——一个基于需求因素的经济学分析[J].经济研究,2009(1):17-29.

[199]盛来运,王冉,阎芳.国际金融危机对农民工流动就业的影响[J].中国农村经济,2009(9):4-14.

[200]舒尔茨.报酬递增的源泉[M].北京:中国人民大学出版社,2016.

[201]舒尔茨.人力资本投资:教育和研究的作用[M].蒋斌,等,译.北京:商务印书馆,1990.

[202]孙宁华,堵溢,洪永淼.劳动力市场扭曲、效率差异与城乡收入差距[J].管理世界,2009(9):44-52.

[203]孙三百,黄薇,洪俊杰,等.城市规模、幸福感与移民空间优化[J].经济研究,2014(1):97-111.

[204]孙文凯,白重恩,谢沛初.户籍制度改革对中国农村劳动力流动的影响[J].经济研究,2011(1):28-41.

[205]孙秀林,周飞舟.土地财政与分税制:一个实证解释[J].中国社会科学,2013(4):40-59.

[206]孙自铎.跨省劳动力流动扩大了地区差距——与缩小论者商榷[J].调研世界,2004(12):31-33.

[207]陶群山.中国城乡收入差距扩大的二元经济结构分析[J].产经评论,2009(5):41-46.

[208]汪汇,陈钊,陆铭.户籍、社会分割与信任:来自上海的经验研究[J].世界经济,2009(10):81-96.

[209]汪立鑫,王彬彬,黄文佳.中国城市政府户籍限制政策的一个解释模型:增长与民生的权衡[J].经济研究,2010(11):115-126.

[210]汪小勤,汪红梅."人口红利"效应与中国经济增长[J].经济学家,2007(1):104-110.

[211]王德祥,李建军.辖区人口、面积与地方财政支出——基于鄂鲁吉3省178个县(市)数据的实证研究[J].财贸经济,2009(4):28-32.

[212]王格玮.地区间收入差距对农村劳动力迁移的影响——基于第五次全国人口普查数据的研究[J].经济学:季刊,2004(1):77-98.

[213]王桂新,魏星,沈建法.中国省际人口迁移对区域经济发展作用关系之研究[J].复旦学报:社会科学版,2005(3):148-161.

[214]王国刚.城镇化:中国经济发展方式转变的重心所在[J].经济研究,2010(12):70-81.

[215]王洪亮,徐翔.收入不平等孰甚:地区间抑或城乡间[J].管理世界,2006(11):41-50.

[216]王建农,张启良.城乡居民收入差距的基本特征与趋势[J].统计研究,2005(3):37-39.

[217]王姣,肖海峰.我国良种补贴、农机补贴和减免农业税政策效果分析[J].农业经济问题,2007(2):155.

[218]王韧,王睿.二元条件下居民收入差距的变动与收敛——对我国"倒U"假说的存在性检验[J].数量经济技术经济研究,2004,21(3):104-111.

[219]王少平,欧阳志刚.我国城乡收入差距的度量及其对经济增长的效应[J].经济研究,2007(10):44-55.

[220]王少平,欧阳志刚.中国城乡收入差距对实际经济增长的阈值效应[J].中国社会科学,2008(2):54-66.

[221]王伟同.中国人口红利的经济增长"尾效"研究——兼论刘易斯拐点后的中国经济[J].财贸经济,2012(11):14-20.

[222]王湘红,孙文凯,任继球.相对收入对外出务工的影响:来自中国农村的证据[J].世界经济,2012(5):121-141.

[223]王小鲁,樊纲.中国收入差距的走势和影响因素分析[J].经济研究,2005(10):24-36.

[224]王小鲁,夏小林.优化城市规模推动经济增长[J].经济研究,1999(9):22-29.

[225]王业强.倒"U"型城市规模效率曲线及其政策含义——基于中国地级以上城市经济、社会和环境效率的比较研究[J].财贸经济,2012(11):127-136.

[226]韦伟,傅勇.城乡收入差距与人口流动模型[J].中国人民大学学报,2004,18(6):16-22.

[227]魏后凯,苏红键.中国农业转移人口市民化进程研究[J].中国人口科学,2013(5):21-29.

[228]魏万青.户籍制度改革对流动人口收入的影响研究[J].社会学研究,2012(1):152-173.

[229]温涛,冉光和,熊德平.中国金融发展与农民收入增长[J].经济研究,2005(9):30-43.

[230]吴开亚,张力,陈筱.户籍改革进程的障碍:基于城市落户门槛的分析[J].中国人口科学,2010(1):66-74.

[231]吴晓刚,张卓妮.户口、职业隔离与中国城镇的收入不平等[J].中国社会科学,2014,222(6):118-140.

[232]吴晓怡,邵军.经济集聚与制造业工资不平等:基于历史工具变量的研究[J].世界经济,2016(4):120-144.

[233]席强敏.城市效率与城市规模关系的实证分析——基于2001—2009年我国城市面板数据[J].经济问题,2012(10):37-41.

[234]夏纪军.人口流动性、公共收入与支出——户籍制度变迁动因分析[J].经济研究,2004(10):56-65.

[235]肖红叶.高级微观经济学[M].北京:中国金融出版社,2003.

[236]辛宝海.改革开放以来中国二元经济理论研究[D].上海:复旦大学,2008.

[237]邢春冰.农民工与城镇职工的收入差距[J].管理世界,2008(5):55-64.

[238]熊彼特.经济发展理论[M].何畏,易家详,译.北京:商务印书馆,1990.

[239]徐建玲.农民工市民化进程度量:理论探讨与实证分析[J].农业经济问题,2008
(9):65-70.

[240]许抄军,罗能生,吕渭济.基于资源消耗的中国城市规模研究[J].经济学家,2008
(4):56-64.

[241]许抄军,罗能生.中国的城市化与人口迁移——2000年以来的实证研究[J].统计
研究,2008,25(2):46-51.

[242]许经勇.解析中国城乡二元结构体制的成因[J].调研世界,2009(9):3-6.

[243]杨伟民.积极财政政策与农民工定居问题[J].宏观经济研究,2009(5):16-19.

[244]杨学成,汪冬梅.我国不同规模城市的经济效率和经济成长力的实证研究[J].管
理世界,2002(3):9-12.

[245]叶志强,陈习定,张顺明.金融发展能减少城乡收入差距吗?——来自中国的证
据[J].金融研究,2011(2):42-56.

[246]尹恒,龚六堂,邹恒甫.当代收入分配理论的新发展[J].经济研究,2002(8):
18-27.

[247]余长林.财政分权、公共品供给与中国城乡收入差距[J].中国经济问题,2011
(5):36-45.

[248]俞德鹏.城乡社会:从隔离走向开放:中国户籍制度与户籍法研究[M].济南:山
东人民出版社,2002.

[249]凯恩斯.就业、利息和货币通论[M].宋韵生,译.北京:华夏出版社,2008.

[250]岳立,张钦智.农村人口的城市化问题研究——基于户籍制度的视角[J].经济问
题,2009,355(3):63-66.

[251]张车伟.人力资本回报率变化与收入差距:"马太效应"及其政策含义[J].经济研
究,2006(12):59-70.

[252]张国胜.基于社会成本考虑的农民工市民化:一个转轨中发展大国的视角与政策
选择[J].中国软科学,2009(4):56-69.

[253]张继良,马洪福.江苏外来农民工市民化成本测算及分摊[J].中国农村观察,
2015(2).

[254]张奇,张继良.近期我国城乡居民收入差距问题研究综述[J].调研世界,2008
(6):33-35.

[255]张翊,陈雯,骆时雨.中间品进口对中国制造业全要素生产率的影响[J].世界经
济,2015(9):107-129.

[256]章奇,刘明兴,陶然,VYP Chen.中国的金融中介增长与城乡收入差距[J].中国金
融学,2003.

[257]章元,陆铭.社会网络是否有助于提高农民工的工资水平?[J].管理世界,2009
　　　(3):45-54.

[258]赵人伟,李实.中国居民收入差距的扩大及其原因[J].经济研究,1997(9):19-28.

[259]赵人伟.收入分配差距较大的形成原因与解决途径[J].决策探索,2011(2):46.

[260]中国农村发展问题研究组.国民经济新成长阶段和农村发展[J].经济研究,1985
　　　(7):3-18.

[261]中国社会科学院.中国城市发展报告(No.6):农业转移人口市民化[M].北京:
　　　社会科学文献出版社,2013.

[262]钟甫宁.劳动力市场调节与城乡收入差距研究[J].经济学动态,2010(4):65-69.

[263]周黎安.晋升博弈中政府官员的激励与合作——兼论我国地方保护主义和重复
　　　建设问题长期存在的原因[J].经济研究,2004(6):33-40.

[264]周其仁.城乡中国[M].北京:中信出版社,2013.

[265]周少甫,亓寿伟,卢忠宝.地区差异、城市化与城乡收入差距[J].中国人口·资源
　　　与环境,2010,20(8):115-120.

[266]周云波.城市化、城乡差距以及全国居民总体收入差距的变动——收入差距倒U
　　　形假说的实证检验[J].中国经济学,2009(4):1239-1256.

[267]朱农.中国劳动力流动与"三农"问题[M].武汉:武汉大学出版社,2005.

[268]朱云章.城乡劳动力流动对收入差距变化的影响——机理分析与实证检验[J].
　　　华东经济管理,2010,24(11):40-44.